JACKIE

DE LA MÊME AUTEURE

Le Vicomte, Éditions du Moment, 2015.

Jackie, une femme d'influence, Éditions du Moment, 2014.

Les Enfants de Mitterrand. De la gauche à Nicolas Sarkozy, l'itinéraire de Georges-Marc Bénamou, Denoël, 2010.

MAUD GUILLAUMIN

JACKIE

Les 4 jours
qui ont changé sa vie

l'Archipel

Notre catalogue est consultable à l'adresse suivante :
www.editionsarchipel.com

Éditions de l'Archipel
34, rue des Bourdonnais
75001 Paris

ISBN 978-2-8098-2201-4

1

Le tailleur rose

Tout le monde l'avait prévenue.

En novembre, au Texas, il fait encore très doux. Ce vendredi 22 novembre, à Forth Worth, près de Dallas, la pluie a laissé place au soleil. À travers les rideaux épais de sa chambre d'hôtel, Jacqueline Kennedy scrute la foule qui approche pour savoir comment se vêtir. Les *gentlemen* portent de légers pardessus, les *ladies* ont enfilé une petite veste et des lunettes de soleil.

Sur son lit, elle dépose deux tenues : un manteau et un tailleur. C'est sa technique lorsqu'elle est indécise. Lors des voyages officiels, il faut être élégante et confortable. Que choisir pour cette visite à Dallas, si importante pour son mari, John F. Kennedy ? Miser sur l'originalité ? Dans ce cas, son manteau léopard est parfait. Il se repère de loin, élément essentiel pour ce genre de déplacement public. Avec ces manches trois-quarts, la première dame des États-Unis aime porter de longs gants noirs et un *pillbox* souple. Un look sophistiqué. Peut-être un peu trop chic pour ces rustres de Texans ?

Un point en faveur du tailleur rose.

Certes, le public connaît déjà cette tenue classique et gaie, en tweed, agrémentée d'un large col bleu marine.

Elle l'a souvent portée lors de représentations officielles. La dernière fois, c'était il y a quelques semaines, à la Maison Blanche, lors de la venue de leurs hôtes du Rajasthan, le maharadja et la maharani de Jaipur. Cette fois, elle le portera avec un petit chemisier bleu marine, à peine visible sous le grand col.

Est-ce trop tôt pour enfiler le même tailleur ?

Qu'importe ! La météo s'annonce clémente, pas besoin de manteau ! Et puis John aime ce tailleur rose, souvent pris pour un Chanel. Qui pourrait imaginer qu'il s'agit d'une vulgaire copie ? Un *fake* acheté Chez Ninon, cette boutique très courue de Park Avenue, à New York. Restriction budgétaire oblige ! À la Maison Blanche, on l'a prévenue : en cette année préélectorale, il faut veiller à ne provoquer aucun scandale financier. Souvent sermonnée pour ses dépenses somptuaires, elle a interdiction de dévaliser les couturiers français et italiens. Durant la campagne, il faut se résoudre à acheter uniquement du *made in USA*. Pour elle, qui a fait de l'élégance un art de vivre, c'est un calvaire. Heureusement, parmi ses conseillères officieuses, sa sœur Lee Radziwill et Diana Vreeland, papesse de la mode et rédactrice en chef de *Vogue*, connaissent Ninon. Ce magasin réalise de très belles copies dites « ligne pour ligne », recréant au détail près les vêtements des grandes marques françaises, avec leur aval. Comme ce tailleur rose framboise de Coco Chanel ! Chose incroyable, la rue Cambon fournit même les ingrédients : le fil de jersey, les boutons, la doublure... Soit un faux magnifique à 1 000 dollars, au lieu de 10 000 pour un vrai[1] !

1. Karl Lagerfeld confirme : « C'est une copie. Nous avons toutes les preuves » (Style.com/Print, version avril 2013).

À peine le temps d'enfiler sa tenue de scène et, déjà, on frappe à la porte. C'est son fidèle garde du corps, Clint Hill. 8 h 30 du matin et on vient la déranger ? Il est vrai qu'au rez-de-chaussée, dans l'immense salle à manger aux lustres années 1930, John tient une réunion publique avec les membres de la chambre de commerce depuis près d'une heure. Le couple présidentiel a passé la nuit dans cet hôtel de Fort Worth, à quarante minutes de Dallas, exprès pour ajouter cette rencontre au programme chargé de la journée. Vêtus de leurs habits du dimanche, cravate texane et Stetson de rigueur, les ploucs locaux sont venus voir le chef de l'État en personne.

L'agent de sécurité Hill lui explique qu'en bas tout le monde l'attend. Loin de s'en réjouir, elle refuse de descendre. Ce n'était pas prévu. Clint Hill insiste : la présence de madame est exigée. Il est vrai que le public, contrairement à l'usage, a payé pour ce petit déjeuner : un stratagème destiné à renflouer les caisses des démocrates avant la campagne. Jackie le sait… Il faut que les gens en aient pour leur argent. Le temps d'arranger sa coiffure, elle descend.

Toute de rose vêtue, coiffée de son *pillbox* légendaire, elle apparaît sous les applaudissements. Le président fait la claque. Une fois la First Lady à ses côtés, JFK répète à l'envi sa blague préférée depuis leur voyage officiel à Paris, deux ans auparavant : « Je suis le type qui accompagne Jackie Kennedy… » Elle fait toujours merveille, même au Texas ! Assurer le spectacle, John sait faire. Il connaît toutes les astuces. Pour ne pas enfiler le chapeau de cowboy et les santiags offertes au pupitre par le représentant de la chambre de commerce, il a la bonne repartie : il invite l'assemblée à se rendre à Washington pour le voir déguisé en Texan ! Il le sait, une campagne, c'est un show.

Un show qui doit durer ici soixante-douze heures. Trois jours de visite chez ces indécrottables sudistes. Autant dire que ce n'est pas une partie de plaisir pour les Kennedy. Pour se chauffer, les conseillers du président ont donc prévu une première escale à San Antonio et à Houston, puis aujourd'hui cette rencontre à Fort Worth, avant d'attaquer le gros morceau : Dallas.

Jackie a été prévenue, la visite s'annonce compliquée. Le mois précédent, son cher ami l'ambassadeur américain à l'ONU, Adlai Stevenson, ancien candidat démocrate à la présidentielle en 1956, a été reçu à coups d'œufs pourris. Fort heureusement, ce matin, la foule est nombreuse et tout sourire. Le staff confirme : le public s'est surtout déplacé pour elle ! Les conseillers ont comparé les chiffres lors la dernière visite du président à Houston l'année précédente : il y avait cent mille personnes de moins. À l'époque, JFK était venu sans son épouse. L'effet First Lady espéré fonctionne ! John est ravi. En la regardant avec un grand sourire, il s'exclame :

— Grâce à Jackie, cette visite à Dallas va être un succès.

Elle a beau jouer les blasées, Jacqueline est très heureuse de cette reconnaissance officielle, de la bouche de son mari.

Il est l'heure de partir. À la sortie de l'hôtel, ils serrent quelques mains avant de se rendre à l'aéroport. *Air Force One*, l'avion présidentiel, les attend. Seulement quinze minutes de vol. Juste le temps pour Jackie de passer dans la chambre installée à bord de l'appareil et de se refaire une beauté. À 11 h 30, le président et la première dame se préparent à descendre. Dans ces moments, Jackie a l'impression d'entrer en scène.

Dès que la porte de l'avion s'ouvre, elle sent l'air chaud la saisir au visage. La clameur, étouffée par la carlingue, redouble de plus belle dès que la porte est en mouvement.

Derrière un cordon de sécurité, la foule en liesse les attend sur le tarmac de Love Field, l'aéroport de Dallas.

John lui demande d'emprunter la passerelle en premier. Oui, aujourd'hui, c'est elle qui ouvre le bal. En descendant l'escalier, tous deux saluent la foule avec élégance. Elle est parfaite en ce genre de circonstances. Ravissante dans son tailleur rose, avec son petit *pillbox* assorti, qu'elle a pris soin de remettre en place avant de quitter l'avion, elle sourit avec grâce. Impossible de déceler que ce genre de corvée lui fait horreur. Obligée de plisser les yeux à cause du soleil, elle agite doucement son bras droit. Elle a enfilé des gants blancs qui resplendissent sous cette lumière. En bas des marches, avec le même naturel, elle remercie la femme du maire de Dallas qui lui dépose un bouquet de roses rouges dans les bras en guise de bienvenue. Elle semble presque touchée par cette attention, passage obligé de toutes les visites. Le reflet de son excellente éducation.

Le temps de sourire à cette foule qu'elle distingue à peine, de répondre poliment aux sollicitations des badauds sur le tarmac et, vite, à la voiture ! En regardant tous ces visages enjoués, elle se dit que les services de sécurité ont noirci le tableau. Finalement, les Texans ne semblent pas si terribles !

Le programme ultra-chronométré ne tolère pas de retard. La Lincoln Continental décapotable présidentielle qui sert pour les grands raouts les attend déjà. Il s'agit de faire un long tour de Dallas. Kennedy lui-même a exigé cette parade à travers la ville. Il a bataillé ferme pour que leur parcours soit indiqué dans les journaux. Il veut attirer la population, faire de ce déplacement préélectoral un moteur pour sa réélection l'année prochaine. Jackie a bien compris l'enjeu. En deux ans et onze mois, c'est son premier voyage officiel. Depuis l'élection de John, elle n'a accompagné son mari qu'à l'étranger. Après la campagne présidentielle, elle s'était impliquée à 100 % dans le fonctionnement de la Maison Blanche et n'avait plus le temps de le suivre lors des déplacements nationaux. Ensuite, elle est de nouveau tombée enceinte et a dû limiter sa cadence de travail.

Cette visite à Dallas, c'est donc une nouvelle page de sa vie de First Lady. La presse ne s'y trompe pas. Dans leurs articles, tous les journalistes se demandent si cela signifie que Mrs Kennedy s'apprête à jouer un rôle actif lors de la prochaine campagne électorale. Son attachée de presse, Pamela Turner, a été harcelée de coups de fil ces derniers jours. Jackie a été claire :

— Dites que je ferai ce voyage avec mon mari et que j'espère qu'il y en aura beaucoup d'autres. Si on vous interroge à ce propos, dites que j'ai l'intention de mener la campagne à ses côtés et que je ferai tout mon possible pour qu'il soit réélu[1].

Dallas, c'est donc le premier acte de la nouvelle campagne du président Kennedy. Et ce grand pro de la communication n'a laissé aucun détail au hasard pour que ce déplacement soit un succès. Même les marchepieds de la voiture, sur lesquels les agents de sécurité se tiennent debout, prêts à intervenir, ont été supprimés à sa demande. Exit aussi le toit en Plexiglas. Puisqu'il fait beau, ils voyageront en décapotable, pour être vus.

— Ils sont venus pour Jackie, répète inlassablement le boss aux services secrets, très inquiets de ces décisions peu protocolaires.

1. Barbara Leaming, *Mrs Kennedy. Les années Maison Blanche*, Presses de la Cité, 2004.

Jackie sait que l'analyse de John est souvent la bonne. Il a une intuition incroyable. C'est un animal politique. S'il estime qu'il faut être vus, *alea jacta est* !

John Kennedy tient à ce que ce déplacement se déroule sans accroc et permette un vrai échange avec les Texans. Le chauffeur de la Lincoln s'est même entraîné à rouler au pas dans le parc de la Maison Blanche. Plusieurs jours avant ce déplacement, Jackie s'est amusée, avec les employés, à regarder Pam, son attachée de presse, à l'arrière de la Lincoln. Coiffée d'un *pillbox* comme les siens, elle jouait les doublures et guidait le chauffeur pour trouver la vitesse idéale, afin que la First Lady ne soit jamais décoiffée !

Les services secrets, eux, n'ont pas souri. Ils ont mis en garde le président. Ces derniers jours, au Texas, ont été distribués des prospectus à l'effigie de Kennedy, avec cette légende : « *Wanted For Treason*[1]. » Ils émanent d'opposants aux lois antiségrégationnistes en préparation et à l'arrêt des essais nucléaires. Ces tracts appellent à renverser le président-bandit, « coupable de crime de trahison envers les États-Unis ». Pour le Secret Service, ce n'est pas le moment de baisser la garde. Il faut rester vigilant. Mais rien à faire : John Fitzgerald Kennedy refuse toute protection rapprochée. Si quelqu'un est déterminé à le tuer, répète-t-il, tous ces subterfuges sont vains.

Fatalisme ou électoralisme ? Le président est formel : le but de ce voyage, c'est que « les gens voient Jackie », devenue le ticket gagnant des prochaines élections. Qui aurait cru un tel changement possible de la part de John ? Belle revanche pour la première dame qui, il y a peu, était souvent cachée comme une pestiférée. Oui, en regardant

1. « Recherché pour trahison. »

sur le tarmac de l'aéroport de Dallas tous ces gens l'acclamer, en entendant tous ces « Jackie ! » lancés par la foule, la première dame ne peut s'empêcher de penser au chemin parcouru.

2

« Serrer des paluches »

Tous les journalistes lui posaient inlassablement la même question : « Qui est la ravissante fiancée du sénateur Kennedy ? » Ils s'amusaient à lui répéter qu'elle devait être extraordinaire pour avoir réussi à lui passer la bague au doigt ! Cela ne manquait pas de la faire légèrement rougir. Elle se souvient d'avoir souvent joué les étonnées, elle qui avait bataillé ferme pour parvenir à se faire épouser !

Les journalistes de Washington voulaient tous rencontrer celle qui n'était encore que Mlle Jacqueline Bouvier. Pourtant, une fois marié, le jeune sénateur plein d'avenir n'a pas cherché à utiliser l'agitation médiatique produite par l'arrivée de Mrs Kennedy. Jackie se rend compte soudain qu'ils n'en ont jamais discuté. Après leur mariage, il a repris sa vie telle qu'elle était, sans l'associer à sa carrière. Certains rédacteurs s'étaient d'ailleurs étonnés de le voir parcourir le pays en célibataire. Ils voulaient davantage connaître la femme qui avait su harponner le célèbre *womanizer*. Dans un article de *Life*[1], Jackie avait lu la raison invoquée pour justifier son absence : « J'étais déjà un homme politique connu lorsque nous nous sommes mariés. Elle a

1. *Life Magazine*, 24 août 1959.

donc considéré que je n'avais pas besoin d'elle pour ma carrière. Mais, maintenant que nous avons franchi un cap plus important, elle est beaucoup plus impliquée. »

« Elle » n'a rien considéré du tout ! John a tout simplement poursuivi sa vie de noceur, sans l'entrave d'une femme à ses côtés. Loin des yeux, loin du cœur. Comme un marin, le sénateur a lui aussi une douce amie dans chaque comté des États-Unis.

Sur le tarmac de Love Field, en apercevant tous ces bras s'agiter pour la saluer, Jackie remémore de ses premières années de mariage. Lorsqu'elle n'existait pas. Cantonnée à la maison. D'ailleurs, les médias avaient résumé sa personnalité assez vite : « *quiet and unpolitical* », silencieuse et pas du tout intéressée par la politique. Parfait pour une épouse des années 1950. Dans leur entourage, personne ne plaidait sa cause. Lors des rares déplacements politiques où elle était conviée, elle sentait bien que les conseillers de John se méfiaient d'elle. Elle se rappelle que le clan Kennedy, composé d'Irlandais pas toujours très fréquentables, la trouvait trop « sophistiquée ». Guindée, distante, vraiment trop « côte Est ». Tout pour leur déplaire. Et puis c'est une novice en politique ; elle n'a jamais été confrontée à ce monde.

À peine était-elle revenue de son voyage de noces, que l'un des Irlandais du clan, Patsy Mulkern, l'a « mise au parfum ». En 1953, dix ans avant ce déplacement à Dallas, elle a pris ses premiers cours de politique, en version accélérée. Un jour, il est venu la chercher pour la faire enregistrer sur les listes du parti démocrate. Entre cet ancien boxeur professionnel, que l'on surnomme ironiquement « la poupée de porcelaine », et la jeune fille rangée, il y a un monde. Le molosse doit lui souffler les rudiments du métier. Courant à moitié derrière lui dans la rue, Jackie retient que « serrer des paluches » signifie serrer la main des gens... et qu'elle va devoir en serrer des milliers ! Entre Patsy et son pote dit « le Juteux » (car il s'anime quand le sang coule), la jeune femme de vingt-quatre ans ne se sent pas très à l'aise, c'est le moins que l'on puisse dire. Mais, loin d'être intimidée, celle que tous ont baptisée « la snob de Newport » les regarde de haut. Elle n'aime pas cette mafia irlandaise qui tourne autour des Kennedy. Aujourd'hui, elle a pourtant appris à les connaître et apprécie leur fidélité indéfectible à John.

Mais ils incarnent un monde de beuveries et de combines. Surtout, pour elle, à l'époque, la politique n'est pas une activité pour la gent féminine. Le but d'une femme « bien » doit être d'élever ses enfants et de rendre son mari heureux. Seules les féministes affichent des opinions politiques ! Pure Américaine, Jackie ne voudrait pour rien au monde leur ressembler. Ce n'est pas un compliment. Elle découvre sur le tas, et à ses dépens, que chacune de ses prises de parole est en réalité déjà « politique ». Personne ne lui a jamais rien expliqué à ce sujet. Ainsi, dans ses premières interviews, avec sa voix suave mais mal assurée, qui susurre plus qu'elle ne parle, Jacqueline donne l'impression d'une personne réservée. Prendre la parole en public n'est pas une activité de son sexe. Même si elle a un look moderne. Lorsque les journalistes l'interrogent en tant que jeune épouse de sénateur, ses réponses correspondent à son éducation. Où trouve-t-elle ses opinions ? Mrs Kennedy, sourire poli, répond le plus naturellement :

— Je trouve toutes mes opinions chez mon mari[1].

Sa réponse provoque un déluge épistolaire. Les femmes « émancipées » sont en colère. Qu'elle le veuille ou non,

1. Diane Sawyer, « Jacqueline Kennedy in Her Own Words », ABC, 13 septembre 2011.

Jackie a déjà fait un pas dans le monde « politique ». Un faux pas.

Peu à peu, elle comprend qu'elle est en première ligne et que tous ses faits et gestes, lourds de sens, seront scrutés à la lettre. La preuve : même chez les dames patronnesses, elle provoque des couacs. Lors d'une réunion organisée par ces dernières, on l'invite à prononcer un discours. Elle est la *special guest* de la journée, celle que toutes attendent à la tribune. À leur demande, l'épouse du sénateur Kennedy se lève. Debout, intimidée mais tout sourire, elle remercie l'assistance pour cet accueil si chaleureux et déclare très aimablement qu'elle ne fait jamais de *speech*. Elle se rassoit devant les organisatrices qui n'en croient pas leurs yeux !

Une irrévérence qui ne plaide pas en sa faveur. Quand on ne la trouve pas effrontée, on la prend souvent pour une gourde. Cela passe mieux auprès des messieurs bedonnants et paternalistes qui sourient face à cette jeune personne « à l'inconséquence charmante[1] ». Le meilleur exemple, resté longtemps dans les mémoires, se déroule lors du Comité des démocrates, le parti de Kennedy. Un membre lui demande :

— Selon vous, chère madame, où doit avoir lieu notre prochaine convention ?

— À Acapulco[2], répond-elle du tac au tac, avec son grand sourire policé.

C'est la destination de son voyage de noces avec son mari : réponse impertinente, pour qui la connaît bien. Après un instant de silence, la salle, à 100 % masculine,

---

1. Barbara Leaming, *Mrs Kennedy. Les années Maison Blanche*, Presses de la Cité, 2004.

2. Au Mexique, où le couple a passé sa lune de miel en septembre 1953.

part dans un grand éclat de rire. John, sourire crispé, ne sait plus où se mettre.

Le seul à la défendre ? Le paternel, Joe Kennedy. Le père de John a choisi sa bru en fonction de son image de future First Lady. Jackie se souvient avoir été particulièrement angoissée à l'idée de rencontrer cet homme influent au sein du parti démocrate. Elle avait peur de lui déplaire et savait que, sans son aval, aucune petite amie de John n'avait pu espérer devenir une Kennedy ! Mais celui que tout le monde appelle « l'ambassadeur », pour avoir occupé la fonction à Londres jusqu'en 1940, a tout de suite flairé le bon parti en découvrant Jacqueline. C'est lui qui a poussé son fils à épouser cette jeune fille de bonne famille. Et personne ne désobéit à Joe. Surtout pas ses enfants.

Le chef de famille a reconnu celle qu'il fallait à John pour briller en politique. Ancien producteur à Hollywood, il voit en elle une future star. En regardant Jack (le surnom de John) et Jackie ensemble, pas de doute : c'est un couple glamour qui crèvera l'écran. Pour lui, la politique n'est plus rien sans l'image. Jackie a la classe, la beauté, la douceur et la modestie – de prime abord – nécessaires pour attirer l'Américain moyen. Et surtout pour le faire rêver. Car il le répète : pas d'élection sans faire briller les yeux des gens. Quoi que le clan en pense, Joe Kennedy sait qu'elle a tout en commun avec John. Elle est catholique, vient de la côte Est et est aussi d'origine irlandaise : la Sainte Trinité. Et puis il n'est plus temps de traîner.

— Si tu ne te maries pas, les gens vont croire que tu es pédé, répète son père.

Une fois élu sénateur du Massachusetts en 1952, à trente-cinq ans, John Fitzgerald Kennedy n'avait plus le choix ; la prochaine étape, c'est la Maison Blanche… où l'on ne peut atterrir sans bague au doigt.

Pourtant, depuis leur mariage l'année suivante, en 1953, jusqu'au début de la campagne présidentielle en 1959, la « star » Jackie, n'a pas grand rôle à jouer... ou seulement en coulisse. Elle se souvient de ces moments difficiles en se disant qu'elle a pu apprendre les rudiments du métier. Malgré sa nature discrète, n'aimant ni se placer au premier plan ni attirer l'attention, elle a pris consicence qu'elle devait s'imposer si elle ne voulait pas toute sa vie jouer les potiches.

Aujourd'hui, dix ans plus tard, Jackie maîtrise tout. Sur les toits de l'aéroport de Love Field, elle repère les policiers armés : ils surveillent la foule et les alentours. Vérifications faites, à Dallas, rien à signaler d'anormal. La parade peut avoir lieu. Seule ombre au tableau dans ce bastion de la droite ultraconservatrice : le *Dallas Morning News* a publié un encart – bordé de noir, comme un avis mortuaire – pour souhaiter ironiquement bienvenue au président honni. Ce n'est pas assez pour créer de l'inquiétude dans l'entourage du chef de l'État. Tout s'est bien passé la veille à Houston et à Fort Worth ; la pression est donc un peu retombée.

À 11 h 55, le cortège prend la route. Une vingtaine de voitures, autant de motards de la police locale et trois bus transportant les journalistes s'ébranlent vers la sortie de l'aéroport. L'œil rivé sur le cortège présidentiel, les policiers sont plus attentifs que jamais.

Encore portée par la clameur de la foule, Jackie repense aussi à ses premiers pas avec John. Une fois la phase de galanterie passée, elle a senti que si elle ne s'intéressait pas à ses idées et à l'actualité, ils n'auraient plus rien à se dire. Elle a compris que, dans son couple, rien ne fonctionnerait si elle ne s'intéressait pas à la politique. John ne vit que pour cela. Depuis longtemps, il n'a cherché qu'à permettre à Joe, son père, de réaliser le rêve qu'il n'a pas atteint :

devenir président des États-Unis. Le clan Kennedy, cette fratrie de neuf enfants, n'a été élevé que pour composer une équipe soudée et placée à tous les postes importants des États-Unis. Une *team* à l'américaine qui ne connaît qu'un seul mot : gagner.

Une fois dans la voiture, Jackie enfile ses larges lunettes de soleil marron. Elle est très gênée par ce soleil d'hiver. Ces lunettes ! Elles aussi font entièrement partie de ce que les journaux appellent le « look Jackie ». En pensant à toutes ces photos dans les magazines, elle ne peut s'empêcher de sourire. Il paraît qu'elle est irrésistible avec ! Ce n'était manifestement pas ce que pensait John au début de leur mariage. Cachée derrière ses verres fumés, elle se replonge dans ses souvenirs.

Son beau sénateur était sans cesse sur les routes, avec son équipe, pour poser les jalons de ce qui n'était alors qu'une hypothétique campagne présidentielle. Encore toute jeune, elle n'avait pas été préparée aux compromis du mariage. Elle rêvait d'amour-passion, de promenades à deux, de longues discussions et d'éclats de rire. Au lieu de cela, les deux tourtereaux ne font que se croiser. Et, quand son mari est là, toute la mafia irlandaise l'est aussi. Dans les rares moments où ils se retrouvent à deux, sa vie à elle n'intéresse nullement John.

Le courant passe mal entre les vingt-quatre ans de Jackie et les trente-six ans de John. Lui qui poursuit une course effrénée n'a ni le temps ni l'envie de la connaître. Hyperactif, il vit au sein d'une meute à l'affût de tout et de rien. Elle, la solitaire qui depuis l'enfance aime le calme, le dessin et la lecture, a du mal à comprendre cette vie superficielle où hier est déjà oublié et demain si loin. Lors des rares dîners qu'ils partagent, la conversation tourne autour de ce qu'il a en tête et de ses adversaires.

En repensant à cela, Jackie s'agace un instant en regardant John resserrer machinalement sa cravate. Et dire qu'elle entend, aujourd'hui encore, qu'il ne parle pas de politique avec elle ! Alors que c'est son unique sujet de conversation ! Avec lui, il faut être au courant de tout, avoir lu tous les journaux, afin d'être incollable. « S'il demande : "Tu as lu l'article de Reston aujourd'hui ?" et que ce n'est pas le cas, il s'agace. Elle s'est fait piéger bien souvent au début de leur mariage. Elle se débrouillait pour lire l'article en question dès le lendemain. Les premières fois, elle demandait ingénument : "Non, qu'est-ce qu'il a dit ?" Et elle s'entendait gentiment rétorquer : "Débrouille-toi pour trouver toute seule."[1] »

Pour tenter de l'amadouer, la première année de leur mariage, elle se rappelle avoir passé son temps à s'occuper de leur maison. Elle dévorait les magazines spécialisés pour parfaire la décoration. Elle courait les antiquaires afin de créer un nid douillet où John se sentirait bien. C'était peine perdue. S'il passait plus de deux nuits par semaine chez eux, c'était un maximum.

— J'ai épousé un tourbillon, répète-t-elle à ses amies.

Car la fière Jacqueline ne se plaint jamais. C'est une règle d'or.

Pourtant, JFK se conduit comme un goujat avec elle. Même en public. Quitter une réception en compagnie d'une autre femme ne le gêne nullement. Ce mariage devait être sa grande victoire ; il la blesse cruellement. Sans compter la pression des Kennedy qui n'attendent qu'une seule chose : un nouvel héritier. Chez eux, la descendance

1. Jacqueline Kennedy, *Avec John F. Kennedy. Conversations inédites avec Arthur M. Schlesinger*, Flammarion, 2011.

est cruciale. L'annonce d'une fausse couche à plusieurs mois de grossesse ébranle un peu plus le couple.

Que faire ? Divorcer ? Certaines de ses amies l'y incitent. Comment espère-t-elle pouvoir un jour changer ce coureur ? L'idée la taraude. Mais c'est dire adieu à un certain statut. Fille de divorcés, elle a trop souffert de la chute sociale provoquée par la séparation de ses parents. Une dégringolade au sein de la bonne société. Dans ces années 1950 si corsetées, un divorce est une infamie.

Afin de justifier leur situation, elle raconte qu'ils forment un couple du XIXe siècle. Elle se compare aux épouses japonaises, « les meilleures qui soient ». Et, pour être parfaite, elle fait ce qu'on lui dit. Selon elle, Jack attend d'une femme « une relation où l'homme est le leader, la femme est l'épouse ». « Elle lève les yeux vers lui, l'homme, raconte celle qui a surtout appris à fermer les yeux. Une femme s'adapte toujours, surtout si vous êtes jeune quand vous vous mariez, vous devenez vraiment le style d'épouse que votre mari souhaite[1]. »

Autrement dit, l'épouse japonaise serre les poings. Même trompée, elle garde le cap, car c'est la seule position gratifiante dans le milieu qu'elle fréquente. Elle s'intéresse à ses hobbys. Encore aujourd'hui, elle tente de l'accompagner au golf pour chercher à lui faire plaisir. Au début de leur mariage, elle se souvient de toutes les heures passées au practice alors qu'elle avait horreur de jouer ! Elle avait aussi décidé de s'inscrire à des cours d'histoire, matière qu'elle a toujours adorée. Elle voulait lui prendre en note des citations d'hommes célèbres pour qu'il multiplie les références à intégrer dans ses discours. Pourquoi a-t-elle accepté tout cela ? Assise à ses côtés dans

1. C-Span, 3 octobre 2011.

la Lincoln bleu nuit, elle le regarde saluer le public au loin, à la sortie de l'aéroport. Oui, pourquoi avoir supporté ces épreuves ? Certainement pour avoir un destin. Dès le début, elle en a été convaincue : John Fitzgerald Kennedy était promis à un bel avenir. Et puis, malgré elle, elle l'a toujours aimé. Depuis le premier jour, elle a cherché l'admiration dans son regard. Elle a voulu lui prouver qu'elle était exceptionnelle et qu'ensemble ils formeraient une équipe solide.

Une équipe qui s'est agrandie et a vraiment gagné en confiance le 27 novembre 1957. La naissance de leur petite Caroline leur a offert un nouveau souffle. Dès lors, elle a naturellement occupé une place au sein de la famille. Plus besoin de chercher de subterfuge. Surtout, à trois ans de la campagne présidentielle, son statut d'épouse du candidat démocrate la propulse sur le devant de la scène. La machine est en marche. JFK et toute sa famille œuvrent à faire de lui le trente-cinquième président des États-Unis. Et, dans ce pays, un candidat n'est rien sans une épouse à ses côtés. Une chance ! Enfin le « tourbillon » va l'emporter. La star va jouer le premier rôle.

3

En campagne

En quittant l'aéroport de Love Field, sur la route de Dallas, Jackie se détend. Elle s'humecte les lèvres. Une habitude devenue un tic dès qu'elle est en public : elle replie machinalement ses lèvres sur sa langue qu'elle tire tel un serpent. Le cortège présidentiel se dirige vers les faubourgs de la ville. Il n'y a plus beaucoup de gens à saluer pour l'instant. Juste le désert texan. Installée au fond de son siège, elle peut laisser reposer son bras. Depuis toutes ces années, il est entraîné à se balancer de gauche à droite.

Serrer des mains, saluer la foule. Là encore, elle a découvert sur le tas ce qu'on attendait d'elle – personne n'a eu le temps de la former à la campagne présidentielle. Un job très pénible pour Jacqueline, peu habituée à se lever tôt et à s'imposer des contraintes. Elle se souvient d'avoir voulu être irréprochable les premières fois où on l'a « intégrée ».

Lorsque John est en déplacement, elle est sur le pied de guerre. Debout tous les matins à 6 heures, elle sait qu'elle ne doit pas décevoir son mari. D'étape en étape, elle est à ses côtés pour sourire et « serrer des paluches » : commerçants, étudiants, protestants, anciens combattants... Deux mille mains par jour, un mot aimable pour chacun et un sourire collé aux lèvres. Ensuite, il faut entrer dans les supermarchés, les stations-service et les boutiques pour distribuer des tracts et appeler à voter pour son mari. Le soir, ce n'est pas au Ritz qu'elle dîne, comme elle le fait souvent avec ses amies, mais dans les banquets. Un soir, éloignée de seulement six convives de JFK, elle s'étonne :

— Il y a quatre mois que, nous n'avons pas déjeuné si près l'un de l'autre[1] !

Elle se souvient que, bien souvent, ils n'avaient pas même le temps de manger. Leurs repas ? Avaler des milkshakes et des hot-dogs entre deux meetings. Un régime catastrophique pour John qui, comme tous les Kennedy, souffre de problèmes d'estomac. Sans parler de son dos, une question taboue, car le mal est grave.

Pour permettre à son fils de se fatiguer le moins possible dans cette course contre la montre, Joe Kennedy a offert un avion à son champion : le *Caroline*. Un atout majeur face aux autres candidats qui dépendent des horaires des compagnies aériennes. C'est un des seuls avantages dont bénéficie Jackie, qui parcourt les États-Unis sans relâche. Avec trois robes, un chapeau et son collier de perles, elle doit se débrouiller pour être élégante en toute circonstance... et sans se plaindre ! Cela fait partie du job.

Malgré son dévouement, elle se rappelle avoir subi cette frénésie qui l'ennuie vite. « Au bout de cinq jours, ça n'est plus que de l'épuisement. » Manifestement, cela se voit. Elle se souvient avoir été folle de rage en lisant l'article d'une journaliste du *Boston Herald Traveler*, Mary Tierney : « Mrs Kennedy est une snob qui manque de chaleur et ne fait campagne que par obligation et non par goût. » Ce que cette scribouilleuse ne sait pas, c'est que, durant

1. *Paris Match*, 21 décembre 1963.

ce marathon, Jackie est enceinte. Elle attend le petit John. Après deux fausses couches, ses médecins lui ont interdit de bouger. Il lui faut beaucoup de repos car, une fois encore, sa grossesse est difficile. Malgré tout, la « snob de Newport » poursuit le plus longtemps possible ses déplacements. Elle veut être aux côtés de John, lui montrer qu'elle se bat pour lui. Le terme est prévu pour décembre, juste après l'élection à la Maison Blanche. Si JFK perd, elle se sentira coupable. Elle veut donc s'investir le plus possible dans ses meetings... d'autant qu'elle commence à être désirée.

Jackie se rappelle l'étonnement du clan Kennedy en découvrant, lors d'événements publics, les gens prononcer son nom ! Leurs têtes en voyant des affiches « *Jackie Yes !* ». Mais, si les proches de John feignent de ne rien remarquer, le changement est net et elle le ressent. Le public la connaît mieux et l'apprécie. Elle est singulière. Certes, elle peut paraître bourgeoise quand elle avoue ne pas s'occuper seule de Caroline, puisqu'elle est aidée par la gouvernante, mais les Américains apprécient de plus en plus cette franchise. Ils aiment l'entendre se moquer d'elle-même en confessant qu'elle n'est pas une épouse idéale car elle ne sait pas cuisiner. Joe, le père Kennedy, est fier et ne s'est pas trompé : la fraîcheur de Jackie et ses airs de princesse font rêver la classe moyenne... L'idéal en politique.

Pour autant, Jacqueline préfère ne pas tirer trop de gloire de ce petit succès. Dans la famille Kennedy, une campagne politique est un combat. Elle n'est qu'un petit soldat qui file doux. Rose, la mère de John, sévère et pingre, dirige ses enfants comme un escadron. Les garçons sont évidemment promis à un bel avenir. Les filles, comme dans une équipe de football américain, sont des ailiers prêts à parer à toutes les épreuves. Elles s'occupent de la logistique et de faire tourner la machine. Leurs missions : les réunions politiques, les thés, les émissions de télé et les radios locales. En pleine guerre froide, cette planification pourrait faire pâlir de jalousie l'ennemi soviétique.

Afin de trouver sa place dans cette organisation bien huilée, elle ne dispose que d'un moyen : jouer de ses relations. Pour l'un de ses premiers faits d'armes, elle s'est concentrée sur le lobbying religieux. Catholique comme John, elle souffre de le voir perpétuellement attaqué sur sa foi. Dans cette Amérique protestante, c'est une sacrée épine dans le pied. Le seul candidat catholique qui ait concouru à la Maison Blanche pour les démocrates a lamentablement échoué quelques décennies plus tôt[1]. C'est un mauvais présage. Surtout, ses ennemis affirment que JFK sera le pantin du pape, que la politique ne se fera pas à Washington mais au Vatican et que le nouveau président des États-Unis d'Amérique ne respectera pas la sacro-sainte Constitution mais les bulles pontificales.

Pour faire taire les contempteurs, Jackie persuade deux historiens catholiques très respectés d'apporter leur soutien à la candidature de son mari. Le démocrate sent immédiatement la pression retomber sur cette question.

Dans la foulée, à l'image de la célèbre chronique que tenait Eleanor Roosevelt, elle rédige *Campaign Wife*, un journal de campagne hebdomadaire pour les femmes diffusé dans les journaux. Jamais les dames Kennedy n'y avaient pensé ! En se remémorant tout cela, elle se félicite de son implication, qui n'a pas été vaine.

Elle se donne à fond. Parle espagnol dans le Sud, français dans le Massachusetts, italien à New York, langues qu'elle

1. Al Smith, en 1928. Très impopulaire dans le Sud protestant, ce candidat démocrate fut largement battu par le républicain Herbert Hoover.

maîtrise couramment. À tel point que les gens finissent par être surpris qu'elle sache parler anglais[1] ! Elle fait tout son possible pour peser dans cette course contre la montre. Du coup, elle marque aussi des points auprès de son mari et du clan Kennedy lorsqu'elle enregistre des spots « Votez JFK » en français, en espagnol et en italien. Un apport inestimable. Souriante, élégante, sérieuse et humble... Telle est l'image de l'épouse parfaite qu'elle fait passer dans les spots de campagne. Aux yeux du public, le couple Kennedy incarne un modèle, et leur petite Caroline symbolise le bonheur familial. Tout cela, elle cherche à le mettre en lumière dans chaque interview.

Malgré les critiques de ses proches qui la trouvent parfois nonchalante, elle est efficace quand elle décide de s'impliquer. Très méticuleuse, elle ne laisse rien passer et son sens du devoir hors du commun la pousse à se démener. Mais, capricieuse, elle est aussi capable, sans prévenir, de tout balayer d'un revers de main. La femme espiègle et indépendante qu'elle est peut faire des siennes. Une dispute avec John ? Impossible de la faire sortir de la voiture pour un meeting. Le staff de JFK s'agace de la voir bouder des heures à l'arrière des berlines à lire des livres ou des magazines. Puis la tempête se calme et la voilà prête à soulever des montagnes. Elle est tout et son contraire.

Malgré ses humeurs, elle remarque tout de suite que John est agréablement surpris. Elle se souvient de son peu d'empressement à l'avoir à ses côtés au début. Mais il se montre, jour après jour, content de débriefer avec elle de leur marathon. Jamais il n'avait mesuré à quel point une épouse peut être un atout. Sans le formuler, John a

1. Diane Sawyer, *Jacqueline Kennedy in Her Own Words*, ABC, 13 septembre 2011.

voulu imposer une clause de tolérance tacite entre eux dès leur mariage. Il la laisse libre de faire campagne ou non, de répondre à ses obligations de femme d'homme politique ou non. Il lui laisse toute latitude pour sacrifier aux mondanités à New York, en Europe, ou de s'adonner à sa grande passion : la chasse au renard. En retour, elle doit accepter de lui laisser du champ, sans trop chercher à savoir ce qu'il fait de son temps libre.

Pour ce voyage officiel à Dallas, Jack lui a expressément demandé de l'accompagner. Depuis qu'ils sont mariés, ce n'est presque jamais arrivé. Ce n'est pas dans le contrat. Jack considère que c'est une faveur qu'elle lui fait. Pourtant, elle est heureuse de ce déplacement. Hier, à Houston et San Antonio, les gens ont été charmants. Peut-être que si John était différent et plus directif, elle trouverait ces obligations horribles. Mais, contrairement au clan Kennedy et à la mafia irlandaise, il ne vient pas mettre de l'huile sur le feu lorsqu'on la critique. Jamais il ne lui demande quoi que ce soit. Surtout lorsque tout le monde pensait qu'elle était une « snob de Newport », avec sa coiffure et ses robes venues de France, et qu'elle « détestait la politique ». De même quand elle a eu des enfants et qu'elle n'a pas pu l'accompagner autant qu'elle l'aurait voulu. Elle se souvient qu'il était très contrarié quand on lançait ce genre d'accusations contre elle. Parfois, elle allait le voir en lui disant :

— Oh, Jack, je suis tellement désolée d'être un poids pour toi !

Mais il savait que ce n'était pas vrai et ne voulait pas qu'elle change.

Ce qui est vrai, c'est que certains électeurs très conventionnels, surtout des électrices, ont été vent debout contre la femme du candidat Kennedy, qu'elles jugeaient trop moderne. Pour ces gens habitués à des First Ladies plutôt taillées sur le modèle de Mrs Eisenhower, dont le petit nom n'était autre que « Mamie », elle détonait. Sa jeunesse trouble les ronchons. Son sens de la mode, ses coiffures bouffantes et ses jupes courtes créent des polémiques. À trente ans, cette Américaine ne portait pas de tenues à mi-mollet et cela faisait scandale.

Dans la limousine présidentielle, au côté de son mari, elle remet en place la veste de son tailleur rose. En ajustant sa jupe, elle se souvient des milliers de lettres reçues à ce sujet. Toutes ces lettres sur ses jupes trop courtes ! Elle en avait parlé à Jack.

— Mais elles ne sont pas trop courtes !

— Tu dois avoir raison, répondait John.

Mais jamais il ne disait : « Rallonge-les[1]. » En tournant la tête vers John, saluant encore sur sa droite les rares spectateurs postés sur le parcours à la sortie de l'aéroport, Jackie se dit que son mari l'a toujours acceptée telle qu'elle est. Même quand cela a créé des remous. De manière étonnante, comme son père Joseph Kennedy, il lui a fait confiance dès le début.

Un pari gagné aujourd'hui. Ce vendredi 22 novembre 1963, même au Texas, plus de grincheux. Plus de jupes trop courtes. En regardant la foule ce matin à Fort Worth, la First Lady s'est fait une réflexion : les femmes venues les acclamer ont raccourci leur tailleur, fait bouffer leurs cheveux et abandonné le blond peroxydé. Oubliées les couleurs façon Jean Harlow ou Jayne Mansfield. On lui a même appris que les ventes de teinture brune explosent depuis qu'elle est arrivée à la Maison Blanche ! Elle a bien ri en apprenant que ses sosies s'arrachent à prix d'or pour présenter des programmes télé. Sans oublier la poupée à

1. C-Span, 11 novembre 2013.

son effigie que les petites filles d'Arizona, d'Alabama ou de Californie réclament à grands cris. Et naturellement celles du Texas ! Elle en a même reçu en cadeau pour sa petite Caroline.

Outre-Atlantique, cette « Jackiemania » intrigue. Son attachée de presse, Pam, lui a récemment montré le magazine français *Jours de France*, qui rapporte dans son « Flash du monde » un sondage Gallup : « Les femmes américaines (72 %), plus que les hommes (59 %), sont séduites par Mrs Kennedy[1]. »

Ce qui l'étonne le plus, c'est d'apprendre qu'en pleine guerre froide, sa notoriété a franchi le mur de Berlin, construit début août 1961. Son staff lui a fait découvrir *Mody*, un magazine de mode russe présentant des publicités inspirées de son look. *Swait*, un journal polonais, écrit : « Jackie a le style et le ton de son époque. »

À entendre encore de loin cette foule hurler « Jackie, Jackie ! », elle se dit que cela doit être en partie vrai. Elle n'avait pas fait de déplacements dans le pays depuis trois ans. En descendant la passerelle de l'avion à Love Field, tout à l'heure, elle a été émue de ces démonstrations d'affection. Voir toutes ces Texanes les ovationner, sans prêter attention à leur *pillbox* tombant au sol, bousculées par la foule, c'est une belle revanche.

En route vers Dallas, la « snob » se dit qu'elle n'aurait jamais pensé faire la une des journaux du monde entier. En un peu plus de deux ans à la Maison Blanche, elle est devenue un phénomène international. N'a-t-elle pas été élue « femme de l'année » en 1961 et 1962 ?

1. *Jours de France*, n° 351, 5 août 1961.

4

Un bruit de pétard

Le cortège présidentiel emprunte le trajet prévu et se dirige tout d'abord vers W Mockingbird Ln. La voiture de commandement pilotée par Jesse Curry, le chef de la police de Dallas, ouvre la route. Juste derrière, la Lincoln bleu nuit immatriculée GG 300, où sont installés les Kennedy, suit de près.

Le président regarde sa montre. Ils sont parfaitement à l'heure. Ils seront à 12 heures dans Downtown, le centre de la ville. À ce moment, il se rend compte que Jackie a enfilé ses lunettes de soleil.

— Lors d'une parade comme celle-là, si tu portes des lunettes noires, autant rester chez toi, lance-t-il.

Jackie hésite. La grande parade dans Dallas va durer plus d'une heure, et cette lumière est aveuglante. Mais, c'est vrai, les gens veulent un contact, même fugace. Et puis les lunettes, cela fait trop star. Ce serait très mal perçu par la population. Elle le sait : chaque détail compte lors de ces événements.

En remettant ses lunettes dans son sac à main en cuir noir, elle s'arrête un instant sur un autre détail. En s'asseyant à l'arrière de la limousine, elle n'a pas prêté attention au bouquet de roses offert par l'épouse du maire de

Dallas à sa descente d'avion. Mais ces fleurs rouges posées à sa droite entre elle et John l'étonnent. Depuis son arrivée en terre sudiste, on lui a systématiquement offert des roses jaunes aux couleurs du Texas. Pourquoi lui avoir acheté des fleurs rouges dans cette région si fière de ses emblèmes et de ses traditions ? Attachée au protocole, elle est surprise de cette fausse note.

Sans réfléchir davantage, elle repose son sac à main. Comme lors de chaque déplacement en voiture, elle est placée à la gauche de John. Mais, cette fois, la voiture présidentielle n'est pas protégée par des gardes du corps en équilibre sur des marchepieds. Avec eux, il n'y a que l'agent de sécurité assis près du chauffeur. Elle se retourne pour regarder le cortège. Clint Hill, son *bodyguard* personnel, se tient dans la voiture de derrière, debout sur la passerelle latérale avec d'autres agents, prêts à intervenir.

Dans cette voiture XXL, *made in USA*, il y a également une banquette devant les Kennedy. C'est là qu'ont pris place le gouverneur du Texas John Connally et sa femme Nellie. Ce dernier a bataillé ferme depuis plus de six mois pour voir le président sur ses terres. Le camp démocrate est en net recul dans le Sud. Il était urgent de « rebooster » les troupes avant les présidentielles. Depuis juin, il a fait des pieds et des mains pour recevoir le *boss* de la Maison Blanche. Puis, sur les conseils de sa femme, il a revu ses prétentions à la hausse et réclamé la présence de Jackie, pensant lui aussi que la First Lady est un atout de poids.

Pourtant, rien n'était moins sûr que leur présence. Car Jackie a la dent dure et la mémoire longue. Elle se souvient très bien que ces deux-là n'ont pas toujours été pro-Kennedy. Elle n'a pas oublié qu'il y a trois ans, lors de la campagne des primaires pour sélectionner qui porterait les couleurs des démocrates, le gouverneur n'avait pas soutenu

John. Un mauvais calcul politique. Surtout, ce que Jackie n'a pas digéré, c'est d'apprendre que Connally a fait un coup très bas. Lors d'une conférence de presse, juste avant le vote des primaires, il a exigé les examens médicaux de John, dont il est de notoriété publique que la santé n'est pas le point fort.

Malgré cet affront, JFK, coutumier de ce genre d'amabilité en politique, ne lui en a jamais tenu rigueur. Contrairement à Jackie, le président n'est pas rancunier. Il ne fomente pas de vilaines vengeances pendant des semaines. Combien de fois Jackie, furieuse de voir son mari tourner la page, a-t-elle souligné l'infidélité de certains soutiens démocrates ? Fataliste, John estime qu'il faut toujours laisser la porte ouverte à la réconciliation. Sa phrase fétiche : « Le vent tourne à une vitesse folle en politique – tes amis sont tes ennemis dans la semaine qui suit, et vice versa. » Une maxime que Jackie est peu encline à faire sienne. Davantage dans l'affect, elle est incapable d'adresser la parole à quelqu'un qui a dit des horreurs sur son mari. Et ce Connally, qu'elle juge si plouc ce matin avec son chapeau de cow-boy texan sur la tête, est sur sa liste noire. Son mari l'a pourtant nommé ministre de la Marine dans son gouvernement, puis a salué son élection en tant que gouverneur du Texas. Jackie n'est pas aussi souple. Si elle a accepté ce voyage, c'est uniquement pour faire plaisir à John qui avait besoin de son soutien. Mais pas question d'aider directement ce traître de gouverneur. Avec une habileté toute personnelle, elle a été glaciale avec les Connally dès son arrivée au Texas. Aujourd'hui, malgré les sourires de Nellie, comme à son habitude avec ceux qu'elle considère comme des félons, point de salut. Elle les bat froid.

Ce qui compte, se répète-t-elle, c'est que le déjeuner prévu dans trente minutes se passe bien. Déjà plus de deux mille cinq cents personnes les attendent à Trade Mart, un grand centre commercial où John doit prononcer un discours. Pour cette visite exceptionnelle, il a fallu demander une dérogation spéciale à la hiérarchie catholique. L'autorisation de proposer au menu, un vendredi, un steak de bœuf texan ! Le chef de l'État ne venant pas à Dallas tous les jours, l'Église a accepté qu'exceptionnellement, le jour de la mort du Christ, le poisson cède la place à la viande. Après ce déjeuner, ils sont attendus pour dîner à Austin. Une soirée destinée encore une fois à lever des fonds pour la campagne présidentielle. Après cela, la corvée texane prendra fin !

En attendant, il faut affronter Dallas. Dans son tailleur rose, Jackie n'a pas trop chaud malgré les 24 °C affichés au thermomètre. À l'approche des faubourgs de la ville, la clameur lui parvient aux oreilles. Dès les premiers immeubles, en levant la tête, elle aperçoit les drapeaux démocrates accrochés aux fenêtres. Elle note aussi les dizaines d'affiches arborant fièrement l'âne, symbole du parti. Incroyable ! Dallas est aux couleurs du président ! Plus le cortège s'approche de Downtown, plus les badauds sont nombreux sur le bas-côté, agitant les bras en signe de bienvenue.

Loin des injures et des violences redoutées par les services secrets, la foule est souriante et massée le long du parcours. Lemmon Avenue, Turtle Creek Boulevard... Partout, la belle automobile traverse la ville sous les hourras. John se détend : plus ils avancent, plus les rues sont bondées. C'est bon signe pour l'élection présidentielle qui aura lieu dans un an.

Malgré quelques tracts anti-Kennedy distribués dans la matinée, le parcours n'essuie que peu de manifestations hostiles. Ravi, JFK semble avoir conquis le Texas, ce « pays de dingues » comme il l'appelle avec Jackie. Des dingues accueillants. La preuve : le président demande deux fois à l'agent Bill Greer qui conduit la voiture de s'arrêter pour serrer la main des habitants venus le saluer. Le cortège redémarre et roule doucement, à 17 km/h tout au plus dans Cedar Springs Avenue puis Harwood Street.

Nellie Connally, la femme du gouverneur, se retourne vers le couple présidentiel pour tirer les lauriers de cette réussite et vérifier que le président est satisfait. Cherchant à amadouer la froide Mrs Kennedy, elle souligne que les badauds réclament autant la First Lady que le président.

— Jackie, Jackie !

Son nom résonne dans le public.

Toujours très gênée par le soleil, la première dame plisse les yeux pour admirer cette foule peu commune. Depuis deux ans, malgré leurs nombreux voyages à l'étranger où ils sont accueillis comme un couple princier, Jackie n'a jamais vu autant de monde. Oui, elle en est certaine, c'est le plus grand cortège depuis l'aéroport qu'ils ont connu. Un cortège chaud et sauvage, un peu comme ceux qu'elle a connus à Mexico ou à Vienne, des déplacements compliqués. Déjà dans ces villes, le soleil tapait fort sur les visages. Déjà elle sentait cette foule magnétique les porter.

Les limousines poursuivent le trajet programmé et publié dans les journaux. Elles s'engouffrent dans Main Street puis tournent à Houston Street... La voiture des services de sécurité, derrière celle des Kennedy, suit de près. Derrière encore, celle du vice-président Lyndon Johnson et de sa femme Lady Bird roule au pas. Les Johnson sont arrivés à Love Field juste avant l'avion présidentiel pour accueillir le chef de l'État à sa descente d'*Air Force One*. Jamais le président et son vice-président dans le même avion. C'est la règle... S'il arrivait malheur, le pays n'aurait plus de dirigeant ; Johnson a voyagé à bord d'*Air Force Two*.

Le long des véhicules officiels, de nombreux motards surveillent les spectateurs. Rien de particulier à signaler.

Tout sourire, le gouverneur et Mrs Connally admirent cette liesse qu'ils n'osaient espérer. La femme du « félon » se retourne vers John Fitzgerald Kennedy :

— Monsieur le président, vous ne pouvez pas dire que Dallas ne vous aime pas !

Cette phrase résonne dans la tête de Jackie. La première dame est de plus en plus gênée par le soleil. Et impossible de mettre ses lunettes. Heureusement, elle aperçoit soudain le tunnel[1].

Le souterrain dans lequel Jackie espère reposer ses yeux se trouve à une centaine de mètres. La Lincoln Continental blindée, fabriquée sur mesure par Ford, a été conçue pour que le couple présidentiel soit très visible, même de loin. La banquette arrière sur laquelle ils sont assis est légèrement surélevée. Impossible de porter sa main à ses yeux sans être vue. Avec son tailleur rose, Jackie est un repère pour la foule : tout le monde la remarquerait. Le tunnel de Dealey Plaza arrive à point nommé.

Il est 12 h 30. Le cortège roule au pas devant le Texas School Book Depository Building à l'angle de Houston Street et Elm Street. Un bâtiment que Jackie, assise de l'autre côté de la voiture, ne voit pas. Son regard est tourné vers la gauche, légèrement de dos par rapport à John, lorsqu'elle entend soudain des bruits de pétard sur sa droite.

1. Notes de Theodore White prises le 29 novembre 1963, juste après l'assassinat, lors d'une interview effectuée à la demande de Jackie Kennedy pour raconter sa version des faits. Cette interview fait partie des trois interviews données par la First Lady après le drame de Dallas. Les notes de Theodore White sont restées sous scellées jusqu'en 1995.

À cet instant, la First Lady se tourne machinalement vers l'intérieur de la voiture. Elle aperçoit le gouverneur Connally attraper violemment son bras, le visage contracté par la douleur, et l'entend crier :

— *No, no, no-no-no.*

Dans le même mouvement, son regard brouillé se tourne vers John. Son esprit se focalise sur un immeuble gris-bleu un peu plus loin. Le sourire qui illumine son visage disparaît. Naturellement, elle se penche vers son mari qui vient de porter subitement ses deux mains à son cou, paralysé.

— *Oh noooo*, crie-t-elle horrifiée.

Comme Jackie, peu de spectateurs comprennent ce qui vient d'arriver. Comme Jackie, c'est la stupeur qui semble figer les témoins sur place. Seuls les gardes du corps de la Cadillac noire derrière le véhicule des Kennedy prennent immédiatement conscience qu'il se passe quelque chose de grave. Debout sur le marchepied, Clint Hill, le *bodyguard* de Jackie, bondit au sol et court vers la Lincoln. Pas de doute, il s'agit d'un coup de feu qui vient d'en haut, derrière lui. D'un immeuble où son œil averti s'est posé juste avant, sans rien remarquer d'anormal. Le Texas School Book Depository Building. En sprintant vers la voiture, Hill dirige ses yeux vers le bâtiment et son regard tombe sur le président se tenant la gorge. À ce moment précis, Jackie agrippe de ses mains gantées de blanc le bras gauche de John et sa tête se rapproche de celle de son mari pour tenter de lui parler. Une deuxième détonation retentit. Malgré son expérience, l'agent Hill ne l'entend même pas. Ahuri, il voit une partie du crâne du président exploser à quelques mètres de lui.

En un dixième de seconde, Jackie voit elle aussi ce morceau de crâne s'envoler. Poussé par l'impact de la balle, le visage de JFK se tourne vers Jackie. Les yeux de la première dame ont juste le temps d'apercevoir la dernière expression du président.

Juste le temps de capter cet instant de vie. L'instant d'après, c'est l'instinct de survie qui prend le dessus. Jackie se jette en hurlant à l'arrière de la limousine. Un geste désespéré alors que l'agent Bill Greer, le chauffeur de la Lincoln, appuie sur l'accélérateur pour fuir au plus vite. Sur le bord de la route, les spectateurs réalisent que ce sont des coups de feu. Beaucoup ont vu la tête du président voler en éclats. Instinctivement, ils se jettent au sol sur la pelouse de Dealy Plaza. Certains prennent la fuite. C'est la panique générale.

À quatre pattes en équilibre sur le coffre de la voiture, Jackie s'agrippe à la taule blindée pour ramper hors de cet engin de mort en hurlant. À cet instant précis, Clint Hill parvient à se propulser sur le pare-chocs.

— John, que t'ont-ils fait ? crie-t-elle.

Elle veut ramasser quelque chose. Clint Hill réalise avec horreur que ce sont des parcelles de la tête de son mari. Le *bodyguard* la repousse vers la banquette alors que le bolide prend de la vitesse pour atteindre le tunnel de Dealey Plaza. Un troisième tir. Hill, enfin sur le coffre, voit le corps de JKF s'effondrer sur les genoux de sa femme qui vient tout juste de se rasseoir[1]. Les yeux de Kennedy sont tournés vers le ciel, ouverts. Il saigne abondamment. Hill est horrifié en découvrant le crâne fendu d'une plaie béante sur le côté droit. Le siège de la voiture est couvert de sang et de roses rouges éparpillées. À ce moment exact, la voiture s'enfonce sous le tunnel.

---

1. Clint Hill, Lisa McCubbin, *Mrs. Kennedy and Me*, Gallery Books, 2012.

5

Six minutes

Pendant un quart de seconde, elle est restée pétrifiée en voyant la tête de John tomber sur ses genoux. Incapable de verser une larme, elle serre contre elle ce corps amorphe et, instinctivement, lui chuchote à l'oreille :

— Jack, Jack, est-ce que tu m'entends ? Que t'ont-ils fait, Jack ?

La Lincoln bleu nuit roule à toute allure pour fuir d'éventuelles rafales. Oublié le grand banquet à Trade Mart. Oublié le discours que John devait prononcer. Le texte vient pourtant d'être transmis à la presse. Les premiers journalistes sur place découvrent le speech qui doit détailler le thème de la seconde campagne présidentielle de Kennedy. Ils ne sont pas encore au courant.

Clint Hill force la première dame à se coucher pour éviter d'autres tirs. Tout en serrant son mari contre elle, elle obéit, sans réfléchir. À l'avant, l'autre agent de sécurité hurle à Nellie Connally d'aider son mari, le gouverneur, grièvement blessé, à se baisser sur le sol du véhicule.

— Couchez-vous, couchez-vous et ne bougez pas.

On leur indique que le chauffeur fonce vers Parkland Hospital, situé à 6,5 kilomètres. Au sol, hébétée, Jackie répète :

— Jack, Jack, Jack, tu m'entends ? Je t'aime, Jack.

Fermement, elle tient le crâne de son mari vers le bas pour essayer de préserver son cerveau. Les secondes sont des heures. Ce long trajet pour l'hôpital. Six kilomètres. Une éternité. La peur, la dévastation. Jackie, recroquevillée sur le président, est dans un état second. Clint Hill se tient juste au-dessus d'eux pour les protéger. Sans comprendre qui parle, elle entend quelqu'un crier :

— Il est mort, il est mort !

Sans s'arrêter, tout doucement, elle chuchote à son oreille :

— Jack, Jack...

Impossible de dire autre chose. Machinalement, elle appelle dans un murmure l'homme qu'elle aime.

Depuis toujours, elle le surnomme « Jack ». Rien de très original : tous les Américains rebaptisent les petits John ainsi. Mais, pour Jacqueline, ce surnom a toujours été symbolique. Dès leur première rencontre, alors qu'elle n'avait que dix-neuf ans, elle s'est fait des films dignes d'Hollywood en se disant que « Jack et Jackie », c'était obligatoirement des noms faits l'un pour l'autre.

Elle se souvient de cette toute première fois où elle l'a croisé, dans un train. Il y a quinze ans.

Un voyage entre Washington et New York. Elle était avec des amis qui fréquentaient John, le fils du milliardaire Joseph Kennedy, si influent à Washington. Évidemment, elle savait qui il était. Et, du haut de ses dix-neuf ans, elle n'a pas hésité une seconde à parler à cet homme politique de trente et un ans. Elle a même réussi à le faire rire. Par bonheur, la même année, elle découvre qu'ils sont invités tous les deux à un mariage. L'occasion de pousser plus avant cette rencontre fortuite. Discrètement, elle demande à Charles Bartlett, un ami commun, de les présenter après la cérémonie. Mais John est déjà un tourbillon. À peine aperçu, il disparaît dans la foule. Terrible déception... Malgré ses espoirs, elle ne recroise pas la route du beau Kennedy. La raison reprend le dessus. Elle est trop jeune pour l'intéresser. Surtout, elle n'est pas un *sex-symbol* ou une actrice sulfureuse, le genre de femmes que fréquente John. Tout le monde le sait.

Trois ans plus tard, en 1951, elle décide de se jeter à l'eau et de se fiancer avec un agent de change, comme son père. Un mariage arrangé. Mais peut-être, à vingt-deux ans, espère-t-elle toujours revoir Kennedy ? Au printemps, alors qu'elle est avec ce John Husted, le hasard frappe à sa porte. Charles Bartlett lui propose un dîner où il a invité le beau célibataire. Bartlett, très mondain, a organisé cette soirée à la demande de Kennedy qui cherche une épouse. Son père le presse de se marier. Il a besoin d'une femme pour devenir sénateur. Sans cela, impossible aux États-Unis d'avoir des ambitions présidentielles. John aura le choix ce soir-là entre Jackie et Loretta Summers, une autre jeune fille dont le cœur est à prendre.

Depuis leur première rencontre, Jacqueline a changé. À l'époque, elle était étudiante à Vassar, une université de jeunes filles de bonne famille, non mixte. Un endroit immense et isolé qu'elle n'aime pas et qu'elle quitte bien vite pour passer une année d'études en France, à la Sorbonne. À son retour, elle a pris de l'assurance et décide d'abandonner la bienséance pour s'inscrire à Washington dans une université où la gent masculine n'est pas proscrite. Lors de ce dîner chez Bartlett, elle s'apprête à recevoir son diplôme en littérature française. Et à se marier. Mais sait-on jamais... Tenter de charmer Kennedy est un défi qu'elle se lance, sans y croire.

Dans la Lincoln qui roule pied au plancher, elle répète doucement, persuadée que Jack respire encore :

— Tu m'entends ? Jack, je t'aime. Tu m'entends ? Jack ?

Le temps est suspendu. Elle n'a ni peur ni mal. Elle n'a qu'une idée en tête : espérer l'entendre murmurer. Mais il ne répond pas.

À la faculté, elle a perfectionné son jeu de séductrice. Dans les soirées snobs auxquelles elle est invitée, elle joue les ingénues et se fait remarquer. Elle transforme son côté timide en air mystérieux. Son physique atypique avec ses yeux de biche si écartés et sa voix étrange de petite fille deviennent des atouts pour troubler les hommes. Son père, dragueur professionnel, lui a dit de « ne jamais se jeter dans leurs bras, de rester sur son quant-à-soi : c'est ce qui les émoustille ». Elle applique ses conseils à la lettre. Et cela fonctionne : elle est désignée par le journal local « débutante de l'année » en 1947, à dix-huit ans. Un chroniqueur mondain la décrit comme « une brune royale [...] ayant la délicatesse de la porcelaine de Dresde ».

Sa mère n'en revient pas. Elle a toujours trouvé Jacqueline masculine, beaucoup moins jolie que sa petite sœur Lee. Mais Jackie, malgré ce manque de confiance en elle nourri par sa mère, se sent prête à conquérir Kennedy. Et sa terrible réputation d'homme à femmes n'est pas pour lui déplaire. Son père aussi était un don Juan. Elle connaît. D'ailleurs, pour le séduire, ce n'est pas sur son physique qu'elle compte, mais sur son esprit.

Lors de ce dîner chez Charles Bartlett, comme à son habitude, la « brune royale » joue les ingénues et garde ses distances. Surtout, elle fait preuve de beaucoup de repartie, ce qui n'est pas le cas des conquêtes de Kennedy. Durant la partie de charades qui suit le repas, la « débutante » est aux anges : elle excelle à ce jeu. Pari gagné : JFK est intrigué par cette fille qui ne ressemble pas du tout aux actrices qu'il fréquente. Il la raccompagne à sa voiture où il découvre, caché sur le siège arrière, l'autre John... Husted ! Le promis est venu faire une surprise à sa fiancée. Un concurrent inattendu qui, sans le vouloir, aiguise l'intérêt de Jack.

Jack et Jackie se voient alors par intermittence. Il lui plaît. Pourtant, c'est un goujat. Ni fleurs, ni cadeaux, ni petites attentions. Elle lui rend des services et lui traduit des livres en français sur l'Indochine, car il se prépare à briguer le Sénat. Elle est très fière qu'il lui fasse confiance. Elle croit en leur couple. Pour preuve, elle n'est plus fiancée : sa mère s'est mieux renseignée sur le gendre qu'elle avait choisi. L'agent de change est beaucoup moins fortuné qu'espéré. Jacqueline se sent libre de rompre leur engagement. Sans un mot d'explication ni d'adieu, elle glisse sa bague de fiançailles dans la veste du jeune John lors de leur dernière entrevue. Pas très élégant.

Mais elle n'a d'yeux que pour Jack qui lui ressemble tant. Ce sont deux solitaires qui se comprennent. JFK a aussi passé sa vie en pension et a toujours eu une santé fragile qu'il cache derrière une décontraction feinte. Comme Jacqueline, c'est un faux extraverti. Une tactique pour ne pas se sentir totalement écrasé par son frère aîné, Joe Junior, la star de la famille. C'est lui qui doit devenir président. John est un second, toujours malade, obligé de rester au lit des semaines entières. Le destin va en décider autrement. Joe meurt au combat dans le ciel européen pendant la Seconde Guerre mondiale. D'office, le père Kennedy désigne John pour devenir le « nouvel héritier ». Alors qu'il n'y est pas préparé, il doit reprendre le flambeau. Impossible de décevoir ses parents. Il se lance en politique en suivant les conseils du paternel. « L'ambassadeur » a voulu des enfants individualistes avec un fort esprit de compétition. Et, pour les garçons, une seule règle : « Baisez aussi souvent que possible[1] ! » John applique la règle à la lettre avec toutes ses petites amies, qu'il voit toujours régulièrement, en plus de fréquenter Jackie.

Mais il n'y a qu'avec « la débutante de l'année » qu'il parle poésie, littérature, histoire. Les passions de Jacqueline. Il a marqué un point en lui offrant deux livres cultes pour qu'elle le « connaisse mieux ». Le premier, *Pilgrim's Way* de John Buchan sur la politique, l'autre, *Le Jeune Lord Melbourne* de Lord David Cecil sur les aristocrates partagés entre politique et vie de plaisirs. Ainsi, il joue franc-jeu ! Mais cela n'effraie pas Jacqueline.

— Jack, Jack...

Malgré la vitesse de la Lincoln, Jackie tente de maintenir le plus possible la tête de son mari. Elle pleure doucement en le serrant contre elle. Sous le choc, elle est incapable d'éclater en sanglots. Machinalement, elle l'appelle, sans fin.

Celle qui n'espère qu'une chose, se marier, décide pourtant de jouer les filles libérées. En choisissant, chose incroyable dans son milieu, de travailler ! Le mari de sa mère, grâce à ses contacts, lui a trouvé un boulot au *Washington Times Herald*. On lui propose une petite rubrique : « *Inquiring Photografer* » (« Le photographe enquête »). Son job : aller à la rencontre des habitants, les photographier et les interroger de manière décalée. Jacqueline, qui ne manque pas d'imagination et qui aime s'amuser, a tout de suite le chic pour trouver les questions qui font mouche :

— Avec quel candidat à la présidence préféreriez-vous vous retrouver coincée dans l'ascenseur (Eisenhower ou Stevenson) ?

1. Déclaration de John F. Kennedy à Clare Boothe Luce, épouse du propriétaire de *Time* et ambassadrice des États-Unis en Italie et au Brésil.

À l'automne 1952, une certaine Mrs Cafritz répond :

— J'adorerais être coincée avec les deux ! Ils n'apprécieraient pas beaucoup, mais je pense que ce serait divin !

Pour 42,50 dollars par semaine, Jackie est chargée de la rubrique « micro-trottoir » de Washington. Mais interroger les gens lambda l'ennuie vite. En revanche, elle adore interroger les célébrités, ce qui agace ses confrères. La rédaction la considère comme une fille à papa pistonnée. Il est vrai que c'est le choc des cultures. Pour la première fois, elle est confrontée à d'autres personnes que l'élite de la côte Est qu'elle a fréquentée jusque-là. Les rédacteurs, souvent bourrus, lui font peur. Et les rédactrices la dérangent : ces filles indépendantes qui ne rêvent pas de devenir mère de famille et ne s'intéressent pas à la vie mondaine sont des ovnis. La « nouvelle » se sent rejetée par ces femmes des années 1950 qui aspirent à l'indépendance. Pourtant, Jackie n'a-t-elle pas aussi choqué son propre milieu en acceptant ce job ? Sans se l'avouer, Jackie n'est-elle pas hors norme, en avance sur son temps ? Elle ne se pose pas la question, car c'est un simple passage dans sa vie. Ses collègues le savent bien et répètent sans discrétion qu'« elle démissionnera dès qu'elle aura trouvé un bon parti ».

Hélas, la demande en mariage ne vient pas. Pour faire bouger les choses, elle tente d'envoyer des messages subliminaux via sa rubrique. Un jour, John lui avoue avoir explosé de rire en lisant : « Pouvez-vous m'expliquer pourquoi un célibataire heureux devrait se marier ? » Sa persévérance finit par payer. JFK l'invite chez ses parents à Hyannis Port, à Cape Cod. Un premier pas sérieux. Pour les nombreux enfants Kennedy et leurs moitiés, Jacqueline arrive comme un cheveu sur la soupe au sein du clan. La débutante « ayant la délicatesse de la porcelaine de Dresde » dépareille. Surtout face aux filles Kennedy si délurées, sportives et ne vivant que pour la compétition. Mais rares sont les petites amies du fils prodigue à avoir franchi ce cap. Rares sont celles à l'avoir soutenu lors de ses combats politiques. Son élection au Sénat tombe à pic. Jackie, en première supportrice, est là. Elle lui écrit, l'encourage. John élu, elle est connue comme le loup blanc par les huissiers. Combien de fois l'ont-ils vue apporter un panier-repas ou des livres au jeune sénateur ? Entre-temps, sa ravissante sœur Lee, de quatre ans sa cadette, se marie. Humiliation suprême, Jacqueline est demoiselle d'honneur. Cela ne motive pas John pour autant.

— Tu m'entends ? Jack, Jack ? Jack ?

Inlassablement, dans la Lincoln qui file vers l'hôpital, la First Lady berce son mari et tente de le garder conscient. En repensant à toutes ces années, Jackie serre davantage le corps de John contre elle. Malmené par la voiture qui roule à toute allure, le couple ne fait plus qu'un.

Pour accélérer les choses, début 1953, Jackie organise un petit coup de pub à son « fiancé ». Dans sa rubrique, elle interroge le nouveau sénateur démocrate du Massachusetts, John Kennedy, ainsi que le républicain Richard Nixon. Sa question du jour : « Qu'est-ce que cela fait d'observer les huissiers de près ? » Kennedy répond : « J'ai souvent pensé qu'il serait peut-être bon pour le pays que nous échangions nos rôles ! »

Après un an et demi de carrière, Jacqueline Bouvier démissionne. Le 23 juin, son journal, le *Washington Times Herald*, titre : « Roman d'amour entre notre reporter-photographe et le sénateur John Kennedy. » Jack, enfin, lui a demandé sa main. Son père lui a promis que le mariage ne changerait rien à sa vie de débauché. Reste à faire de cette union l'événement de l'année. Pour cela, Joe Kennedy a mis le paquet. Le 12 septembre 1953 à Newport, mille deux cents invités se pressent à la noce, sans compter les curieux qui sont deux fois plus nombreux. La cérémonie est couverte par *Life*, Pie XII a envoyé un message, la mariée n'a pas eu le droit de porter une robe trop originale et il fait beau. Le marié, toujours aussi prévenant et gentleman, a laissé tomber sur les genoux de Jacqueline un bracelet en diamant. Un cadeau de mariage amoureusement offert. Qu'importe ! Elle a eu raison de croire que « Jack et Jackie » étaient des prénoms faits l'un pour l'autre.

Six minutes. Il n'aura fallu que six minutes à la Lincoln Continental pour atteindre le Parkland Memorial Hospital. Entre-temps, le chef de la police de Dallas, Jesse Curry, a prévenu la direction et les chirurgiens. Tous sont sur le pied de guerre. Il faut sauver le président.

Lorsque la voiture arrive enfin, c'est la pagaille générale. Les photographes sont déjà là, les journalistes assaillent les membres du staff de questions. Clint Hill saute de la voiture, écarte les photographes.

— Il est encore en vie ? Comment va le président ?

Les reporters découvrent la première dame couverte de sang. Ses mains, désormais gantées de rouge, sont posées sur la tête de son mari. Accrochée à JFK, elle n'a qu'une seule idée : le protéger des regards. Dave Powers, ami et fidèle bras droit de John, se fraie un passage et parvient à la voiture. En découvrant Jackie prostrée, le corps du président serré contre elle, il fond en larmes. Clint Hill comprend. Il lit parfaitement dans le regard de celle qu'il protège depuis trois ans. Cette femme fière ne veut pas que les loups s'abreuvent du sang de son mari. Le garde du corps retire soudain sa veste. Délicatement, il se baisse vers Mrs Kennedy et recouvre la tête ensanglantée du président. Instinctivement, les bras qui berçaient JFK se relâchent. Jackie accepte de le laisser partir.

Les brancards sont déjà prêts. Sur le premier, on installe le gouverneur Connally. À demi conscient, il a le poumon perforé. La balle a aussi heurté le poignet pour terminer sa course dans la cuisse. L'opération va durer des heures.

Sur le second, on dépose le président. Il respire encore mais la partie droite de son crâne a été arrachée par les tirs. Des journalistes disent que Mrs Kennedy a remis des bouts de cerveau aux médecins avant de le voir partir. On le transporte au plus vite dans la salle des urgences n° 1. Jackie, tel un automate, réussit à s'extraire de la voiture. Elle jette un dernier regard à ce bouquet de roses rouges écartelé sur le sol du véhicule. Des roses rouges en terre texane... Cela l'avait tout de suite surprise. Qui sait si cette couleur n'a pas servi de repère aux tireurs ?

Protégée par des policiers qui écartent la cohue, la première dame porte toujours son *pillbox*. Il n'a pas bougé pendant ces minutes d'apocalypse. Si son tailleur rose est maculé de sang, elle reste aussi élégante malgré le masque d'angoisse qu'elle porte à présent. Lorsqu'elle pénètre dans l'hôpital, elle tente de courir derrière les médecins, infirmières et brancardiers qui s'agitent dans tous les sens. Un monde vêtu de blanc se meut d'une salle à l'autre, sans prêter attention à cette femme désespérée. Machinalement, on l'invite à patienter. Perdue dans un long couloir étroit. Maintenant, il n'y a plus qu'à attendre. Seule.

Au bout de dix minutes, un grand policier pense enfin à lui apporter une chaise. Elle ne peut s'empêcher de penser : « Peut-être qu'il n'est pas mort, peut-être qu'il va vivre. » Elle se souvient quand son beau-père, l'ambassadeur Kennedy, a eu son attaque qui l'a rendu hémiplégique. Jack lui avait dit, si cela devait lui arriver, de ne pas le laisser comme cela... Mais elle se disait qu'elle prendrait soin de lui tous les jours de sa vie. Elle le rendrait heureux.

6

Un destin

Assise devant la salle des urgences n° 1, Jackie est impuissante. L'air hagard, elle regarde le personnel de l'hôpital entrer et sortir avec des solutions salines, des compresses... Malgré son chagrin, elle espère.

Seule sur sa chaise, elle retire enfin son *pillbox*. Ce chapeau qui la caractérise dans le monde entier. « Un petit bibi façon Jackie », écrivent les magazines de mode. Comment tout cela a commencé ? L'élection ? La campagne présidentielle ? La Maison Blanche ? Avait-elle imaginé tout cela un jour ? Sûrement pas. Mais une chose est certaine, elle avait espéré une vie trépidante. Une vie passionnée. Elle avait assez ennuyé son premier petit ami avec cela ! L'heureux élu ? Richard Beverley Corbin Jr, un étudiant de Harvard. À dix-huit ans, ce garçon brillant, plus âgé qu'elle, lui plaît beaucoup. Puis assez vite, elle réalise que son histoire avec « Bev » est loin de l'idéal auquel elle aspire : « J'ai toujours pensé qu'être amoureuse signifiait vouloir tout faire pour une autre personne : mourir de faim pour lui offrir son pain et accepter de vivre en Sibérie avec lui. »

Mais « *Bev Darling* » (« Bev Chéri »), comme elle l'appelle, ne lui donne pas envie de s'affamer. Face à ses demandes trop pressantes, elle reste de marbre. Non, elle ne partira pas avec lui en Sibérie. Après mûre réflexion, elle lui écrit clairement : « Je pense que je ne suis pas amoureuse de toi. »

Dans cette fameuse lettre à Bev, écrite à seize ans, elle donne sa vision de l'amour absolu : « J'ai toujours pensé que chaque minute loin de lui [de l'homme qu'elle aime] serait comme l'enfer. »

Oui, pour Jack, elle a mis sa vie en danger. Pendant les graves crises avec l'URSS, elle a refusé de se réfugier dans les abris antinucléaires. Rester à ses côtés à la Maison Blanche était une évidence. Oui, chaque minute loin de lui serait comme l'enfer. Que va-t-elle devenir s'il meurt ? Que va-t-il se passer maintenant ?

Durant deux ans, de seize à dix-huit ans, cette relation épistolaire avec Bev lui a au moins donné l'occasion de s'évader de son internat de jeunes filles du Connecticut. « Si les jours d'école sont les plus beaux jours de votre vie, je me pends avec une corde ce soir », lui écrit-elle à l'automne 1945.

C'est une adolescente espiègle, au sens de la dérision prononcé. Mais c'est aussi déjà une aventurière avec un caractère de feu. Avant d'éconduire le pauvre Bev, elle lui écrit le 3 octobre 1946 : « Peux-tu imaginer pire que passer sa vie dans une petite ville comme celle-ci et comparer quelle femme au foyer cuisine les meilleurs gâteaux ? »

Dans ces lettres, elle évoquait aussi le divorce de ses parents survenu en 1940, alors qu'elle n'a que onze ans. Elle a toujours souffert de voir sa mère Janet et son père John se disputer violemment. Baptisé « Black Jack », John Bouvier a longtemps été l'un des célibataires les plus courtisés de la haute société new-yorkaise. D'origine catholique, beau, grand, brun, fine moustache, la peau hâlée, c'est le Clark Gable de la finance. Mais ce riche agent de change subit de plein fouet la crise de 1929 qui survient juste après la naissance de sa petite Jacqueline. Le manque d'argent, la peur du déclassement social ont déstabilisé ce mariage de convenance ponctué d'innombrables infidélités. Comment ne pas voir en son mari un clone de ce papa tellement aimé et détesté à la fois ?

Le corps médical ne lui a jamais semblé aussi froid. Ce couloir étroit et sombre est ponctué d'ombres en blouse blanche. Pour se donner du courage, elle se répète : « Je ne vais pas le quitter, je ne vais pas le quitter, je ne vais pas le quitter… » Mais elle n'ose interpeller ces médecins suffisants. Assise sur sa chaise comme une petite fille punie, elle attend dans l'angoisse.

Sa mère Janet n'a pas supporté ce divorce infamant. Cette ambitieuse très attachée à son rang s'est vite remariée avec le milliardaire Hugh D. Auchincloss, très en vue à Washington. Ainsi, elle a l'impression d'effacer des années d'humiliation. Peu attachée à Jacqueline et à Lee, sa cadette de quatre ans, Janet refait sa vie sans hésiter. « La cigogne survole notre toit », raconte Jacqueline à Bev lors de la naissance de son demi-frère, James Auchincloss. Une autre petite fille naîtra. C'est dans cette atmosphère que les deux sœurs grandissent, bercées par l'idée qu'une seule chose importe : faire un beau mariage. Pour cela, Jackie a suivi un parcours sans fautes. Comme toutes les jeunes filles de son milieu, l'adolescente est envoyée dans une *finishing school*, une « école de bonnes manières ». Le très sélect pensionnat de Farmington, tenu par une vieille fille, miss Porter, dispense des cours d'étiquette, de protocole, de savoir-vivre, de décoration, etc. Et, comme nombre de pauvres petites filles riches appartenant à ce milieu mondain des années 1930, Jackie s'y sent abandonnée. Le divorce de ses parents l'a aussi éloignée de ce père qu'elle admire tant, malgré sa faillite, sa violence et son penchant pour la bouteille. Dans une des lettres adressées à Bev, elle relate : « Papa est au téléphone et hurle sur son pauvre petit greffier de la Bourse à tel point que je ne peux pas m'entendre penser – ce qui ne fera probablement pas grande différence ! » Jackie a toujours su se moquer d'elle-même ; et des autres. C'est une impertinente à l'humour ravageur quand elle est en confiance. Cela n'a pas changé malgré l'image qu'elle veut donner d'elle aux médias. Cette image d'épouse parfaite, très lisse… Cela fait partie du personnage qu'elle a construit dès ses premiers contacts avec la presse.

Dans les couloirs de l'hôpital de Dallas, perdue dans ses pensées, sous le choc, elle ne pense même pas à retirer ses gants. Ils sont pourtant tout raidis par le sang séché de son mari. Ses yeux sont désespérés. Au milieu de cette agitation, elle ne s'est jamais sentie aussi seule. Elle a beau être la femme du président, en cet instant, elle n'est personne.

Lors de son mariage avec Kennedy, elle a retenu la leçon de son beau-père Kennedy, ex-producteur de films à Hollywood : l'important, ce n'est pas ce que vous êtes, mais ce que les gens croient que vous êtes. Lorsque les journaux sont revenus sur sa famille, son arbre généalogique a été légèrement transformé. Elle n'a pas raconté qu'elle est issue d'une famille de nouveaux riches ayant fui la famine en Irlande, pour qui la réussite sociale est un moteur. Elle n'a pas expliqué en quoi le divorce infamant de ses parents l'a poussée à se construire une ascendance française proche du mythe. Rien de plus facile. Son grand-père, John Vernou Bouvier Jr, avait lui-même écrit de toutes pièces une légende autour de ses aïeux « issus de la noblesse française ». Elle sait parfaitement qu'il était issu d'une lignée de drapiers, d'ébénistes et de domestiques. Cet arrangement avec la réalité lui convient.

Chacun doit écrire son histoire. La sienne commence avec un arrière-arrière-grand-père arrivé à Philadelphie en 1815, après avoir été soldat de Napoléon. Une ascendance française très lointaine, dont elle se vante à la pension de miss Porter. Ses enseignants la trouvent brillante, mais fière et effrontée. Grande écuyère comme sa mère, elle aime la compétition et la solitude. Elle ne cherche la compagnie de personne, préfère être entourée de ses livres. Aujourd'hui encore, elle n'a aucune amie proche. La seule femme à qui elle se confie, c'est sa sœur Lee. Mais elles sont si différentes. Et Lee, pour qui elle estime avoir tant fait, compte souvent trop sur elle. De manière générale, Jackie se méfie des autres et n'a pas confiance en elle. Quelle en est la raison ? Sa mère qui, pendant son enfance et son adolescence, lui répète à loisir qu'elle manque de charme et de féminité. Tout est sujet à critiques : ses grands pieds, ses hanches trop carrées, ses yeux trop écartés pour lesquels elle est obligée de faire faire des lunettes sur mesure. Dans la famille, c'est la cadette qui répond aux canons de la beauté : des traits fins, réguliers, classiques. Ce travail de sape fait merveille. Dans une lettre, Jacqueline s'inquiète avec humour : « Je suis sûre que personne ne voudra jamais m'épouser. Je vais finir directrice à Farmington ! »

Pour sa mère Janet, Jackie pense trop à ses livres. Point de salut pour les femmes trop intelligentes que les hommes fuient comme la peste ! Dans leur milieu, pas besoin de culture : une épouse doit se conduire en femme du monde et valoriser son mari. Elle réfute aussi l'attirance de sa fille pour la France, héritage de son ex-époux qu'elle conchie. Pied de nez à sa chère mère, dans le Yearbook de Farmington, l'album photo de sa classe où chaque lycéenne consigne ses pensées, Jacqueline espère « ne pas devenir femme au foyer ». Un comble dans la pension de miss

Porter ! Paroles, paroles... Malgré ce côté rebelle, une fois diplômée, Jacqueline s'évertue à se féminiser et à chercher un promis. Elle apprend à se mettre en valeur, à cacher ses hanches et ses grands pieds. Elle se dédouble : la mutine se fait farouche, l'imprévisible joue les placides, bégueule et nature, polie et effrontée. Elle déroute.

Seule sur sa chaise, Jackie tente de capter le regard des médecins qui entrent et sortent de la salle des urgences. Elle cherche des bribes d'informations dans leurs yeux. Mais rien ne transparaît. Elle sait qu'il est sur le point d'expirer. Elle veut être avec lui lors de ce moment terrible. Les médecins sont si autoritaires... Toute perdue dans ce long couloir, elle est une petite tache rose dans un océan de blouses blanches qui se meuvent comme des automates.

Après l'université de Vassar, puis son année en France, elle sort diplômée de l'université de George Washington. La même année, en 1951, celle qui a régulièrement publié des nouvelles dans des journaux locaux ose concourir au prix organisé par le magazine *Vogue*, destiné aux étudiants. À la clé ? Un stage d'un an à Paris et aux États-Unis en tant que rédactrice. Elle qui a adoré son année en France, qui rêve d'une vie trépidante, tente sa chance. Le sujet ? Un reportage sur « les gens que j'aurais souhaité connaître ». Elle choisit Oscar Wilde, Charles Baudelaire et Serge de Diaghilev. « Si je pouvais être une sorte de directeur artistique du XXe siècle, observant tout d'un fauteuil suspendu dans l'espace, ce sont leurs théories sur l'art que j'appliquerais... » Ainsi commence son essai qui remporte le prix devant 1 279 participants. Paris n'est pas loin. Son beau-père affirme qu'elle ne quittera plus jamais la France. Sa mère n'est pas ravie, mais ne lui interdit rien. Pourtant, d'elle-même, Jackie renonce. Classique et rebelle, elle est difficile à suivre. Si, dans sa correspondance avec Bev, elle dit vouloir jouer les filles de l'air, s'extraire de ce milieu mondain dont elle est un parfait rejeton est trop périlleux. Il ne lui est pas venu à l'idée de tenter une carrière. Elle n'a jamais été éduquée pour cela. Elle refuse le prix et, à vingt-deux ans, accepte le destin tout tracé de « femme de » qu'on lui prépare depuis sa plus tendre enfance. Elle est faite pour épouser un magnat du pétrole, un *tycoon* de la presse ou un roi de la finance. Et pourquoi pas un futur sénateur ?

Lorsqu'elle croise la route de Jack, c'est ce qu'elle se dit. Et, pour se prouver qu'elle reste une frondeuse, elle ne se limite pas aux conseils de sa mère : sois belle et tais-toi ! Non, Jackie en est certaine, c'est leur amour mutuel des livres qui les a rapprochés. Ce sont leurs discussions à bâtons rompus sur l'histoire et la littérature. Voilà pourquoi il l'a préférée aux plus belles femmes, actrices et mannequins. Sa mère l'avait mise en garde : épouser un coureur est source de malheur et de grande solitude. Elle est prête à prendre le risque.

Sur sa petite chaise inconfortable, la belle First Lady adulée dans le monde entier n'intéresse plus personne. Elle n'a même pas été prévenue qu'une chasse à l'homme est ouverte pour tenter de trouver le meurtrier de son mari. Elle ne sait pas non plus qu'à présent les autorités ont pour ordre de protéger une autre sommité : le vice-président Lyndon Johnson. Lui aussi vient d'arriver à Parkland. On l'a transféré à l'hôpital, même si sa voiture n'a pas été visée, pour le mettre à l'abri dans une pièce isolée. Les agents de sécurité veulent lui faire regagner Washington au plus vite. Il refuse. Il veut attendre de connaître l'état de santé de Kennedy. C'est encore lui le président.

Mrs Johnson demande l'autorisation de sortir de leur petit bunker de fortune. Elle veut prendre des nouvelles de

Jacqueline, aller la voir. Lady Bird Johnson l'a tant de fois remplacée lors de corvées officielles à la Maison Blanche. Pour toutes les inaugurations barbantes, les rencontres avec les dames patronnesses, c'est elle qui répond présente. Difficile de forcer Jackie quand elle n'a pas envie. Mais Lady Bird ne lui en tient pas rigueur : la première dame a dépoussiéré Pennsylvania Avenue, avec une énergie de commandant de légions romaines. Elle s'implique tellement pour l'organisation des grands événements qu'elle peut se faire porter pâle de temps en temps.

En arrivant dans le couloir où se trouve Mrs Kennedy, Lady Bird s'arrête, stupéfaite. Voir Jackie assise sur le bord de sa chaise, les yeux perdus dans le vague, dévastée de chagrin, la fige sur place. Sa solitude est impressionnante. Jamais la femme du vice-président n'aurait pensé que la First Lady pourrait être laissée à l'abandon. Naturellement, dans son esprit, quelqu'un d'aussi important allait être protégé, réconforté. Elle pensait la trouver entourée de mille inconnus. Pourtant, en la regardant recroquevillée, Lady Bird réalise avec émotion qu'elle n'a jamais vu quelqu'un d'aussi seul de sa vie[1]. Plus loin, elle aperçoit le *bodyguard* de Jackie, Clint Hill. Lui aussi a le cœur serré en voyant sa patronne ainsi. Lui aussi aimerait lui venir en aide. Mais il n'y a rien à faire.

1. *Selections from Lady Bird's Diary on the Assassination*, 22 novembre 1963.

7

J'ai rendez-vous avec la mort

Sans arrêt, Jackie voit les médecins entrer et sortir de la salle des urgences. Dans un élan, elle demande à l'un d'eux si elle peut se tenir au côté de son mari pendant cette épreuve.

— Non, madame. Impossible.

Elle doit rester là. First Lady ou pas, c'est le même traitement pour tout le monde.

Les chirurgiens s'affairent autour du président. Plus de quarante personnes. Jackie a l'impression qu'ils veulent l'éloigner de lui. Elle a déjà connu cela de la part du corps médical. Ce n'est pas la première fois qu'elle risque de perdre John. En regardant ce couloir étroit, elle se souvient de ces longues heures d'angoisse passées à l'hôpital de Columbia, au tout début de leur mariage. Un an après la fastueuse cérémonie de Newport, l'état de santé du sénateur s'était dégradé.

Depuis toujours, il souffre de graves problèmes de dos. Avec sa silhouette très mince, on lui a souvent dit qu'il avait un corps d'athlète. La vérité est tout autre. Pendant des mois, il a dissimulé ses béquilles lors des événements politiques auxquels il participe. Il a refusé l'opération tant de fois. Mais, en octobre 1954, impossible d'y échapper :

il risque de perdre l'usage de ses jambes. On doit lui insérer une plaque métallique pour soutenir les vertèbres lombaires. Une opération compliquée qui provoque une infection, aggravée par son insuffisance surrénalienne, maladie qu'il a depuis l'enfance. Jack est mourant. Jackie, cantonnée à rester dans le couloir, l'entend l'appeler à son chevet. Malgré ses suppliques, jamais les médecins ne lui donneront l'autorisation de pénétrer dans sa chambre. Seul le cardinal Cushing, un proche des Kennedy, a le droit de l'approcher : il vient lui administrer l'extrême-onction.

Par miracle, John s'en sort. Mais, en février 1955, les spécialistes craignent que la plaque se soit infectée. Ils préconisent de la retirer et d'effectuer une greffe osseuse. JFK frôle de nouveau la mort et doit rester des mois au repos.

— Il souffre le martyre, c'est épouvantable, raconte Jackie à sa mère.

Elle passe tout son temps auprès de son mari, le soutient dans les moments de désespoir et joue les infirmières. Ce dévouement émeut John. Il se moque gentiment d'elle en lui rappelant qu'elle n'a pas perdu son temps, tous les mardis au Sénat où des séances de secourisme étaient organisées. C'est là que Jackie a appris à faire des bandages. Auprès de son mari, elle applique à la lettre les consignes et refait patiemment les pansements de John.

Durant la convalescence, pour la première fois depuis leur voyage de noces, ils passent du temps ensemble. Le « tourbillon » est cloué au lit, obligé de rester des heures avec sa femme. Elle lui apprend à peindre, notamment des aquarelles qu'elle réussit fort bien. Elle fait preuve d'un sens des couleurs affirmé et d'un joli coup de crayon. Pour le distraire, elle fait la lecture, l'informe de ce qu'elle a entendu, lui résume des ouvrages. Elle le pousse aussi à écrire un recueil de portraits d'hommes politiques américains qui, aux yeux de John, se sont distingués par une prise de position audacieuse. Deux ans plus tard, son *Profiles in Courage*[1] obtient le prix Pulitzer... aidé par son milliardaire de père. Il aurait fait pression sur le Comité chargé de désigner l'heureux élu.

Pour lui faire plaisir, elle apprend également par cœur ses poèmes préférés. Depuis toujours, John a été un enfant malade, obligé de se réfugier dans les livres durant ces semaines d'alitement. Cela lui a donné le sens des mots, l'amour du verbe. Cette fragilité l'a rendu aussi fataliste très tôt. D'où son appétence pour le poème d'Alan Seeger, un jeune Américain engagé volontaire tombé lors de la bataille de la Somme en 1916 : « J'ai rendez-vous avec la mort. » C'est l'un de ceux qu'il demande le plus souvent à Jackie de lui réciter :

> [...] *Mais j'ai un rendez-vous avec la mort*
> *À minuit, dans quelque ville en flammes,*
> *Quand le printemps revient vers le nord cette année*
> *Et je suis fidèle à ma parole,*
> *Je ne manquerai pas ce rendez-vous.*

John a déjà manqué le rendez-vous plusieurs fois. En repensant à ces heures terribles à l'hôpital de Columbia, où on l'avait déjà tenue dehors, le sang de Jackie ne fait qu'un tour. Les médecins, à l'époque, l'avaient emmené dans une salle et elle ne l'avait pas revu pendant des heures et des heures. En repensant à ces instants où John l'avait appelée sans qu'elle puisse le rejoindre, elle se répète : « Je ne vais pas le laisser, je ne vais pas le laisser. » Son esprit ne peut s'empêcher d'espérer. Peut-être n'est-il pas mort. Peut-être va-t-il vivre, se répète-t-elle inlassablement.

1. « Portraits d'hommes courageux. »

Soudain, le médecin officiel de Jack, le Dr Burkley, se dirige vers elle. À ce moment-là, elle est prise de violents sanglots. Elle est secouée par les pleurs. Il lui dit le plus calmement possible :

— Mrs Kennedy, vous avez besoin d'un sédatif.

Entre les hoquets, elle parvient à crier :

— Non, je veux être là quand il mourra.

Soudain, la porte s'ouvre à nouveau. Elle implore d'entrer dans la salle. Elle veut être avec lui quand il mourra, répète-t-elle. Le Dr Burkley force alors le chemin et la laisse entrer dans la salle d'opération.

— C'est son droit, lance-t-il.

La porte tout juste franchie, le Dr Perry exige qu'elle ressorte[1]. Cet homme très grand et chauve se montre autoritaire. Retrouvant sa détermination, Jackie lui rétorque violemment :

— C'est mon mari, je suis couverte de son sang et de sa cervelle.

Dans la pièce, une quarantaine de personnes s'affaire autour du patient. Des spécialistes administrent au président des soins désespérés. Grâce à une incision dans la trachée-artère, ils tentent de maintenir la respiration et lui transfusent du sang. Mais leurs espoirs sont quasi nuls.

Déjà, le monde entier a appris l'attentat. La dépêche est tombée sur les téléscripteurs : « Coups de feu au passage du président Kennedy. » Le premier journaliste à l'annoncer est Eddie Barker, qui couvre le déjeuner à Trade Mart. Alors qu'il occupe l'antenne, en attendant l'arrivée imminente du cortège, il apprend la nouvelle aux auditeurs de CBS. « Des coups de feu ont été tirés sur le président des

1. William Manchester, *Mort d'un président : 20-25 novembre 1963*, Robert Laffont, 1967.

États-Unis à Dallas. Il aurait été gravement blessé. » Les radios et les télés du monde entier interrompent leurs programmes. Dans la rue, les gens s'arrêtent, éberlués. Beaucoup pleurent, espèrent et prient. Les médias annoncent l'arrivée de prêtres appelés en urgence pour lui donner l'extrême-onction. L'information crée un immense effroi.

Autour d'elle, Jackie note que certains médecins sont doux, bienveillants.

— Le prêtre... le prêtre.

Ils essaient toujours d'obtenir un prêtre...

Au milieu de cette agitation, Jackie regarde son mari. Il y a juste un drap sur Jack avec un pied à l'extérieur. Délicatement, elle prend ce pied et l'embrasse. Puis, d'un geste machinal, replace le drap sur ce membre déjà plus blanc que le tissu. Enfin, l'homme d'Église arrive en urgence.

Pour la seconde fois, elle voit son mari recevoir les derniers sacrements. Oscar Huber, soixante-dix ans, curé de Holy Trinity Church rattaché au Parkland Hospital, a accouru. Durant ce moment solennel, elle s'approche de John et lui tient la main. Elle voit sa bouche si belle et ses yeux grands ouverts. Elle s'imprègne une dernière fois de la merveilleuse expression qu'elle lit sur son visage : un air... perplexe. Celui-là même qu'il arborait, se rappelle-t-elle, lorsqu'il était interrogé sur un sujet complexe – une pièce de fusée, par exemple. Il hésitait un instant, puis, sûr de lui, répondait comme on se jette dans le vide. Il est 13 heures. Les médecins constatent officiellement le décès du président. Le porte-parole de la Maison Blanche, Mac Kilduff, se précipite alors dans la salle où le vice-président Lyndon Johnson est retranché. Il vient l'informer du décès de Kennedy et s'adresse à lui en l'appelant pour la première fois « *Mr President* ». Peu de temps après, dans un flash télévisé resté célèbre, le présentateur de CBS News, Walter Cronkite, annonce en direct :

— De Dallas, Texas, le flash apparemment officiel. Le président Kennedy est mort à 13 heures heure locale [silence, la voix entrecoupée par l'émotion], soit... [il regarde l'horloge à gauche] il y a un peu plus de trente minutes.

Il reprend son souffle pour étouffer les sanglots qui le submergent :

— Le vice-président a quitté l'hôpital de Dallas [...], on peut supposer qu'il va prendre ses fonctions très rapidement et devenir le 36e président des États-Unis.

Le nouveau président Johnson doit être placé sous haute protection. Très vite, il quitte Parkland Hospital avec son épouse. Pris en charge par l'agent secret Rufus Youngblood, ils sont conduits dans deux voitures banalisées distinctes vers l'aéroport de Love Field. Lady Bird est affolée par la rapidité des événements. Pour symboliser la continuité de l'État, le président doit prêter serment au plus vite ; il faut un chef légitime face aux autres nations. À l'origine de cet assassinat, on évoque aussi bien un complot communiste que la main de Castro ou la vengeance des sudistes... L'ennemi est partout. En dix minutes, le nouveau président et sa femme sont à l'aéroport après avoir roulé sans sirènes aussi vite que possible. Sur le trajet, la nouvelle First Lady est stupéfaite d'apercevoir déjà, sur un immeuble, le drapeau national en berne. Un symbole. À ce moment seulement, elle mesure l'énormité de la situation[1].

Le nouveau couple présidentiel embarque à bord d'*Air Force One*. Mais le président Johnson veut attendre Jackie et la dépouille de Kennedy pour regagner la Maison Blanche. Une question se pose : où le corps du défunt doit-il être

1. *Selections from Lady Bird's Diary on the Assassination*, 22 novembre 1963.

autopsié ? À Dallas ou à Washington ? Jackie a la force de le dire fermement : elle ne quittera pas son mari quoi qu'il arrive. Pas question de rentrer sans lui. S'il doit être autopsié à Dallas, elle restera à Dallas. Le président Johnson souhaite aussi que le corps du défunt et Jackie embarquent à bord d'*Air Force One*. Il veut se faire adouber par la veuve Kennedy. Sinon, il ne sera jamais considéré comme légitime. Leur présence est cruciale.

Il faut donc trouver un cercueil au plus vite. Clint Hill s'en est chargé. Pressée par le *Secret Service*, Jackie a tout juste le temps d'embrasser son mari déjà mis en bière, entièrement nu. Son chagrin n'émeut guère. La sécurité de l'État passe avant tout. Malgré la pression, elle souhaite lui laisser un objet comme le veut la tradition. À ce moment, elle retire son gant gauche raidi de sang. Son alliance est aussi tachée… Elle lui glisse la bague à l'annulaire, jusqu'à la deuxième phalange. Puis elle embrasse sa main. Une fois arrivée dans le hall, elle retrouve l'un des plus proches amis de Jack, son conseiller spécial Kenny O'Donnell. Elle lui demande si elle a bien fait de lui remettre son anneau étant donné l'enquête en cours… Kenny lui répond par l'affirmative. Il est temps de partir. Hébétée, elle suit les consignes sans comprendre. Malgré sa douleur, elle refuse les calmants que les médecins lui proposent. Pas question non plus d'ôter son tailleur taché de sang. À ceux qui lui suggèrent de se changer, elle répond inflexible :

— Je veux que le monde entier voie ce que Dallas a fait à mon mari.

Malgré sa détresse, elle a conscience que chaque détail compte. À sa toute petite échelle, elle, la première dame qui déjà n'est plus rien, veut montrer sa détermination face à la lâcheté des assassins de Jack.

Elle a toujours été très attachée aux symboles. Cette passionnée d'histoire est persuadée que rien ne doit être laissé au hasard pour donner du sens aux événements. Et ce tailleur parle de lui-même. Il porte la violence, le chagrin, la désolation. Le corps de Kennedy, placé dans un cercueil de bronze, quitte l'hôpital, Jackie à ses côtés. Direction l'aéroport. Quelques heures auparavant, c'est sous les vivats qu'ils roulaient. À présent, Dallas s'est vidée de ses habitants et il règne un étrange silence dans cette grande ville. D'ici quelques minutes, elle le sait, Johnson va prêter serment. John Fitzgerald Kennedy ne sera bientôt plus le président des États-Unis.

Est-ce que Richard Nixon est déjà au courant ? Lui qui a longtemps espéré battre le jeune sénateur démocrate lors de l'élection à la fonction suprême de 1960. Elle se souvient du débat télévisé entre les deux hommes. Elle n'avait pas fait le déplacement. Enceinte du futur John-John et approchant du terme, elle devait rester tranquille. Déjà, Jack avait crevé l'écran, détendu et serein face à un Nixon transpirant sous les projecteurs. Elle se souvient aussi du jour du scrutin. Ils avaient attendu les résultats chez les parents Kennedy, à Hyannis Port. Avec impatience, elle voulait connaître le verdict, debout jusqu'à minuit malgré la fatigue. Puis elle avait fini par aller se coucher, le dépouillement devant durer toute la nuit. Jack, chose rarissime, était monté lui souhaiter bonne nuit et l'embrasser. Les sœurs Kennedy aussi étaient venues à son chevet, surexcitées et prêtes à passer une nuit blanche. Le lendemain matin, à son réveil, toujours pas de président. Mais dès 9 heures, les journalistes commençaient à affluer. Elle s'était alors précipitée dans la chambre de son mari profondément endormi. Elle se souvient avoir été obligée de le secouer !

Ce n'est pourtant que vers midi que le verdict était définitivement tombé[1].

Pendant qu'elle refait le film dans sa tête, toute l'équipe de John, au désespoir, s'évertue à démêler des problèmes juridiques avec les autorités texanes. Elles ne veulent pas laisser partir le corps pour Washington. L'autopsie doit avoir lieu sur les lieux du crime. Utilisant clairement la menace, prêts à sortir leurs armes contre les représentants de l'administration du Texas, les hommes du président font monter Jackie à l'arrière du corbillard. Il est temps de filer.

Malgré la tension, elle repense à ce jour à Hyannis Port. C'était il y a à peine plus de trois ans. Le 8 novembre 1960. À quarante-trois ans, Kennedy devenait le plus jeune président élu et elle, à trente et un ans, la plus jeune First Lady. Elle avait pris sur elle pour aller à la rencontre des journalistes. Certains lui demandaient :

— Quel type de première dame pensez-vous que vous serez ?

Tout ce qu'elle déteste. D'un seul coup, leur vie allait changer radicalement ; on l'avait assez prévenue. Pourtant, à peine élu, JFK reste lui-même : il s'installe en Floride, à Palm Beach, chez ses parents, pour préparer sa future présidence avec son père – comme toujours – et ses conseillers. Il compte y rester jusqu'à l'investiture au mois de janvier, même si Jackie est enceinte de huit mois. Clouée au lit à Washington, ne peut prendre l'avion. Il fait donc des sauts de puce pour aller voir sa femme qui va bientôt accoucher. Le 25 novembre, il est en vol, direction la Floride, quand il apprend qu'elle a été transférée d'urgence à l'hôpital.

— Est-ce que je vais perdre mon bébé ?

1. Diane Sawyer, *op. cit.*

La situation est grave. Jackie a déjà failli mourir en mettant au monde une petite fille, Arabella. Un enfant mort-né en 1955. Elle doit comme d'habitude subir une césarienne, déjà la troisième. Son bébé, John Kennedy Jr, né un peu avant minuit, est un garçon fragile, mais il s'en sortira. Une fois de plus, JFK ne s'est pas soucié d'elle. Elle lui avait pourtant demandé de ne pas la quitter ce jour-là. Président ou simple citoyen, John reste le même.

Trente-cinquième président des États-Unis. Il allait le devenir officiellement le vendredi 20 janvier 1961. Elle se souvient de leur bonheur, la veille de l'investiture. Ils étaient tout sourire, comme des enfants à la veille de Noël[1]. Elle se rappelle précisément cette soirée exceptionnelle. D'ailleurs, pour leur dernière nuit dans leur maison de Georgetown, dans la banlieue chic de Washington, ils ont dormi dans le même lit, un fait rarissime.

Dans le corbillard, secouée par les à-coups de la voiture qui fonce à l'aéroport, Jackie ne pleure pas. Elle a l'impression que la scène se déroule devant ses yeux sans pouvoir agir. Le temps du trajet, elle se replonge dans ses souvenirs, comme pour se persuader que tout ce qu'elle a vécu a bel et bien existé.

Le jour J, il faisait un froid glacial dans la capitale américaine, recouverte par la neige. Cela n'a pas empêché la foule, debout depuis des heures, de prendre place pour assister à la cérémonie d'investiture de Kennedy. Elle était encore très faible après sa césarienne, mais elle s'était bien couverte. À la tribune, elle était ravissante dans son manteau en laine grège, dont le petit col en zibeline s'accorde à son manchon. Une idée de Diana Vreeland, la rédactrice

---

1. Jacqueline Kennedy, *Avec John F. Kennedy. Conversations inédites avec Arthur M. Schlesinger*, Flammarion, 2011.

en chef de *Vogue*. Intimidée et fière, elle a écouté comme les autres citoyens le plus court discours d'investiture de l'histoire de la présidence américaine. Court, mais brillant.

— Vous qui, comme moi, êtes américains, ne vous demandez pas ce que votre pays peut faire pour vous, mais demandez-vous ce que vous pouvez faire pour votre pays. Vous qui, comme moi, êtes citoyens du monde, ne vous demandez pas ce que les États-Unis peuvent faire pour le monde, mais demandez-vous ce que vous pouvez faire pour le monde.

John Fitzgerald Kennedy définit l'esprit de la « Nouvelle Frontière » vers laquelle il veut entraîner le pays. Jackie a lu des bribes du texte lorsqu'il le préparait. Mais l'entendre devant des milliers de citoyens magnifie ce discours qu'elle trouve si beau et qui, elle en est sûre, restera ancré dans l'histoire. Seule ombre au tableau : elle n'avait pas pu l'embrasser à la fin de son speech.

En repensant à ce petit couac, elle a le cœur lourd. Sur la scène, trois personnes les séparaient et il ne s'est pas tourné vers elle. De toute manière, il ne l'aurait sûrement pas fait ; Jack n'est pas démonstratif[1]. À cette époque, jamais ils ne s'étaient donné la main en public, jamais il n'avait placé son bras autour de ses épaules. Cela lui déplaisait chez les autres couples mariés.

Elle n'avait même pas pu échanger deux mots avec lui. Il avait fallu rejoindre les dames dans un salon pour un café et boire une petite liqueur pendant que les hommes parlaient politique. Il existe pourtant une photo de leurs retrouvailles furtives au Capitole. Sur l'image qu'elle aime tant, elle est de dos, sa main gantée posée sur le menton de John qui la fixe, les larmes aux yeux. À cet instant, elle a simplement murmuré :

1. *Ibid.*

— Jack ! Quelle journée !

Transie de froid et encore très fatiguée après son accouchement, Jackie n'avait pas pu rester longtemps pour suivre le fameux défilé d'investiture le long de Pennsylvania Avenue, qui relie le Capitole à la Maison Blanche.

Le président est resté jusqu'à la tombée de la nuit. Puis il est venu la chercher pour se rendre au premier bal, comme le veut la tradition. Elle a repris des forces en restant bien au lit. À 21 heures, au moment de s'habiller, impossible de bouger. Sur place, le médecin officiel du couple présidentiel, le Dr Travell, lui administre, comme il le fait quotidiennement au président, une piqûre de Novocaïne, un antalgique très puissant qui la remet sur pied.

En arrivant à la réception dans sa robe de gala, elle se souvient des regards sur elle. Tout le monde lui avait répété qu'elle était magnifique. Personne ne pouvait imaginer qu'elle avait accouché deux mois auparavant. Elle se sentait rayonnante, souriante et calme, à côté de son mari surexcité par tout ce qui lui arrivait. Arrivée au deuxième bal, au Mayflower, accompagnée du vice-président Lyndon Johnson, elle avait eu l'impression d'être Cendrillon avant les douze coups de minuit. Sentant peu à peu l'effet de la Novocaïne se dissiper, elle savait qu'avant de se transformer en citrouille elle devait vite rentrer se reposer.

Dans la voiture qui la ramène à l'aéroport de Love Field, elle a cette fois encore l'impression d'être Cendrillon. Dans quelques minutes, l'enchantement prendra fin. L'histoire des Kennedy à la Maison Blanche ne sera plus qu'une illusion.

8

À la santé de John

Trois heures après leur atterrissage à Love Field, les Kennedy sont de retour sur le tarmac. En lieu et place de la belle Lincoln bleu nuit, un corbillard.

Anéantie, Jackie retrouve les équipes de la Maison Blanche. Les yeux rougis, le cœur lourd, ces têtes connues lui offrent un instant un réconfort. Mais personne n'ose vraiment la regarder, tant elle fait peine. Certains lui présentent leurs condoléances avec respect. Machinalement, elle remercie d'un regard ou d'un hochement de tête. Puis tous observent, ahuris, les hommes de la sécurité sortir le cercueil du véhicule.

En se dirigeant vers *Air Force One*, elle découvre les ouvriers préparant la carlingue. Par respect, le défunt ne sera pas placé dans la soute mais à l'arrière de l'appareil. Il a fallu retirer des sièges à la hâte. En silence, Jacqueline monte les escaliers de la passerelle juste derrière le cercueil. Elle ne peut détourner son regard de cette boîte difficilement hissée à bord par les plus fidèles compagnons de son mari. En grimpant ces escaliers, elle se dit que ce sont ceux les mêmes que ceux qu'elle a descendus, le matin même, sous les vivats. Tout a changé en si peu de temps.

Son premier réflexe est de se diriger vers « sa » chambre, dans la cabine présidentielle. Mais, en entrant, elle est choquée de trouver Johnson avec sa secrétaire Marie Fehmer et l'agent des services secrets Rufus Youngblood à l'intérieur. Le vice-président Johnson, assis sur le lit, se lève aussitôt, gêné de la situation. Il n'a pas le temps de s'excuser, déjà Jackie s'enfuit à l'arrière de l'appareil près du cercueil.

Elle savait qu'elle allait retrouver Lady Bird et le futur chef de l'État. Voilà des années qu'elle fréquente les Johnson. Pour le vice-président, pas de doute : elle est la personne qu'il préfère dans l'entourage de Kennedy. Ses relations avec le clan irlandais n'ont jamais été bonnes. Preuve de leur entente, Jack et elle devaient achever ce déplacement au Texas le lendemain par un séjour dans leur ranch. Depuis des années, Lyndon insistait pour leur faire découvrir son fief. Enfin, ils avaient prévu d'y passer le week-end, tous les quatre.

Mais le fait de trouver si vite cet homme à la place de son mari la bouleverse.

Penaud, le vice-président la rejoint accompagnée de sa femme Lady Bird et la supplie de regagner la chambre pour s'y reposer. Pendant ce temps, la sécurité intérieure presse le pas : l'avion doit décoller au plus vite car les autorités locales pourraient encore exiger l'autopsie du corps sur place. Mais le nouveau président veut d'abord prêter serment. Sarah Hughes, la seule femme du pays à occuper la fonction de juge fédéral, est en route. Cette amie des Johnson a récemment été nommée à ce poste par le président Kennedy.

Dans l'avion, l'atmosphère est tendue. Tout le monde attend, anxieux. Les discussions se font à voix basse, comme pour ne pas heurter la jeune veuve. Elle a fini par se laisser convaincre et est retournée dans la chambre avec la nouvelle First Lady et Lyndon Johnson.

— Oh, Mrs Kennedy, lui répète Lady Bird, vous savez que mon mari ne voulait même pas devenir vice-président ! Et maintenant, mon Dieu, tout cela est arrivé.

Jackie, en état de choc, lui répond d'une voix douce, presque apeurée :

— Oh, si seulement je n'avais pas été là. Pourtant, j'étais si contente d'être ici, avec lui.

— Je ne sais pas quoi dire, conclut Lady Bird. Ce qui m'attriste le plus, c'est que cela se produise dans mon Texas bien-aimé.

Jackie la regarde sans répondre. Les yeux dans le vague, elle s'enfonce dans le silence. Son bas droit est maculé de sang. Son gant droit aussi. Le gauche est resté dans la salle des urgences de l'hôpital au moment où elle a donné son alliance à son mari. Lady Bird propose d'appeler quelqu'un pour l'aider à se changer.

— Non, dit Jackie gentiment. Peut-être plus tard, je demanderai à Mary Gallagher[1], mais pas pour le moment. Je veux qu'ils voient ce qu'ils ont fait à Jack.

Les Johnson demandent à Jackie si elle accepterait d'être présente lorsque la juge arrivera. Sans réfléchir, elle acquiesce, malgré la douleur que cela risque encore de lui causer. C'est son rôle. Elle en est sûre. Une fois seule, elle regarde en détail cette chambre dans laquelle elle a si souvent voyagé. Elle retire son gant et, enfin, allume une cigarette.

Enfermée dans ce petit espace, elle laisse éclater sa peine. Son visage est inondé de larmes. Secouée par les sanglots qu'elle gardait prisonniers, elle contemple son reflet dans le miroir pour la première fois depuis le drame. Son visage et ses cheveux sont maculés de sang. Se découvrir dans cet état accentue sa peine. Devant le lavabo, tout en pleurant,

1. Sa secrétaire personnelle.

elle commence à mouiller un kleenex pour se nettoyer la joue et le front. Avec des gestes saccadés, tremblante, elle retire ce sang séché et repense à ces secondes d'horreur. Elle aussi a frôlé la mort. Au moment du second impact, son visage était si près de celui de John. Frénétiquement, elle frotte ses joues, ses jambes, ses mains, ses bras. Sans cesse, elle se dit que l'histoire a fait de Jack ce qu'il était. Mais l'histoire ne la veut pas ici. Au fond, personne ne la veut vraiment ici. Elle dérange. Bouleversée, elle tremble de tout son être. Et soudain, en se regardant une nouvelle fois, elle se fige :

— Pourquoi ai-je nettoyé ce sang ? J'aurai dû le laisser, afin de leur montrer ce qu'ils ont fait.

D'un geste rageur, elle jette le mouchoir. Par habitude, elle se recoiffe ; son carré parfait n'a presque pas bougé depuis ce matin.

Dans l'intervalle, la juge fédérale est arrivée. Les témoins sont déjà présents dont plusieurs journalistes et un photographe. Pour prêter serment aux États-Unis, il faut une bible. C'est un missel, encore sous plastique et trouvé par surprise dans la table de nuit de JFK, qui sera utilisé.

Kenny O'Donnell, le fidèle de Jack, furieux d'apprendre que les Johnson veulent infliger cela à Mrs Kennedy, se dirige vers la chambre pour lui demander si elle a réellement accepté cette nouvelle épreuve.

— Oui, je crois que je dois être présente. Je le dois à mon pays.

Certes, c'est un supplice de plus. Mais elle veut montrer aux assassins de son mari qu'elle se tient droite. Il est de son devoir d'être le témoin de la cérémonie. Le regard perdu, elle se place à la gauche de Johnson. Embarrassés par l'étroitesse de l'habitacle, les vingt-sept spectateurs sont regroupés dans un cercle intime. Tous écoutent religieusement la juge réciter la formule consacrée. La même que lorsque Jack a prêté serment, trois ans plus tôt.

Deux minutes solennelles. Des secondes éternelles pour tous les témoins qui ne savent comment réagir. À 14h38, celui que les Américains appellent « LBJ » devient le nouveau président des États-Unis, en vertu de la Constitution. Le photographe de la Maison Blanche, Cecil Stoughton, immortalise cet événement tragique. Jackie, recroquevillée dans son tailleur, ne le voit pas saisir son regard noyé de chagrin. LBJ embrasse sa femme sur le front et Lady Bird prend la main de Jackie en guise de remerciement pour son courage.

À peine le temps de réaliser ce qui vient de se passer. Soudain, Curry, le chef de la police de Dallas, pénètre dans l'avion avant qu'il ne décolle. L'air solennel, en se découvrant la tête, il s'avance droit sur elle :

— Mrs Kennedy, croyez-moi, nous avons fait tout ce que nous pouvions.

Pas le temps de s'appesantir. *Air Force One* doit décoller au plus vite pour ramener le nouveau président à Washington. Au fond de l'appareil, la mafia irlandaise veille le héros mort au combat dans une atmosphère enfumée. Stressés, abattus, ces hommes allument cigarette sur cigarette. Si tous les proches de Kennedy savent que Jackie est aussi une fumeuse invétérée, qui grille des L&M à longueur de journée, personne n'oserait lui en proposer une publiquement. Un photographe de la Maison Blanche a d'ailleurs perdu son poste pour avoir désobéi à la règle et pris la First Lady en flagrant délit. Dans ce moment d'extrême douleur, cette femme au caractère d'acier ne flanche pas. Interdiction de se relâcher quelques instants en aspirant de grandes volutes de fumée. Elle ne veut pas risquer d'être photographiée. Son image de First Lady qu'elle a construite avec minutie ne tolère aucun écart. Nerveusement, elle se tient les mains l'une contre l'autre pour ne pas s'adonner non plus à son autre vice : se ronger les ongles. Des ongles maltraités en permanence qu'elle cache en portant des gants. Ces gants blancs de ce matin, ces gants ensanglantés, c'est la seule chose qu'elle ait accepté de retirer.

Les Irlandais, eux, n'ont pas peur pour leur image. La tradition exige de boire en l'honneur du soldat tombé au champ d'honneur. Ces hommes rustres avec lesquels elle n'a jamais eu d'affinité – et qui ne l'ont pas aidée les premières années – seront pour toujours des fidèles de Jack. Kenny lui propose « un petit remontant ». Elle ne comprend pas l'allusion. Il lui sert alors un petit verre pour trinquer avec eux. En hommage, pour la première fois de sa vie, elle avale deux scotchs d'un trait.

Soudain, elle se retourne vers Clint Hill, son garde du corps personnel. En lui souriant, mais inquiète, elle lui demande :

— Mr Hill, que va-t-il vous arriver ?

L'agent secret employé par l'État va devoir quitter son service très rapidement, elle le sait. L'homme reste sidéré qu'elle se soucie de lui en cet instant.

— Tout ira bien pour moi, Mrs Kennedy[1], répond le molosse, les larmes aux yeux.

En le regardant, avec son air de catcheur italien, elle se souvient de leur première rencontre. Elle lui avait donné rendez-vous chez elle, à Georgetown, juste avant de déménager à Pennsylvania Avenue[2]. Elle l'avait fixé un instant, puis avait détourné le regard. L'agent secret

1. Clint Hill, Lisa McCubbin, *Mrs. Kennedy and Me*, Gallery Books, 2012.
2. L'adresse de la Maison Blanche.

avait tout de suite compris qu'il faudrait l'apprivoiser pour gagner sa confiance. Manifestement, son précédent collègue n'y était pas parvenu. Il avait été muté très vite. Pour Jackie, devoir supporter la présence pesante des services de sécurité est en effet un calvaire. En arrivant à la Maison Blanche, elle craint de souffrir d'un sentiment d'étouffement. L'impression d'être enfermée dans un « bocal à poissons rouges ». Le choix de son propre garde du corps était donc crucial.

De son côté, Hill, apprenant sa nouvelle affectation, l'avait eue mauvaise :

— J'ai pris ça pour une sanction. J'avais fait partie de la garde rapprochée du président Dwight Eisenhower. Avec lui, j'avais l'impression d'être au centre du monde[1].

Lui, l'enfant du Dakota du Nord, n'a rien contre Mrs Kennedy. Mais, à vingt-huit ans, l'idée de courir les thés dansants et les galas de charité avec la First Lady ne lui semble pas très glorifiante. Pourtant, très vite, le courant passe. Ils ont quasiment le même âge. Il l'appelle « Mrs Kennedy » ; elle, « Mr Hill ». La plupart du temps, c'est elle qui lui adresse la parole. Sa présence calme et rassurante n'est pas pour lui déplaire. Il est son premier soutien pour se jouer des paparazzi, protéger sa vie privée et celle de ses enfants. Leur relation de confiance permet à Jackie de se sentir à l'aise, d'oublier la lourdeur de la fonction. Plusieurs fois, elle s'est même permis de lui faire des plaisanteries canailles. Et il a vite appris à ne pas s'offusquer de son sens de la dérision. En la côtoyant, il découvre qu'elle est obnubilée par la question de l'image qu'elle renvoie. Il l'a vue furieuse contre le magazine *Life* qui avait diffusé une photo d'elle en train de chuter de cheval. Leur

1. Clint Hill, Lisa McCubbin, *op. cit.*

proximité a parfois conduit Jackie à dépasser les bornes. Un jour, alors qu'elle est en vacances à Hyannis Port, elle l'envoie acheter des jouets à la boutique Lorania's Toy & Book Shop. Elle sait parfaitement que ce n'est pas dans les attributions de ce membre éminent des services secrets. Mais, sous le charme, Hill est incapable de refuser. Pour aggraver son cas, elle lui demande, l'air de rien :

— Oh, Mr Hill, pendant que j'y pense, pourriez-vous acheter quelques magazines ?

Persécutée par les photographes, elle raffole pourtant des tabloïds, allant jusqu'à conserver les photos d'elle. Évidemment, impossible de les acheter soi-même. Pour cela, elle a toujours pu compter sur le silence de l'agent Hill.

À bord d'*Air Force One*, Clint, le taiseux, ne sait que dire de plus pour tenter de la consoler. Jackie s'est assise près du cercueil de John. Droite et fière, l'épouse de John Fitzgerald Kennedy, président des États-Unis, sait qu'elle n'est plus rien. Fini la Maison Blanche, les obligations, les réceptions. Elle a pourtant eu si peur avant de découvrir cet endroit qui a bouleversé son existence.

Juste après l'élection de JFK, elle répète à ses amis qu'une chose terrible est arrivée : Jack va être président. Ils vont devoir vivre là-bas, sur Pennsylvania Avenue[1]. Un monde en vase clos, la présence des services secrets... Surtout, elle s'inquiète de ne plus jamais voir son mari, qu'elle croise déjà si peu. Mais, dès leur première nuit sur place, ses craintes se dissipent. Les appartements privés n'étant pas encore prêts, on les a installés dans la chambre de la Reine, pour madame, et dans la chambre de Lincoln, pour monsieur. Le lendemain, très tôt, Jackie court voir son

1. Interview de Caroline Kennedy réalisée par Maria Shriver, nièce de Jackie Kennedy, pour *In the News*, 14 septembre 2011.

mari. Elle se jette sur lui. Tous deux sont fous de joie, riant comme des enfants d'être assis sur le lit de Lincoln !

Oubliée pendant des années, Jackie s'est imposée durant la campagne. Cette victoire, c'est aussi un peu la sienne. Elle est parvenue à se faire respecter par le clan Kennedy. Mais aussi et surtout par John. Lors de leur arrivée à la Maison Blanche, son statut change naturellement. Les Kennedy y découvrent une « vie de famille ». Une vie cadrée, avec des heures de bureau et des heures de repos.

— Nous n'avons jamais été aussi proches, répète-t-elle à sa mère et à sa sœur Lee.

La maison du pouvoir permet de traiter de graves questions internationales, mais aussi de se voir plusieurs fois par jour. Pendant les huit premières années de leur union, cela n'était pas arrivé.

À bord de l'avion, Jacqueline se demande soudain ce qui lui a pris de se faire tant de souci. Vivre à la Maison Blanche ne signifiait pas la fin de son mariage. C'était au contraire une nouvelle ère. Hermétiquement coupés du monde extérieur[1], ils étaient unis par leurs habitudes quotidiennes. Tous les matins, à 7 h 45, George[2] venait réveiller le président. Pendant qu'il prenait son petit déjeuner dans sa chambre, Jackie somnolait un peu avant que les enfants ne viennent leur dire bonjour et se précipitent devant la télévision. Des moments doux. Perdus à jamais. En pensant à ces détails, les larmes montent aux yeux de Jackie. Elle ne verra plus Jack petit-déjeuner, assis sur la chaise avec son plateau face à lui, lisant les cinquante journaux du matin. Une gageure avec la télé

1. Jacqueline Kennedy, *Avec John F. Kennedy*, *op. cit.*

2. George Thomas, domestique afro-américain au service de John depuis plusieurs années.

des enfants ! Elle repense à Jack allant ensuite se laver dans la salle de bains des invités. Le bord de la baignoire était couvert de petits animaux flottants, des canards, des cochons roses… car il aimait jouer avec son fils quelques minutes à l'heure du bain. Ensuite, il descendait parfois avec l'aînée, Caroline, dans le Bureau ovale.

Jackie a toujours été surprise que John soit à l'aise avec les tout-petits. Même dérangé en plein travail… Un jour, il avait été ravi de voir sa fille de trois ans et demi débarquer dans son bureau lors d'un brainstorming avec ses conseillers. En pyjama et chaussée des escarpins de sa mère, Caroline avait déclaré très à l'aise : « Maman veut te voir de suite ! » Quand son agenda le lui permettait, il passait une tête à l'école, une première à la Maison Blanche. Au lieu de faire venir des précepteurs, Jacqueline a ouvert un jardin d'enfants au sein de la résidence pour que Caroline apprenne, entourée d'autres enfants de l'administration Kennedy[1]. Le président aimait faire un saut lors de la récréation. Jackie sourit en le revoyant frapper dans ses mains afin que tous les petits accourent à lui.

Alors que leur papa est président, les enfants Kennedy ne sont jamais loin de lui. Même si, comme tout père des années 1960, il ne s'occupe guère de leur éducation, John aime les avoir dans les jambes. Jackie l'a tout de suite senti : la paternité l'a transformé. La naissance de Caroline les a rapprochés et, depuis les premiers cris du petit John juste après son élection, Kennedy a pris conscience de son rôle de père.

Qui pourrait croire qu'il a appris à nager à sa fille Caroline ? Encore à Noël dernier, en Floride, il lui faisait traverser toute la piscine d'un bout à l'autre.

— Allez, tu peux y arriver ! disait-il pour l'encourager.

1. *Paris Match*, n° 631, 13 mai 1961.

En vacances, il lui apprenait à barrer un bateau, sa grande passion. Une fois, Clint Hill avait félicité la gamine pour ses prouesses et elle avait répondu sans prétention :

— Merci, mais c'est papa qui a tout fait.

Le président avait alors éclaté de rire.

Pour lui permettre de voir sa progéniture, Jacqueline a souvent déplacé l'heure de la sieste ou du repas. Jack avait pris l'habitude de passer quelques minutes avec eux avant le souper, même lors de réceptions officielles. Ces moments auprès de ses enfants sont un réel réconfort, loin de la pression et des responsabilités politiques si lourdes.

Les enfants permettent au couple de se rapprocher. Plus présent, John accepte aussi d'être plus intime. Dans l'avion, Jackie se souvient du jour où elle lui avait demandé, s'il pouvait faire un vœu, ce qu'il aurait changé dans sa vie :

— Je regrette de ne pas avoir connu plus de moments heureux.

Elle avait trouvé sa réponse émouvante car elle savait qu'il avait bien vécu et s'était beaucoup amusé durant sa jeunesse. Il avait voyagé en Europe, avait profité des filles, des boîtes... Pourtant, il avait aussi beaucoup souffert. En y réfléchissant, Jackie repense à ce tourbillon fou, à ces années épouvantables à faire campagne à travers tout le pays...

Ces instants en famille l'ont apaisé. Même coucher les enfants était une corvée qui pouvait l'amuser ! À condition de ne pas leur lire d'histoires mais de les inventer. Comme *Le Requin blanc et le Requin noir*, *Bobo le Lobo* ou *Maybelle*, l'histoire d'une petite fille cachée dans les bois. Un jour, en désespoir de cause, il demande à Jackie de lui trouver des livres, car il est à court d'idées et a dû raconter à Caroline comment il avait abattu trois avions de combat japonais[1].

1. En 1943, John F. Kennedy a été soldat dans le Pacifique.

Dans les magazines, les Kennedy incarnent la famille américaine moderne. La réalité n'est pas si éloignée. Car, même à la Maison Blanche, la priorité, « ce sont mes enfants », répète Jackie. C'est une exception dans son milieu ; peu de femmes de son rang s'occupent directement des petits avec autant de soin. Lors du dîner exceptionnel en présence de Pablo Casals, le correspondant de *Paris Match* avait noté : « Jackie délaissant ses invités vient convaincre le petit John de se laisser coucher sans pleurer[1]. »

Naturellement, elle est aidée par une nurse qu'elle a choisie avec soin. Une Anglaise, toute rousse : Maud Shaw. Depuis les premiers jours de Caroline, elle veille sur les Kennedy. C'est elle qui se consacre à la logistique quotidienne, lève les petits le matin, leur fait prendre le bain... Mlle Shaw a reçu pour consigne d'insister sur les bonnes manières et la discipline. Les gardes du corps ont aussi interdiction de porter les affaires des enfants ou de trop les aider. Pas question qu'ils apprennent à « se faire servir ».

Leur maman « modèle » a un seul credo : offrir une vie aussi normale que possible à Caroline et John. Une tâche ardue quand chaque sortie ameute des dizaines de photographes. Pour cela, Jackie peut compter sur les services de sécurité. Ensemble, ils rusent pour amener les enfants jouer au parc de Q Street ou dans les lieux publics de Georgetown. Les *bodyguards* multiplient ce qu'ils appellent dans leur jargon des « mouvements spontanés » : des sorties secrètes et impromptues afin de prendre de court les paparazzis et les badauds. Pour les gardes du corps, cela permet de limiter les tentatives

1. « Un soir chez les Kennedy », *Paris Match*, n° 631, 13 novembre 1961.

d'enlèvement et pour la mère-louve, de limiter les photos volées[1].

Des enfants à la Maison Blanche… Difficile de les élever sans que leur vie soit imprégnée par la politique et ses à-côtés. Le petit John serre contre lui dans son berceau le coq tricolore offert à Paris par Yvonne de Gaulle. De même, en pleine guerre froide, alors que les deux Grands ont le doigt rivé sur le bouton nucléaire, la petite Caroline conserve sur sa table de chevet, aux côtés de la Vierge Marie, la poupée russe offerte par Khrouchtchev[2]. Partout dans le monde, on parle d'eux. Ils apportent un brin de fraîcheur en termes de communication pour la Maison Blanche. Qu'importent le Laos, la Chine, Cuba… la presse a les yeux rivés sur les rhumes des enfants. Au grand dam de leur mère :

— Il y a autour de Caroline et de John beaucoup trop de gens[3].

Au compte-gouttes, et pressée par les conseillers en communication, elle consent à distiller quelques menues informations pour remplir les pages des tabloïds du monde entier. *Jours de France* rapporte en novembre 1962 : « Sujet de la dernière conférence de presse de Pamela Turnure, porte-parole de Mme Kennedy : les dents de John F. Kennedy Jr, fils du président. Il en a sept. Pour son âge (onze mois), c'est un record[4]. » Ces confidences anecdotiques

1. Barbara Leaming, *op. cit.*
2. Le gendre de Nikita Khrouchtchev, Alexei Adjoubeï, spécialiste en communication et membre de l'équipe du dirigeant communiste, note l'anecdote dans son rapport.
3. Interview réalisée par Sander Vanocur à la Maison Blanche, NBC News, 24 mars 1961.
4. « Flash du monde », *Jours de France,* n° 364, 4 novembre 1961, p. 62.

mettent Jacqueline hors d'elle. Au risque d'envenimer ses rapports avec le porte-parole de la Maison Blanche, Pierre Salinger, qu'elle assaille de mémos à ce sujet.

Soudain, la triste réalité reprend le dessus. Avec les funérailles, elle va devoir gérer de nouveau cette question avec Pierre. Que dire ? Il va l'aider les prochains jours, elle en est sûre. Cet homme d'origine française est un fidèle de Jack, presque un intime. Elle s'est pourtant souvent énervée contre lui au sujet de la médiatisation des enfants ! Est-ce son côté latin ? Il a l'art d'en rajouter, de trop en dire au lieu de protéger leur vie privée. Elle se souvient notamment de la longue interview donnée sur Zsa Zsa, le lapin de Caroline. Il avait laissé entendre que l'animal avait un penchant pour la bouteille, préférant la bière à l'eau ! Résultat garanti. La presse avait titré : « Le lapin ivre de la Maison Blanche ». L'histoire avait beaucoup amusé le président, mais pas sa femme, furieuse de cet écart.

Il faut dire que, sur le sujet, les Kennedy n'ont jamais été en phase. Jacqueline refuse toute instrumentalisation de leurs enfants et ne veut pas les voir apparaître, sous quelque forme que ce soit, dans les journaux. John Fitzgerald Kennedy, au contraire, a toujours trouvé très utiles les photos de la petite famille modèle dans les magazines. À l'image des célèbres clichés qu'il a lui-même fait faire de son fils jouant sous son bureau. Une photo emblématique de la mythologie Kennedy, où l'on voit le petit John à quatre pattes sous l'impressionnant *Resolute Desk*[1], et qui a été soigneusement préparée... Une mise en scène inspirée de faits réels. Quand il terminait sa journée, les enfants venaient parfois jouer dans le Bureau ovale. Le petit John n'avait

1. Le bureau fabriqué à partir du bois du navire anglais *HMS Resolute*.

qu'une envie : taper sur la machine à écrire de Mrs Lincoln[1], la secrétaire du président.

Lors des phases d'extrême tension au niveau politique, Jacqueline a toujours tenté d'aider John en lui faisant profiter de brefs instants de réconfort. Elle se souvient des dessins qu'elle faisait faire pour lui aux enfants. De son côté, elle lui écrivait des petits mots ou lui dessinait des caricatures d'hommes politiques. Réussir à le faire sourire durant ces périodes critiques : une gageure qu'elle seule parvenait à relever. Lorsqu'elle jouait les infirmières, durant les convalescences de John, et qu'ils peignaient ensemble, il a appris à admirer son joli coup de crayon. Ses caricatures sont toujours réussies. D'ailleurs, dans le Bureau ovale, il a fait accrocher l'une de ses aquarelles. Un portrait de lui, le passionné de voile, à la barre de son bateau.

Outre les dessins, Jackie cherche à alléger le quotidien de son mari en invitant des amis et en commandant ses plats préférés, notamment au restaurant Joe's Stone Crab de Miami. De petites attentions auxquelles John est sensible. Le pouvoir, si lourd à porter, l'incite à se confier davantage à sa femme et à se décharger de toutes les tensions. Les gardes du corps témoignent des longues promenades à deux dans le parc de la Maison Blanche, sur la plage durant leurs vacances de Noël à Palm Beach ou l'été à Hyannis Port. Des promenades auparavant faites avec d'autres membres du clan Kennedy ou des amis de passage. Depuis la Maison Blanche, c'est en compagnie de Jackie qu'il se sent bien.

Un jour, au début de leur histoire, elle lui avait demandé quels étaient ses qualités et ses défauts. Sa plus grande qualité, d'après lui, était la curiosité, et son pire défaut, son caractère irascible. À la Maison Blanche, plus que jamais,

1. Evelyn Lincoln, la secrétaire particulière du président.

Jackie avait pu découvrir ses colères homériques contre ses conseillers. En famille, pourtant, il ne s'énervait quasiment jamais. L'un des rares sujets qui avaient pu le mettre hors de lui, depuis leur mariage, était les dépenses de sa femme. En y repensant, Jacqueline s'agace de ces petits reporters qui faisaient leur miel de ses notes de frais provenant de boutiques de vêtements new-yorkaises huppées, comme Chez Ninon ou Tiger Morse. Ou des achats faits chez de prestigieux antiquaires. Pour son arrivée à la Maison Blanche, elle avait dû changer sa garde-robe. Ce qui avait un coût. Durant le deuxième trimestre 1961, 35 000 dollars[1] avaient été nécessaires. Des sommes gentiment remboursées par son beau-père, Joe Kennedy. Mais John s'était vite inquiété de voir le budget dévolu par la Maison Blanche dépassé en un rien de temps. Cela pouvait créer un scandale, comme celui de la maison de location qu'elle s'est offerte pour leurs week-ends.

Pour échapper à la pression de Washington, elle a en effet cherché leur refuge : Glen Ora, en Virginie, à seulement deux heures de voiture ou, mieux, vingt-cinq minutes d'hélicoptère. Une location qu'elle a fait entièrement redécorer à grands frais par une star de l'architecture d'intérieur. L'important, c'est qu'enfin elle puisse se sentir libre, loin de l'atmosphère étouffante d'une résidence d'État.

À Glen Ora, Jackie la sportive, l'aventurière, peut enfin s'exprimer. Celle qui monte à cheval des heures prend des risques à la chasse, peut aussi lire et peindre sans être dérangée. La campagne est son élément. Son père l'avait tout de suite dit à Jack au début de leur mariage :

1. Environ 280 000 dollars actuels.

— Débrouillez-vous pour qu'elle monte à cheval et elle sera de bonne humeur.

Il avait raison. Là-bas, elle se sent si bien, enfin libérée de toute tension.

S'il avait eu le choix, John, passionné de voile et de natation, n'aurait pas choisi Glen Ora pour ses week-ends, mais l'océan. Jackie le sait. Avant d'être président, son plus grand plaisir était de partir sur le bateau de son père, le *Marlin*, puis le *Honey Fitz*. En mer, enfin, plus de téléphone ! Une vraie coupure, loin du monde et de ses réalités.

Mais Jackie voulait profiter des temps de loisir de son mari. Ce qui n'était pas le cas au bord de la mer. Et puis elle a eu un coup de cœur pour cet endroit. Sans craindre les photographes, sans devoir ruser, elle pouvait avoir une vie normale. Là-bas, pas de « mouvements spontanés » : elle laisse Caroline monter son poney, elle organise des pique-niques et côtoie ses amis dans l'un des country clubs les plus huppés de la région. Tous ces gens qu'elle ne verra certainement plus jamais. Pourtant, ce qu'elle aimait aussi à Glen Ora, c'est que personne n'est atteint de ce qu'elle a baptisé la « maisonblanchite ». Évidemment, à Pennsylvania Avenue, l'épidémie s'était propagée. Même des amis très proches en étaient atteints. Ils avaient changé d'attitude, grisés à l'idée de devenir connus. Ce que Jacqueline ne pardonne pas, ce sont les petites remarques lâchées à la presse sur ses enfants. Et combien de personnes qui ne lui adressaient jamais la parole, et qui l'ont soudain régulièrement appelée ou lui ont envoyé de sublimes cadeaux ? C'est « le poison de la présidence » qui fausse toute relation. À Glen Ora, elle est loin de ces convenances.

Perdue dans la campagne, cette maison est un havre de paix... qui laissait Jack de marbre. Il n'arrivait d'ailleurs que le samedi à l'heure du déjeuner. Il dormait toute l'après-midi, puis regardait la télévision. Il avait besoin de faire le vide. Elle prenait soin d'inviter un ou deux amis pour le week-end. Ils dînaient ensemble, mais tout le monde se couchait tôt. Puis le lendemain, la messe, les journaux, de nouveau la sieste. Le rituel, immuable. Même si Jack n'adorait pas, il y venait donc volontiers, « pour dormir », disait-il. Jackie sourit en repensant à ses siestes ! Elle n'a jamais connu personne d'autre faire cela. Toujours quarante-cinq minutes, pas plus, pas moins. Tous les jours ! Et, pour dormir au mieux, il se déshabillait et se mettait en pyjama ! Les premières fois qu'elle l'a vu faire, lui le playboy, elle n'en était pas revenue. Mais, pour ce grand malade bourré de médicaments, c'était la clé pour récupérer de la fatigue accumulée. Il se glissait dans son lit et s'endormait immédiatement. Tout était réglé : trois quarts d'heure, et il retournait travailler.

À la campagne, quand il ne dort pas, le président joue parfois au golf. Pour pouvoir marcher une heure et demie avec lui, Jacqueline s'y est mise, sans conviction. En revanche, elle se rappelle avec émotion les longues heures passées à lire, l'un près de l'autre. Tous les dimanches, il arrachait les trois pages du cahier du *New York Times* et cochait ce qu'elle devait acheter pour le week-end suivant. Toujours à la recherche d'informations historiques, ou de passages à citer, John ne lisait jamais de romans mais des centaines d'essais. Soudain, Jacqueline, le regard crispé, revoit sur sa table de chevet le petit livre rouge du président Mao Zedong qu'il venait tout juste de commencer. Peu de temps avant ce déplacement à Dallas, il lui en avait lu des passages. Pour toujours, le livre restera ouvert à la même page. Et tous ces moments qu'ils ne vivront plus ensemble...

Glen Ora, la Maison Blanche... Ces lieux qui font partie de son quotidien et qu'elle va devoir quitter du jour au lendemain. Les premiers pas du petit John-John, l'école de Caroline. Toute une vie de famille, des habitudes, rayées en quelques secondes. En trois coups de feu qu'elle a pris pour des pétards.

Qui a bien pu vouloir tuer Jack ? L'URSS ? La mafia dont il est si proche ? Jacqueline se dit qu'elle a bien fait de ne jamais trop vouloir découvrir ce qui se tramait avec ces malfrats. Les services secrets lui ont bien sûr parlé de Fidel Castro... Ah, Cuba ! Cette crise terrible. La première. Son baptême du feu avec la réalité du pouvoir.

9

Les larmes de Jack

Jackie se souvient très bien du commencement de la crise. C'était le mercredi 19 avril au matin. Quatre mois seulement après l'investiture. Elle avait été surprise de le voir remonter dans leurs appartements privés de la Maison Blanche à cette heure. Elle était entrée dans sa chambre et l'avait trouvé en train de sangloter. Pour la première fois de leur vie de couple, elle le voyait dans cet état. L'opération de la baie des Cochons, destinée à renverser Fidel Castro, est un fiasco. Il vient de l'apprendre. La tête entre les mains, JFK pleure, désespéré[1]. Il n'a pas encore passé cent jours à la Maison Blanche ! Pour son premier acte de politique internationale, il a lamentablement échoué, lui répète-t-il, inconsolable.

Les guérilleros de Castro ont mis à mal la tentative d'invasion militaire planifiée dès 1960, sous l'administration de Dwight Eisenhower. La CIA a recruté mille quatre cents exilés cubains et les a entraînés au combat pour les faire débarquer dans la fameuse baie. Un plan vivement critiqué par Kennedy. Mais, depuis plus d'un mois, des

1. Jacqueline Kennedy, *Avec John F. Kennedy*, *op. cit.* Cinquième conversation, mardi 24 mars 1964.

rumeurs d'invasion de Cuba avaient commencé à circuler. Il fallait faire quelque chose.

Castro avait renversé le dictateur Batista deux ans auparavant. Surtout, l'ancien avocat devenu guérillero avait exproprié les firmes américaines et importé du pétrole soviétique. Les intérêts américains étaient en jeu. Jackie se souvient, lors de l'arrivée de Fidel au pouvoir, que John avait critiqué l'inaction de l'administration Eisenhower. Il voulait trouver une solution. Mais le plan fomenté par la CIA ne lui semblait pas viable. Jusqu'au bout, il a hésité à lancer les frappes aériennes pour déclencher le débarquement des combattants cubains. À peine arrivé aux commandes, il s'est senti obligé de lancer cette opération qu'il n'a pas choisie.

Une opération commencée quelques jours auparavant, le samedi 15 avril 1961. Jackie avait été mise au courant. Pour ne pas éveiller les soupçons, comme tous les week-ends, le président l'avait rejointe à Glen Ora. Elle savait que les frappes aériennes seraient lancées simultanément. Elle se souvient de l'arrivée de Jack à la campagne, très inquiet. À peine descendu de l'hélicoptère, il était allé se reposer. Mais, assis sur le bord du lit, il ne bougeait pas, extrêmement préoccupé. Soudain, en secouant la tête d'un geste de regret, il avait arpenté la pièce de long en large. Rongé par le doute, il paraissait souffrir. D'habitude, elle était fascinée par sa capacité à prendre une décision. Il y réfléchissait longuement, mais, une fois prise, il ne revenait pas dessus. Une qualité qu'elle a souvent soulignée. Une fois, elle avait même pris la plume pour dire tout son mépris à James Burns, auteur d'une biographie sur JFK. Virulente, elle lui avait écrit : « Dans mon couple, chaque semaine, je vois qu'il possède ce qui est peut-être la qualité la plus importante pour un homme d'État : une assurance imperturbable, une totale confiance en ses capacités[1]. » Ce jour-là, le président est complètement abattu. Fidel Castro a eu raison de sa belle assurance.

Elle l'avait déjà vu pleurer en 1954, l'hiver où il était à l'hôpital après avoir échappé à la mort. À l'époque, il ne savait pas s'il allait survivre à ses opérations du dos et garder l'usage de ses jambes. Des pleurs de découragement. Ses yeux se remplissaient de larmes qui roulaient sur ses joues. Cette fois, c'est la peur de l'inconnu qui l'effraie. JFK découvre la solitude du pouvoir. Il craint la réaction de l'URSS et une riposte nucléaire. Des angoisses justifiées : « Fidel », comme l'appellent les Cubains, dénonce illico les frappes aériennes. Pour lui, c'est « un nouveau Pearl Harbor » qui illustre la violence de l'impérialisme américain. Entre-temps, Kennedy apprend que le commando d'élite a débarqué sans souci mais s'est trouvé pris au piège par les castristes. Ses craintes étaient justifiées.

Le lendemain, les réunions se succèdent à la Maison Blanche. Le petit frère de John, Robert, nommé secrétaire d'État à la Justice, vient trouver Jackie :

— Reste au côté de Jack, s'il te plaît.

C'est le membre du clan Kennedy dont elle est la plus proche. Bobby, comme tout le monde l'appelle, l'a toujours soutenue, même lors de ses premiers pas au sein de la famille. Ils s'entendent très bien. Il est plus facile d'accès que John. Elle a tout de suite senti qu'il serait un allié.

Elle suit les conseils de son beau-frère. Jusqu'à ce mercredi 19 avril, elle a tout fait pour aider Jack. Ce jour fatidique, elle se souvient d'avoir séché ses larmes et de l'avoir rassuré. Certes, l'opération a échoué, mais, le soir même, ils sont attendus à l'ambassade de Grèce par Constantin

1. Jacqueline Kennedy, *Avec John F. Kennedy*, *op. cit.*

Caramanlis, le Premier ministre. Les États-Unis n'étant pas censés être impliqués dans cette invasion ratée, il faut se reprendre et jouer le jeu comme si de rien n'était. Ce soir-là, pour la première fois, le pouvoir les unit vraiment : ils forment une équipe soudée dans l'adversité. Les époux Kennedy, beaux et décontractés, sourient aux photographes en arrivant à l'ambassade et donnent le change auprès de leurs hôtes. Dans les yeux de Jack, elle a senti la reconnaissance, et peut-être un peu d'admiration. Il ne la connaissait pas si téméraire.

Après les larmes, John sait qu'il faut agir. Cette fois, Jackie retrouve l'assurance à toute épreuve de son mari. Pour regagner la confiance de ses proches, de ses collaborateurs, de ses alliés, il assume complètement cet échec. Le 21 avril, lors d'une conférence de presse, il déclare :

— Selon un vieux dicton, la victoire a cent pères, mais la défaite est orpheline[1].

Le peuple américain le soutient. Les sondages lui confèrent 81 % de taux d'approbation, le score le plus élevé de sa présidence. Assumer, il le fera jusqu'au bout. En 1962, après de longues négociations, il parvient à faire libérer les Cubains arrêtés par les guérilleros lors du débarquement. Malgré les critiques, le président accepte la rançon exigée par Fidel Castro. Une facture de 60 millions de dollars en nature[2]. Le *Líder máximo* réclame tout ce que l'île n'a pas : des tracteurs, des médicaments, du matériel médical et des aliments pour bébés. Kennedy décide d'organiser une cérémonie pour accueillir les combattants cubains. En décembre 1962, le couple présidentiel se rend à l'Orange Bowl de Miami. C'est l'une des scènes les plus émouvantes

1. Jacqueline Kennedy, *Avec John F. Kennedy*, *op. cit.*
2. *Ibid.*

dont elle se souvient en tant que First Lady. Elle avait été tellement bouleversée par tous ces hommes hurlant :

— *Guerra ! Guerra ! Guerra !*

Les Cubains à peine libérés étaient prêts à lutter de nouveau. Et, pour prouver leur reconnaissance à son mari, ils lui avaient offert le drapeau 2506, le numéro de leur brigade. Comme lors de la campagne présidentielle, Jackie avait proposé à John de s'adresser à la foule en espagnol. Elle se souvient avoir préféré apprendre un discours par cœur, pour ne pas commettre d'impair. Elle s'était entraînée à laisser des silences pour permettre à la foule d'applaudir sans retenue. C'est elle qui avait voulu faire référence à leur petit garçon, John. Acclamée par ce public en liesse, elle avait souhaité qu'en grandissant son fils devienne « aussi valeureux » que ces combattants. Tonnerre d'applaudissements ! Malgré le sourire de Jackie, accueillir ces prisonniers en fanfare était politiquement risqué. C'était rappeler à tout le pays le terrible échec et risquer de subir de nouveau des critiques assassines. Mais Jack estimait qu'il devait bien cela à ces courageux Cubains.

Durant cette première crise internationale, Jackie avait découvert le pouvoir et sa terrible pression. À l'époque, son mari est à la tête du « monde libre », protecteur des démocraties face au danger communiste. La règle entre l'Est et l'Ouest ? La coexistence pacifique. Le doigt sur le feu nucléaire en permanence. JFK l'a compris. Il lui faut des nerfs d'acier. La présidence qu'il concevait comme une glorieuse mission prend soudain un nouveau visage : celui de la méfiance et du calcul. Avec le fiasco de la baie des Cochons, John fait part à Jackie de ses craintes. En représailles, Khrouchtchev va renforcer la pression sur Berlin.

Jacqueline comprend qu'elle doit être son roc, contre vents et marées. Loin de se retrancher dans sa cage dorée, cette battante prend les armes. La petite fille mutine et gâtée va impressionner ses concitoyens par son courage. Car ce n'est que la première crise.

Le mois suivant, le président américain enregistre une allocution télévisée. Pour se préparer, Jackie se souvient qu'il a passé des jours à arpenter la pièce, à griffonner sur des pages et lui lire parfois des passages. Le Bureau ovale est transformé en studio de télévision, avec des mètres de câbles. La First Lady hésite à rester. Finalement, elle s'éclipse pour ne pas rendre son mari plus nerveux ni attirer l'attention des photographes. De loin, elle écoute les dispositions du président qui appelle les réservistes américains et augmente le budget de la Défense. Berlin est au cœur du réacteur. Comme tous ses concitoyens, Jackie prend peur. Pour la première fois, John annonce que le pays sera peut-être obligé d'entrer en guerre.

La menace se précise. Le dimanche 13 août, alors que les Kennedy sont en vacances à Cape Cod et s'apprêtent à faire une promenade en mer, la nouvelle tombe. Dans la nuit, les Soviétiques ont élevé une barrière de gravats et de barbelés autour de Berlin Ouest pour empêcher la population de l'Est de fuir. Le mur de Berlin est né. Les Allemands appellent au secours, mais Kennedy ne fait rien. Ou plutôt si : il part faire sa promenade en bateau, comme prévu ! Une qualité qui a toujours stupéfié Jackie. Sa capacité à mettre les problèmes de côté quand il ne peut temporairement rien y faire est un don. Pendant ce temps, il réfléchit en se vidant la tête. Le président américain comprend la stratégie de Khrouchtchev : sauver la face pour apaiser la crise. JFK valide : « Un mur, c'est beaucoup mieux qu'une guerre », selon ses termes restés célèbres. Tant pis pour ceux qui sont du mauvais côté.

Depuis la baie des Cochons, Kennedy sait qu'il est crucial de ne jamais humilier son adversaire. « Ne négocions jamais par crainte, ne craignons jamais de négocier », a-t-il dit lors de son discours d'investiture. Une règle d'or qu'il appliquera lors de chaque crise. Si les menaces grondent, les diplomates travaillent. Lors de l'édification du mur de la honte, le secrétaire d'État Dean Rusk invite le ministre soviétique des Affaires étrangères, Andreï Gromyko, au dialogue. Le but : éviter la guerre nucléaire.

Derrière cette « coexistence pacifique », la menace est permanente. Les Kennedy ont pris l'habitude de vivre avec cette épée de Damoclès au-dessus de la tête. Ensemble, malgré la pression, ils continuent à surmonter les crises qui s'enchaînent. Jusqu'à son paroxysme : les missiles de Cuba.

À bord d'*Air Force One*, Jackie regarde les visages autour d'elle. L'avion vole depuis un bon moment. Chacun a repris ses esprits, repensé à son quotidien. L'atmosphère est déjà moins lourde pour les autres. Bientôt, tous auront oublié l'œuvre de John. Elle le sait. Si personne n'a osé féliciter Johnson trop ouvertement juste après qu'il a prêté serment, par égard envers elle, Jackie voit bien les sourires apparaître, les mines se décrisper. Le malheur des uns fait le bonheur des autres. Ah, bien sûr, tous ces gens ont salué son courage, sa dignité dans l'épreuve ! Rester digne, jusqu'au bout, pour Jack. C'est tout ce qui lui reste pour ne pas le décevoir. Oui, elle a tout fait pour contenir ses larmes. Mais elle n'a jamais été aussi mal de sa vie, jamais elle n'a autant souffert. Elle est hors du monde, un peu comme ces jours sans fin, au moment de la crise des missiles de Cuba. Une dizaine de jours durant lesquels elle a eu l'impression de ne jamais dormir, ni veiller. Elle ne savait plus ce qui se passait.

Elle n'a pourtant pas été mise dans la confidence tout de suite. La situation était si grave. Seule une poignée de conseillers ont été mis au courant. Tout a commencé le 16 octobre

1962 au matin, lorsque McGeorge Bundy, conseiller à la Sécurité nationale, s'est précipité à la Maison Blanche. Sous le bras, des documents de la plus haute importance. Il veut voir le président au plus vite pour lui présenter des clichés aériens de Cuba pris par la CIA. Les photos prouvent que les Soviétiques sont en train d'installer des missiles offensifs à tête nucléaire. On identifie également vingt-six navires soviétiques transportant des ogives nucléaires en route vers l'île, située à moins de 200 kilomètres de la Floride. À cette distance, impossible de riposter immédiatement. C'est pourtant le principe fou sur lequel repose la théorie de la « dissuasion nucléaire » mise en place par les deux Grands. L'URSS est donc en train de violer cette règle. En plus, tout se passe trois semaines avant les élections de mi-mandat, un tournant pour la présidence.

Immédiatement, JFK convoque le Conseil de sécurité nationale. Une action militaire est préconisée. Mais le secrétaire à la Défense, Robert McNamara, pèse de tout son poids et propose, dans un premier temps, un blocus maritime de l'île. Le tout dans le plus grand secret et, surtout, en conservant son sang-froid. Voilà le mot d'ordre de Kennedy qui gère cette crise inédite et décide de respecter le calendrier prévu pour les élections de mi-mandat afin de ne pas éveiller les soupçons.

Pendant quatre jours, Kennedy ne veut rien dire à Jackie pour ne pas l'inquiéter et voir comment la situation évolue. Mais le samedi 20 octobre, alors qu'elle vient d'arriver à Glen Ora avec les enfants grognons et fatigués, il l'appelle. Au lieu de la rejoindre comme tous les week-ends, il lui propose l'air de rien de rentrer à Washington. Le danger se précise et il veut sa famille près de lui. Immédiatement, elle sent à sa voix que quelque chose ne va pas. Elle demande pourquoi, de manière machinale, mais à sa réponse – « Peu importe » –, elle comprend. Le temps de réveiller les enfants de leur sieste et ils sont de retour.

À son arrivée, John, très grave, lui dépeint la situation en quelques minutes. Les réunions de crise, les coups de téléphone, les concertations s'enchaînent. Il n'y a plus ni jour ni nuit. Un soir, elle se rappelle Bundy au pied de leur lit, venu réveiller Jack en plein sommeil. Son mari était alors parti téléphoner de 5 à 6 heures du matin avant de redescendre à son bureau. À ce moment, le couple ne fait qu'un. Pour être le plus proche de lui possible, Jackie ne quitte pas la maison, ne voit pas les enfants. Elle veut être 100 % disponible pour lui. Les rares moments où il se couche, pour la nuit ou une sieste, elle dort à ses côtés. Elle passe aussi le voir deux minutes dans son bureau pour lui changer les idées ; parfois, ils font une promenade dans le jardin.

Après ce premier week-end de crise, Kennedy décide d'informer la population. Le lundi 22 octobre, lors d'une allocution télévisée, il dévoile la présence de missiles soviétiques à Cuba et fixe un ultimatum à Khrouchtchev. Il ordonne l'arrêt des opérations et menace l'URSS de représailles si elle ne retire pas les missiles installés sur l'île. Le lendemain, le président signe l'ordre de blocus et obtient la promesse que la France, le Royaume-Uni et les autres États membres de l'Otan le soutiendront en cas de guerre contre les Soviétiques.

Le discours de Kennedy provoque la panique chez les Américains. Bon nombre entreprennent la construction d'un abri antinucléaire. Ils y stockent des provisions, de l'eau, des couvertures, des vêtements. Le monde est au bord du précipice. Parmi les membres du gouvernement, certains ont dit à leur épouse de s'en aller. En cas de danger, Jackie découvre qu'ils seront tous évacués vers Camp David ou ailleurs. Mais, contrairement aux autres,

Jackie refuse de partir. Lors d'un moment de calme avec Jack, elle le supplie de ne pas les envoyer à Camp David, les enfants et elle.

— Ne m'envoie nulle part, lui dit-elle. S'il arrive quelque chose, nous resterons tous ici avec toi. Je veux être sur la pelouse quand ça arrivera, je veux juste être avec toi, je veux mourir avec toi, et les enfants aussi, plutôt que de vivre sans toi.

Jack a accepté. Lui non plus n'avait pas envie de les quitter si le pire arrivait.

Durant toute la crise, fidèle au poste, elle est restée aux premières loges, suivant les mouvements top secret effectués par les deux camps. Comme ces télégrammes insensés envoyés un soir par Khrouchtchev. Un premier message laissait entendre qu'il était prêt à démonter les ogives, puis un second, très guerrier, est arrivé au milieu de la nuit. Jack était bouleversé. Il est monté lui en parler. La solution adoptée avec ses conseillers a été de ne répondre qu'au premier télégramme. Ils ont appris par la suite que le second message avait été rédigé par le Politburo.

Outre son soutien moral, Jacqueline, comme à son habitude, s'est efforcée de détendre son mari. Malgré l'angoisse qui marque les visages, elle organise dans l'intimité des dîners agréables. Le soir de son allocution télévisée, Bobby Kennedy et sa femme Ethel, mais aussi la sœur de Jackie, Lee, et son mari Stas Radziwill sont là. L'Italien Benno Graziani, photographe à *Paris Match*, et sa femme Nicole ont aussi été conviés. Comme d'habitude aux États-Unis, les invités sont partis avant 23 heures. Mais Jackie demande à Benno et à sa femme de rester[1] pour faire plaisir à Jack.

---

1. « C'était l'Amérique de Kennedy. En 1963, le rêve se brisait », *L'Histoire*, 25 septembre 2013.

En dégrafant son col de smoking – malgré le danger, pas question de ne pas s'habiller –, le président avoue avoir une petite faim. Le personnel étant parti, c'est à la bonne franquette que Nicole et JFK font des œufs brouillés dans les appartements privés. L'air débonnaire, Jack répète : « Demain nous serons peut-être en guerre avec les Russes. » Des instants hors du temps pour tromper la peur.

Au bout de treize jours de bras de fer, Khrouchtchev cède. Le lundi 29 octobre, l'URSS fait retirer ses navires. Elle promet également d'enlever toutes ses installations. En échange, les États-Unis s'engagent à ne pas attaquer Cuba – ce qui permet à l'URSS de sauver la face. Pour Jackie, c'est là tout le talent de son mari : laisser l'adversaire s'en tirer pour ne pas le tuer politiquement dans son pays. Pour JFK, c'est la clé pour surmonter les crises.

Durant tous ces jours, le soutien, le courage et la détermination de Jackie ont été précieux. John ne s'en est pas caché. L'épreuve les a soudés. Pour lui prouver sa gratitude, comme à ses conseillers, il lui offre un petit calendrier Tiffany en argent pour le mois d'octobre 1962. Il a fait graver en caractère gras les treize jours fatidiques et ajouté sa signature « John F. Kennedy », suivie des initiales du destinataire. S'il lui avait parlé de cette idée, jamais elle n'avait imaginé en recevoir un. Au même titre que les membres du cabinet, restés éveillés nuit et jour pendant la crise, elle avait eu droit à ce cadeau d'estime. En le recevant, elle avait fondu en larmes, épuisée, comme tous les autres, par cette épreuve... et si fière d'avoir aidé Jack.

À bord d'*Air Force One*, qu'elle prend sûrement pour la dernière fois, elle ne peut s'empêcher de s'interroger. Que va-t-il rester de tous ces combats ? De ces victoires ? Tout juste trois ans après son élection, on avait voulu mettre fin à son mandat. Les lâches ! Il aimait tant son job. Il aimait tant l'Amérique. En regardant le cercueil, le visage de Jackie se crispe. Est-il resté assez longtemps pour ne pas être oublié ? Pourtant, il a dépoussiéré tant de choses et permis aux États-Unis d'ouvrir une nouvelle page. Il a ringardisé ces vieux schnocks du Sénat et du Congrès. Au moment de la campagne présidentielle, l'ex-président Truman avait même osé lui demander officiellement de se désister en raison de son âge ! Et le président sortant Eisenhower n'avait pas caché son scepticisme vis-à-vis de ce « jeune homme » quarantenaire, qui, sans jamais avoir exercé la moindre fonction exécutive, ambitionnait de lui succéder. Ils n'avaient rien compris ! Elle en est sûre : chacun se reconnaissait en Jack. Il insufflait un élan nouveau.

En esquissant un sourire, elle se souvient d'un article dans la page théâtre du *Washington Post*. Un jeune premier français, Alain Delon, était interviewé et n'avait qu'un nom à la bouche : « Jack ». C'était fou, ce petit acteur français sexy, si sensible à Jack ! Mais c'est vrai, Jack était jeune et aimait tout. En posant sa main sur le cercueil, elle se dit qu'à présent elle a une mission : préserver l'œuvre de son mari à la Maison Blanche. C'est à elle de se battre. Elle refuse de voir balayé l'espoir qu'il a suscité lors de son élection. Car elle le sait : Johnson et ses équipes vont vite l'oublier. Pis, la politique étant si ingrate et sans pitié, ils n'hésiteront pas à s'emparer de ce qu'il a mis en place. À s'attribuer son mérite. C'est à elle de veiller à ce que le nom Kennedy reste à jamais gravé dans les mémoires.

10

Tenue de scène

Perdue dans ses pensées, Jackie n'entend pas que l'avion se prépare à atterrir. Elle ne sait pas non plus qu'à Washington, les drapeaux sont déjà en berne. Le deuil national a été déclaré. Il va durer un mois. Peu avant, la cloche de la cathédrale Saint-Pierre-et-Saint-Paul a sonné le glas.

Avant d'arriver, on vient de nouveau la voir. Tout le monde sait que Jackie est une maniaque de la propreté. Parmi le personnel de la Maison Blanche, on s'est longtemps offusqué qu'elle fasse changer les draps tous les jours, voire plusieurs fois par jour lors des siestes. Elle doit se sentir mal à l'aise dans son tailleur taché. Poliment, on lui propose à nouveau de se changer. Les télévisions sont déjà sur le tarmac pour filmer l'arrivée de l'avion présidentiel. Ne souhaiterait-elle pas enfiler une autre tenue ?

— Je veux qu'ils voient ce qu'ils ont fait à mon mari, répète-t-elle fermement à ceux qui la conjurent de se changer.

Refuser de quitter ce tailleur est un acte politique. Elle connaît la force des symboles. Elle a si bien su en jouer lors des réceptions à la Maison Blanche ! Cette fois plus que jamais, elle veut faire passer un message afin de montrer au monde sa barbarie.

Pour elle, l'habit a toujours fait le moine. C'est précisément la raison pour laquelle elle a construit son image de First Lady. Non seulement par élégance, ce qui est pour elle un art de vivre au sens le plus noble du terme, mais surtout pour répondre parfaitement à l'idée qu'elle se fait de la fonction. Depuis le début, elle a compris que c'est un job à part entière. En arrivant à Pennsylvania Avenue, elle a revu l'étiquette de la Maison Blanche de A à Z. Elle a aussi décidé de revisiter le personnage de première dame. Pour cela, elle choisit Oleg Cassini, un couturier d'origine française qui a habillé les plus grandes stars d'Hollywood. Très au fait de la mode, il va s'occuper de ses tenues. Elle lui avoue d'ailleurs vouloir être habillée « comme si Jack était le président de la France[1] ».

Elle se souvient de lui arrivant avec ses croquis sous le bras, toujours très élégant. C'est devenu un conseiller très proche, dînant à la Maison Blanche à chaque fois qu'il passe à Washington. Il a tout de suite compris ce qu'elle cherchait. Lorsqu'elle était encore enceinte du petit John-John, il lui a créé des tenues adaptées les premiers temps. Ensemble, elle se souvient qu'ils ont trouvé une unité, un ton, pour qu'on la reconnaisse en toute circonstance.

Mais c'est elle qui a insufflé le tempo dès les résultats de l'élection. Alors qu'elle est très fatiguée à cause de la campagne présidentielle et de sa grossesse, elle se jette à corps perdu dans les revues spécialisées. Elle se rappelle avoir regardé tout ce qui se faisait, en Europe, et aux États-Unis, mais aussi dans les cours royales... Sa secrétaire Letitia Baldrige est chargée d'envoyer une tempête de notes manuscrites à Cassini, illustrées de dessins des vêtements qu'elle souhaite : les cols, les revers, les boutons, les coupes,

1. *Jacqueline Kennedy, les années Maison Blanche*, Flammarion, 2002.

les matières. Tout y passe. Méticuleuse, Jackie dessine chaque détail avec précision. Elle élabore ainsi une première sélection de ce qu'elle attend. Cassini lui avoue être très impressionné par sa capacité à jongler entre le « vert Véronèse » ou le « bleu Nattier », telle une vraie pro. Elle lui répète vouloir de la haute couture. Son leitmotiv : paraître élégante sans paraître ampoulée. Bref, être royale.

Avec ces modèles, Cassini va pouvoir créer des centaines de tenues. Comme une actrice, elle endosse son costume. Elle joue un personnage, une femme à l'image très lisse, incarnant une bonne mère de famille, une bonne épouse, mais aussi une Américaine en phase avec son époque. Évidemment, pas un mot plus haut que l'autre ! Loin de ce qu'elle est au naturel. Car, en privé, ce n'est pas la même personne. Elle est chic et sportswear. L'incarnation de la simplicité bostonienne. Elle aime aussi être à la pointe de la mode et porter des robes Dior, Givenchy, Cardin qu'elle fait copier par Ninon, sa couturière de Washington. À trente et un ans, malgré l'image qu'elle a construite, elle est une femme moderne, dynamique et sportive. Pour preuve, les photos volées dans les magazines la montrent galopant à cheval sans retenue, plongeant et nageant dans la mer qu'elle aime tant, sans oublier ses prouesses en ski nautique, le dernier sport à la mode. Une image très neuve qui inspire les jeunes filles[1].

Des photos qu'elle ne souhaiterait pas voir publiées ! Pourtant, son maintien extraordinaire et son élégance lui procurent une allure sans nulle autre pareille, en toute circonstance. Son sourire empli de mystère et ses yeux trop écartés lui donnent une expression singulière, qui plaît. En tenue de gala, elle est divine. Hubert de Givenchy ou Oleg

1. Entretien d'Hubert de Givenchy avec l'auteure.

Cassini lui répètent, comme on dit dans le métier, qu'elle fait « claquer les robes ». Elle a aussi le don de trouver les gants, les vestes, les accessoires qui lui siéent parfaitement. C'est cela, le style Jackie. Très sûre de son goût, elle sait parfaitement ce qu'elle veut et ce qui lui va. Et attention à la règle d'or : toujours « pratique ». Elle exige souvent des vestes en jersey qui ne se froissent pas, des manteaux réversibles pour les voyages ou des robes de cocktail très simples, surtout lorsqu'elle est enceinte. Pas de frou-frou !

En attachant sa ceinture de sécurité, Jackie regarde par le hublot. L'avion approche de Washington. Soudain, elle repense à la Maison Blanche et au Capitole. Elle veut imprimer dans son esprit ces lieux où elle ne mettra bientôt plus jamais les pieds. Ah, ces angoisses avant d'arriver à la Maison Blanche. Elle avait si peur de porter préjudice à Jack, de ne pas être à la hauteur. Après les critiques sur ses cheveux ou ses robes trop courtes pendant des années, elle ne savait pas à quelle sauce elle allait être mangée. Mais une fois installée à Pennsylvania Avenue, tout a changé. Surtout dans la presse. Soudain, les journalistes écrivent que tout ce qu'elle fait est formidable. La première dame est par définition exceptionnelle !

Malgré cela, elle veut avoir un contrôle total sur son image. C'est même devenu une obsession. Surtout depuis que tous ces paparazzis espionnent ses moindres faits et gestes à travers les grilles de la Maison Blanche, ce qui la rend folle. Pour elle, c'est une intrusion dans sa vie et celle de ses enfants. Elle ne veut pas faire de sa fille une petite Shirley Temple. Si les citoyens ont le droit de connaître les Kennedy, c'est à elle de décider quand et comment. Elle se souvient soudain de sa première interview en tant que First Lady. Pour cet entretien télévisé enregistré à la Maison Blanche dans le salon Vert, elle avait réfléchi à tout[1]. Elle s'était entraînée à parler toujours en souriant. Elle avait décidé de porter une robe à manches courtes très simple et son collier de perles à trois rangs. Oui, les perles sont toujours appropriées ! Il ne fallait surtout pas commettre d'impair. C'est le journaliste Sander Vanocur qui menait l'interview. Il avait tellement insisté pour savoir s'il était vraiment possible d'avoir une vie privée à la Maison Blanche. Il l'interrogeait, l'air dubitatif, pour savoir si ce n'était pas incompatible. Elle avait alors fait un trait d'humour en lui répondant :

— Ne me découragez pas... Je vais me battre pour ! Sinon, comment puis-je élever des enfants normalement ?

Elle lui avait même expliqué vouloir accompagner Caroline à l'école de danse simplement, sans trouver des tas de photographes sur place... pour que ce soit « leur » moment privé.

Cette protection de la vie privée, elle l'exige aussi pour son couple. John, lui, a toujours été plus souple sur la question. Peut-être parce qu'il a été habitué dès l'enfance à voir les photographes s'immiscer dans sa vie ? Elle, malgré les années, ne s'y est toujours pas faite. Tous les journalistes accrédités à la Maison Blanche sont prévenus : ils ne doivent rien révéler de « privé ». Un terme à géographie variable. Récemment, elle a fait sermonner une journaliste qui, dans un article, racontait que la First Lady avait dansé le twist avec le secrétaire d'État à la Défense Robert McNamara. En lisant cela, elle avait fulminé. Combien de fois s'est-elle accrochée avec Pierre Salinger, avec lequel elle s'entend pourtant très bien ? Elle se rappelle l'avoir bombardé de notes, son moyen de communication préféré : « Pierre, je

1. Interview réalisée par Sander Vanocur à la Maison Blanche, NBC News, 24 mars 1961.

croyais que vous vous étiez entendu avec les photographes pour qu'ils laissent les enfants jouer en paix. Ils ont plus de photos de Caroline et de Macaroni [son poney] qu'ils n'en ont besoin. [...] Si vous ne pouvez rien faire, je m'en chargerai... À quoi sert un porte-parole ? À assister la presse, mais aussi à nous protéger[1]. »

En réponse, Salinger lui prouve que le service de presse est submergé d'appels à longueur de journée. Et 90 % des questions la concernent ! « Mrs Kennedy » est la question numéro un. Malgré sa contrariété, elle n'a pu s'empêcher de sourire quand il lui a avoué que, plus de dix fois par jour, on demande sa pointure de chaussures ! Comme quoi, ses pieds si décriés par sa mère quand elle était jeune, plaisent tout de même... Il lui explique aussi que plus elle refuse les interviews et les photos, plus sa cote de popularité augmente.

Cette popularité avait déjà commencé à poindre avant la campagne présidentielle. Mais, depuis le voyage officiel à Paris, elle est devenue aux yeux de tous la First Lady idéale.

1. Nicole Salinger, *Jackie*, Éditions Assouline, 1998.

11

La charmante Mme Kennedy

En regardant ce cercueil de bronze, la première dame ne peut s'empêcher de penser à cette vie incroyable qui va s'arrêter dès ce soir. Évidemment, elle a toujours su que la Maison Blanche ne serait qu'un passage. Mais elle a vécu des moments si forts…

En repensant à Paris, Jacqueline en aurait presque le vertige. C'était l'effervescence malgré la pluie qui tombait à grosses gouttes ! Cinq cent mille personnes étaient là pour les accueillir. Tous les Parisiens étaient dans les rues pour apercevoir les Kennedy. Elle se souvient d'un article du *Monde* les comparant « à l'affiche publicitaire dont rêve l'Amérique : […] Jack et Jackie, beaux, jeunes, riches, heureux[1] ». Il faut dire que leur accueil à Orly par Charles et Yvonne de Gaulle ne pouvait que les mettre en valeur. Très rigide et âgé, le couple français paraissait tristounet.

— *Did you have a good aerial voyage ?* leur avait demandé le Général dans un anglais approximatif.

Face à lui, les Kennedy semblaient surgir d'un film en Technicolor illuminant une France en noir et blanc.

1. Pierre Viansson-Ponté, « Kennedy, un président de charme », *Le Monde*, 10 novembre 1960.

Le couturier Hubert de Givenchy, avec lequel elle s'est liée d'amitié depuis, lui a souvent raconté cette folle journée. Les journalistes du célèbre magazine américain *Women's Wear Daily* avaient eu un tuyau. Ils avaient appris que Jackie avait clandestinement commandé des robes au jeune couturier parisien, en vue de sa visite officielle dans la capitale française. Givenchy, protégé de Balenciaga, est alors le prodige que le milieu de la mode s'arrache. Mais il n'a encore jamais rien vu de tel. Le téléphone de la maison de couture avenue George-V sonne toute la journée. Tout le monde veut savoir ce que Jackie portera lors de la soirée de gala à Versailles. « *No comment !* » répondent les vendeuses. L'attaché de presse de la Maison Blanche a été formel : surtout, aucun commentaire[1].

Pour cette soirée exceptionnelle, Jackie se souvient avoir beaucoup réfléchi : pouvait-elle porter une tenue d'un couturier français ? Est-ce que cela créerait le scandale ou, au contraire, serait-ce le symbole de l'amitié franco-américaine ? En attendant de répondre à la question, elle avait chargé son staff de contacter Givenchy. Mais, cette fois, pas de schéma de la part de la First Lady. Le couturier et son équipe travaillent dans le vague à l'élaboration d'une tenue. Elle n'a d'ailleurs jamais promis qu'elle la porterait ! Ne voulant pas faire de faux plis, elle a emporté en secours des dizaines de robes réalisées comme toujours par son compatriote Oleg Cassini. Trente-cinq malles, histoire d'avoir le choix. En fonction de leur accueil en France, elle aviserait. Finalement, une heure seulement avant le départ pour le grand dîner donné au château de Versailles, son staff prévient le prodige que Jackie portera bel et bien la magnifique

1. Entretien avec l'auteure.

toilette préparée en son honneur. À ce moment-là, Givenchy a enfin pu répondre aux journalistes.

Jacqueline ferme les yeux. Dans quelques instants, *Air Force One* va atterrir. Comme le carrosse de Cendrillon, la magie va prendre fin. Son prince est mort. Elle va quitter son palais.

Tout ce faste… C'est en France qu'elle l'a vraiment découvert. Cette tenue, à Versailles, est l'une des plus somptueuses robes du soir qu'elle ait jamais portées. Ivoire, en soie brodée de perles fines. Majestueuse, la First Lady illumine la galerie des Glaces. Elle a aussi demandé à être coiffée par le génie de la fibre capillaire, le grand Alexandre, que la jet-set s'arrache. Les journaux français s'enflamment : « C'est un hommage à toute la mode française que vient de rendre avec éclat la première dame des États-Unis[1]. »

Jackie se souvient soudain de sa première rencontre avec Givenchy. Elle lui avait fait donner rendez-vous à l'ambassade des États-Unis, place d'Iéna. Elle voulait dès le lendemain le féliciter pour ce succès. Arrivée en voiture officielle, avec le drapeau américain à l'avant du véhicule et accompagnée de voitures et de motos pour l'escorter, elle avait attiré les passants qui cherchaient à l'apercevoir sortir de sa limousine. Le jeune Hubert de Givenchy est déjà là. Pour le surprendre et l'amuser, tout sourire, Jackie arrive droit sur lui en jouant les mannequins, défilant lentement dans le manteau rose qu'il lui a aussi confectionné. En riant, elle fait un demi-tour sur elle-même et prend la pose. De sa voix suave, elle lui lance en français, avec son léger accent américain :

— Mon mari m'a dit que j'étais très bien habillée.

Enchantée de son triomphe la veille à Versailles, elle avait déjà pris la peine de lui écrire un petit mot bien tourné :

1. *Jours de France*, 10 juin 1961.

— Avec les compliments du Général !

Il est vrai que Charles de Gaulle, d'habitude peu amène, a fait montre d'une amabilité exceptionnelle. Étonnamment, seule Jackie l'avait déjà rencontré, l'année précédente, lors d'une réception à l'ambassade de France à Washington. John était alors en campagne dans l'Oregon[1]. L'ancienne étudiante en littérature française, très francophile, n'avait pas hésité à s'entretenir dans la langue de Molière avec le Général. Sans oublier de lui laisser entendre, au passage, combien Jack l'admirait. La femme du sénateur Kennedy, candidat à la Maison Blanche, voulait que cette rencontre serve son mari.

Une entrevue furtive que le président français n'a pas oubliée. Jackie s'en est tout de suite rendu compte. Dès le premier déjeuner à l'Élysée, elle a repris sa conversation érudite avec le Général. Ses questions intelligentes le surprennent :

— Qui avait épousé la fille de Louis XVI ? Le duc d'Angoulême ? A-t-elle eu des enfants ?

En voyant sa femme subjuguer cet homme austère, Jack est ravi. Voici de Gaulle qui se tourne vers Kennedy et lui lance :

— Mrs Kennedy connaît mieux l'histoire de France que la plupart des Françaises !

Un mois avant ce voyage, le tout nouveau locataire de la Maison Blanche avait pourtant reçu un rapport confidentiel de la CIA décrivant le patron de l'Élysée comme « impénétrable, inaccessible aux idées des autres ». D'autant que JFK est dans ses petits souliers. Le fiasco de la baie des Cochons a eu lieu un mois avant. Cette tentative d'invasion militaire de Cuba a fait de lui la risée des grands de ce monde. Pour Jackie, si francophile, c'est l'occasion

1. Jacqueline Kennedy, *Avec John F. Kennedy*, *op. cit.*

idéale d'aider John à redorer son blason auprès de ses alliés historiques.

Jackie se souvient de ces moments extraordinaires. Malgré son chagrin, elle repense à cette soirée magique à Versailles. La table était dressée avec de la vaisselle en or, la nappe couverte de broderies. Elle qui n'était à la Maison Blanche que depuis quatre mois s'était dit que l'étiquette savait mettre l'Histoire en valeur. Tous ces symboles disséminés çà et là, comme l'encrier de Napoléon posé juste devant eux, l'impressionnent particulièrement. Mais elle joue aussi sa carte auprès du Général, auquel elle parle dans son français impeccable. Malgré son âge, elle le trouve très courtois, très galant avec les femmes. Elle a tout de suite compris qu'elle l'intéressait. Ce qui n'est pas le cas de Kennedy avec Yvonne de Gaulle. Elle se souvient bien de cette pauvre femme qui paraissait si fatiguée à force de multiplier les visites officielles. Assis à ses côtés, JFK devait s'évertuer à trouver un sujet de conversation. Il avait raconté à Jackie avoir tenté d'évoquer la nappe, « absolument magnifique », à quoi Mme de Gaulle avait répondu, épuisée, que « celle du déjeuner était mieux », coupant court sans le vouloir à cette tentative de discussion. Jack avait alors répondu :

— Oh...

Et le silence était revenu, plus pesant encore !

De la France, l'Américain ne connaît pas grand-chose. Difficile d'embrayer sur un autre sujet. *Paris Match*[1] résume assez bien l'étendue de sa science en la matière : « Cézanne, Fragonard, Salinger[2] et sa femme. »

---

1. *Paris Match*, 3 juin 1961, article de Stéphane Groueff et Walter Carone.
2. Pierre Salinger, dont le grand-père était breton, est marié à une Française et est parfaitement bilingue.

C'est donc Jackie qui mène le bal et tente de mettre en valeur l'équipe de son mari. Elle se souvient notamment du Général lui demandant d'un air impérieux en désignant Bundy, le chef du Conseil de sécurité nationale[1] :

— Et qui est ce jeune homme ?

Elle l'avait alors présenté en soulignant ses brillantes études à Harvard. Le président français se penche vers lui, bredouillant, dans un français très lent, quelques mots sur la prestigieuse université. À quoi Bundy avait répondu poliment dans un français superbe. Jackie était ravie : leur camp avait marqué un point !

Et pour en marquer d'autres, la First Lady accepte ce qu'elle refuse catégoriquement aux États-Unis : jouer les « dames patronnesses ». Elle accompagne Mme de Gaulle boulevard Brune pour visiter une pouponnière. Le lieu avait été pris d'assaut par les spectateurs. Mme de Gaulle, une femme réservée qui n'aime rien moins que l'agitation, avait été horrifiée par le monde venu pour Jackie.

Une pouponnière... autant dire une corvée ! Jackie, à bord d'*Air Force One*, jette un œil à Clint Hill. Elle se souvient de la tête de son garde du corps, pantois ce jour-là de la voir se laisser approcher par ces nombreux admirateurs, elle qui déteste la foule. Puis il avait été abasourdi de l'entendre discuter avec un tel naturel de sujets qui l'enquiquinent en réalité profondément. Mais Paris valait bien une pouponnière... Au fond, cela lui avait permis aussi de se promener. En passant boulevard du Montparnasse devant une bouche de métro rococo, n'a-t-elle pas déclaré spontanément à Yvonne de Gaulle :

1. McGeorge Bundy est un républicain, doyen de l'université de Harvard, choisi par John Kennedy car il est considéré comme le meilleur conseiller à la Sécurité nationale. Il sera l'un des « faucons » de John F. Kennedy, puis de Lyndon B. Johnson.

— Voilà, je me sens chez moi[1] !

Ce qui n'était pas faux. Cela lui rappelait tant son année d'études en France. Une parenthèse enchantée. D'abord étudiante à Grenoble, la région de la famille Bouvier du côté paternel, puis à la Sorbonne, Jacqueline a aimé cette année-là plus que n'importe quelle autre. Dans ce pays de culture et de patrimoine, elle a appris à ne pas avoir honte d'une sincère passion pour les études, pour les livres, pour l'Histoire. Auparavant, elle avait toujours essayé de cacher cette dangereuse inclination pour les lettres, poussée en cela par sa mère qui redoute les filles trop intellectuelles, mal vues aux États-Unis ! Paris lui a permis de revenir plus sûre d'elle et de cultiver sans rougir son penchant pour l'Europe, toujours vif.

Pour permettre à la jeune Jacqueline d'effectuer cette année de césure, sa mère avait contacté l'une de ses amies parisiennes, la comtesse de Renty. Jackie avait donc été logée dans les beaux quartiers, avenue Mozart, dans le XVIe arrondissement. Malgré cette belle adresse, c'est un choc pour l'Américaine, car la France de 1948 ne s'est pas encore remise de la guerre. Les restrictions sont nombreuses, surtout point de vue chauffage. Pour lutter contre le froid, dans sa petite chambre, elle reste au lit et travaille sous les couvertures. Au mur, des photos de sa mère, de sa sœur Lee, de ses *boy-friends* américains. Loin d'être une égérie de la mode, elle porte encore des jupes de lainage écossais, des pull-overs simples avec un petit collier de perles. L'élégante Mme de Renty lui explique que son maquillage est maladroit. À cette époque, Jacqueline a l'œil sur ses dépenses : sa mère et son beau-père sont pingres et son père tire le diable par la queue… À la fin de son séjour, elle ne s'est offert que deux robes de Jacques Fath en solde.

---

1. *Jours de France*, n° 342, 3 juin 1961.

Malgré son humour et son sourire, elle ne se laisse pas apprivoiser. La famille de Renty la trouve aimable, pas enfant gâtée pour deux sous, mais toujours distante. Si elle semble très accessible, à l'américaine, elle est inatteignable.

Un reproche qu'on lui fait sans arrêt, aujourd'hui encore. Au fond, elle est toujours la même qu'à Paris : si elle sort beaucoup, à force d'être invitée au théâtre, au restaurant et dans des soirées mondaines, elle n'en demeure pas moins très casanière. Elle aime voir des visages nouveaux, mais ne trouve pas désagréable de rester à la maison, de dessiner et de lire, toute seule.

Très secrète, elle ne laisse rien percer de sa vie privée. Elle ne cite jamais le nom de ses soupirants, pas même à la charmante Claude, la fille de Mme de Renty, avec laquelle elle s'est liée d'amitié. Malgré cette discrétion, elle crée des relations solides. La preuve, lors de la soirée de gala à Versailles, elle se souvient avoir retrouvé avec plaisir l'un de ses *boyfriends*, Paul de Ganay, un joueur de polo membre du gotha parisien. Évidemment, il ne l'avait pas oubliée ! Elle avait aussi demandé à son staff de faire inviter son amie Claude aux soirées données par l'Élysée.

Souhaitant se remémorer ces belles années, elle a exigé des équipes de la Maison Blanche de pouvoir faire un petit tour incognito dans Paris. À bord d'une voiture banalisée, elle a profité de l'entretien de John et de Gaulle, en tête à tête, pour retourner, en coup de vent, sur les lieux qu'elle a aimés dix ans plus tôt. Jamais elle n'aurait alors imaginé revenir à Paris telle une princesse ! Devenir First Lady lui aura permis de réaliser des rêves fous. Comme celui de rencontrer son mentor, Malraux. Lorsque Nicole Alphand[1],

1. L'épouse d'Hervé Alphand, ambassadeur de France aux États-Unis, auquel les Kennedy sont très liés.

l'épouse de l'ambassadeur de France aux États-Unis, lui avait demandé si elle avait des souhaits précis pour ce déplacement en France, elle avait formulé un seul et unique vœu : rencontrer l'auteur de *La Condition humaine*. Elle se souvient avoir dévoré l'ouvrage, comme tous les autres livres du ministre de la Culture par la suite. Son histoire personnelle, son passé dans la Résistance et ses sympathies humanistes l'avaient attirée. Mais c'est surtout sa conviction qu'architecture et art peuvent élever la société qui l'avait séduite. Un homme capable d'écrire : « La culture est la somme de toutes les formes d'art, d'amour et de pensée, acquises au cours des siècles, qui ont permis à l'homme d'être moins asservi », un tel homme ne pouvait qu'être fascinant ! Depuis toujours, elle a appris de son père, Black Jack, que la beauté et l'art ne sont pas des accessoires, mais des éléments essentiels de la vie. Cette vision du monde portée par le philosophe ne pouvait que la séduire.

Elle n'a pas boudé son plaisir en apprenant qu'il avait immédiatement donné son accord.

Une rencontre à un mauvais moment. Quatre jours avant leur arrivée, les deux fils de Malraux avaient trouvé la mort dans un accident de voiture. À la réception donnée le premier soir, à l'Élysée, elle se souvient avoir été très surprise de le voir malgré ce drame. Les portes se sont ouvertes tout à coup, et deux corbeaux, Madeleine et André Malraux, sont entrés, le visage blanc et bouffi par les larmes. Le ministre, naturellement couturé de tics, est plus que jamais soumis à leur dictature. Un spectacle très impressionnant. Leur arrivée avait jeté un froid. Mal à l'aise, Jackie s'était soudain sentie responsable de leur présence. Rencontrer Malraux était la seule chose qu'elle avait demandée... Elle s'était alors dit que les Français étaient impitoyables en matière de protocole.

Jackie avait pourtant écrit un mot à André Malraux pour lui proposer d'annuler leur rencontre. Mais le ministre de la Culture avait tenu à honorer ses engagements. Comme prévu, le lendemain, le ministre l'avait emmenée au Jeu de paume, puis à la Malmaison. Sur le moment, elle a eu l'impression que cette sortie lui avait fait du bien. Elle espérait tant l'entendre lui commenter les œuvres d'art qu'elle connaissait déjà pour apprendre de nouvelles choses grâce à lui. À sa grande surprise, il avait vraiment préparé la visite, faisant placer *La Naissance de Vénus* de Bouguereau et l'*Olympia* de Manet côte à côte pour qu'elle puisse les admirer ensemble. Une attention délicate. André Malraux, si bourru, avait été flatté de sa demande.

Très vite, le courant passe et ils discutent à bâtons rompus des impressionnistes, de culture et d'histoire. Lors de la visite au château de la Malmaison restauré par l'impératrice Joséphine, c'est Napoléon et sa vie de couple qui sont au cœur de leurs échanges. Une communion intellectuelle immédiate s'instaure entre la princesse de l'Amérique et le prix Goncourt 1933. Outre la culture, ils partagent un sens de l'humour aiguisé.

— Que faisiez-vous avant d'épouser John Fitzgerald Kennedy ? lui demande Malraux.

— J'étais pucelle ! répond-elle du tac au tac.

Malraux a la chance de rencontrer la vraie première dame, et non l'image lisse qu'elle donne aux médias pour plaire au plus grand nombre. Il découvre que, outre sa culture et son coup de crayon de caricaturiste, elle sait très bien imiter les gens, les chefs d'État notamment. Leur accent, leur façon de parler. Comme beaucoup d'autres, Malraux n'aurait jamais imaginé cette femme avoir un tel esprit et une telle fantaisie. On lui a souvent dit, en privé, qu'elle aurait été terrible si elle n'avait pas été drôle. En effet, elle est aussi élégante, digne et distante en public qu'elle sait être décontractée, espiègle et irrévérencieuse en privé.

Mais, encore une fois, Jackie pense à sa fonction de première dame. Depuis son arrivée à la Maison Blanche, elle réfléchit à ce qu'elle peut apporter au niveau culturel. Elle n'a qu'un objectif : permettre à l'Histoire américaine d'acquérir ses lettres de noblesse. Mieux, elle consulte Malraux sur la possibilité de créer un équivalent américain du ministère de la Culture. Des conseils précieux aussi, pour la rénovation de la Maison Blanche qu'elle a décidé d'entreprendre. Si elle rêvait de rencontrer André Malraux à titre personnel, elle a tout de suite compris que cette relation était précieuse pour son pays. Afin de le remercier de son amabilité, elle lui écrit après cette visite : « Pendant toutes ces années passées à lire vos livres, je n'aurais jamais espéré vous entendre un jour les prononcer. »

Comme auprès de Charles de Gaule, elle a marqué des points. Malraux est conquis. Mais la plus grande réussite de ce voyage, Jackie a toujours pensé que c'était le fait d'avoir impressionné John. Dès leur arrivée, accueillis par ces milliers de Parisiens, il avait reconnu l'effet « Jackie ». Il avait aussi noté que le Général s'était nettement déridé entre leurs deux entretiens : le premier avant le déjeuner avec Jacqueline, le second après avoir discuté avec « la charmante Mrs Kennedy ». Au sortir de ce rendez-vous, l'Américain avait confessé que tout s'était bien passé, « sans doute grâce à sa charmante épouse ». Juste après, lors de sa conférence de presse, il avait d'ailleurs lancé :

— Je pense qu'il n'est pas inutile que je me présente. Je suis l'homme qui a accompagné Jackie Kennedy – et j'ai adoré.

Derrière la boutade, cette phrase avait été une manière de la remercier et de souligner publiquement son mérite. Ce matin, lors de son discours à Fort Worth devant les membres de la chambre de commerce, il avait d'ailleurs répété son bon mot devenu un gimmick de campagne... Il l'aurait certainement répété à Dallas s'il était arrivé à Trade Mart. À cette pensée, les yeux de Jackie s'embuent.

Il ne le dira plus jamais. Elle ne sera plus jamais la First Lady ovationnée.

Il est 17 h 58, *Air Force One* atterrit sur la base aérienne d'Andrews. Le dernier déplacement du couple Kennedy s'achève.

12

L'autopsie

Il fait déjà nuit noire. Sur le tarmac de la base militaire d'Andrews, à trente kilomètres du Capitole, Robert Kennedy, dévasté de chagrin, n'a qu'une envie : retrouver Jackie, la seule personne qui puisse vraiment partager et comprendre sa douleur. À peine la passerelle avant arrimée, il saute, livide, dans l'avion. Sans même jeter un regard au nouveau président, l'attorney général se dirige machinalement vers le fond de l'appareil, poussant les passagers déjà debout pour sortir. Tel un automate, il se fraie un passage dans le couloir et fonce droit sur elle.

— Salut, Jackie. Je suis là.

Pour la première fois de la journée, la First Lady retrouve un visage ami.

— Oh, Bobby... !

Ils tombent dans les bras l'un de l'autre. Elle sait que le jeune frère de John est aussi effondré qu'elle.

Pendant ce temps, le nouveau président Lyndon Johnson est attendu pour sa première déclaration publique. Les micros ont été installés sur le tarmac. Humble et grave, l'ex-vice-président de Kennedy déclare :

— Je ferai de mon mieux. C'est tout ce que je peux faire. J'ai besoin de votre aide et de celle de Dieu.

Lady Bird, à ses côtés, tient son sac à main noir au bout de ses bras, les épaules rentrées. Elle a pris soin de remettre son chapeau en place avant de quitter l'appareil. C'est elle à présent la nouvelle First Lady que le monde regarde. Trois mots, et déjà l'hélicoptère présidentiel les fait rejoindre la Maison Blanche. Les affaires d'État n'attendent pas.

Les caméras continuent de tourner pour retransmettre ce moment historique. En direct, avant même le discours de Johnson, les téléspectateurs ont découvert les images du cercueil, délicatement transporté hors de l'appareil par les fidèles de JFK et suivi à pas lent par un drôle de couple. Robert Kennedy et sa belle-sœur semblent seuls au monde, unis par la même détresse. Ils paraissent si jeunes et si fragiles, se tenant par la main pour se donner du courage, les yeux rivés sur le cercueil, leur seul point d'attache. C'est une image poignante – cette femme, sans gants et la tête découverte, ravissante malgré le masque de tristesse qu'elle porte, s'approchant du corbillard. Sa jambe droite est encore couverte du sang séché de son mari qu'elle n'a pas voulu nettoyer.

L'ex-première dame et son beau-frère montent dans l'ambulance militaire avec la dépouille du président. Ils n'ont rien entendu du discours de Johnson. Ce n'est pas leur problème. Ils doivent supporter une autre épreuve. Direction le National Naval Medical Center à Bethesda, où les médecins vont procéder à l'autopsie du corps de Kennedy. Pour les conduire dans cet endroit lugubre, Jackie a demandé à ce que Bill Greer, l'agent qui conduisait la Lincoln ce matin, soit à nouveau leur chauffeur. Elle veut que ce soit les amis de John qui le transportent.

Assise dans le véhicule, elle est incapable de dire un mot. Après un long silence, Bobby se lance. Il lui apprend qu'un suspect a été arrêté. Il s'était caché dans une salle de cinéma après avoir tué un policier à Dallas. Il travaillait au Texas School Book Depository, le bâtiment d'où sont partis les coups de feu. Le dernier grand building longé par la Lincoln avant le drame. Il s'appelle Lee Harvey Oswald. Il a vingt-quatre ans. Ce serait un communiste ayant agi seul. Jackie le regarde, éberluée. Elle s'était imaginé une raison d'État pour justifier la mort de Jack. Un vaste complot, peut-être international, une vengeance de la mafia ou une action des opposants aux droits civiques qu'il était en train de mettre en place. Rien de cela. Son mari a été tué par un déséquilibré. Cette nouvelle vient la meurtrir un peu plus. Bobby, aussi sous le choc, lâche dans un souffle qu'il ne s'attendait pas à cela non plus. L'interrogatoire a commencé. On en saura plus très vite.

Jackie est de nouveau prostrée. Après un long silence, elle se reprend. Au fond, cela ne change rien. Mais elle supplie son beau-frère de ne pas lui en dire trop, elle ne veut pas savoir. S'intéresser à l'enquête, ce serait découvrir les rapports ambigus de son mari avec la mafia. Même s'il n'a jamais été en lien direct avec ces malfrats, elle ne veut pas découvrir le dessous des cartes. Pour elle, l'important n'est pas de savoir qui a tué Jack, mais de faire vivre sa mémoire à jamais. D'honorer son action à la tête de l'Amérique. Telle est sa mission. D'ailleurs, il faut que Robert lui trouve rapidement les coordonnées de l'épouse du policeman tué par ce Lee Harvey Oswald. Elle veut lui présenter ses condoléances. La douleur de cette veuve ne vaut pas moins que la sienne.

Elle lui raconte le drame, l'hôpital puis *Air Force One*. Elle regrette tellement de s'être nettoyé le visage avec un Kleenex avant que Johnson prête serment ! Pour elle, il y a une marge étroite entre la tragédie et l'Histoire. Après un silence, elle répète :

— J'aurais dû garder le sang sur mon visage.

Robert la console. Elle a été parfaite. Tout le monde a vanté sa dignité aujourd'hui.

Elle l'interroge sur ce qui va se passer à présent. La machine étatique est en marche. D'après Bobby, la dépouille du président sera rapatriée à la Maison Blanche le lendemain, samedi, puis présentée au public dimanche dans la rotonde du Capitole. Le porte-parole l'a annoncé en fin de journée.

Elle s'insurge. Comment ? On ne lui a rien demandé ? Si elle ne réagit pas très vite, rien ne se fera selon ses volontés. Ils ne mettront pas en valeur la carrière de John ! Elle seule le connaît et sait ce qu'il aurait souhaité. C'est auprès d'elle qu'ils doivent se tourner ! Robert tente de la calmer. Oui, les autorités militaires ont commencé à préparer les funérailles nationales, c'est normal. Les dignitaires ont en ce moment rendez-vous à la Maison Blanche avec Sargent Shriver, le mari d'Eunice, une des sœurs Kennedy. Une bonne nouvelle qui rassure Jackie ; son beau-frère sera un allié pour appuyer ses demandes.

L'ambulance arrive à Bethesda. Jackie et Bobby montent au dix-septième étage de l'hôpital. Une grande partie du clan Kennedy est là. Le temps de saluer les militaires en charge de cette procédure, et la jeune veuve retrouve sa mère, Janet, venue la soutenir. Une présence qui la réconforte même si Jackie reste cloîtrée dans sa douleur. Elle n'a jamais eu de liens très intimes avec cette femme froide, très attachée aux conventions. Mais elle est là. Sa sœur Lee et son mari, le prince Radziwill, sont aussi en route. Ils ont quitté New York et vont s'installer à la Maison Blanche jusqu'aux funérailles. Une question reste en suspens : les enfants.

Sa mère, gênée, lui demande si elle veut leur annoncer la terrible nouvelle elle-même. Les larmes aux yeux,

Jacqueline pense à Caroline et à son petit frère. Il aura seulement trois ans dans trois jours. Le lundi 25 novembre… Jackie a appris que c'était le jour pressenti par les autorités pour les funérailles du chef de l'État. La vie est cruelle. Le jour de ses trois ans, le petit John-John enterrera son papa qu'il aura à peine connu. Jack ne lui apprendra jamais à barrer un bateau, à jouer au base-ball. Il ne lui racontera pas ses exploits pendant la guerre du Pacifique. Avant de partir pour le Texas, le petit garçon était triste de voir ses parents le laisser. Jack l'avait réconforté en lui promettant de rentrer pour son anniversaire…

Les larmes inondent son visage. Elle déteste pourtant se laisser aller, même devant sa famille. Mais, cette fois, la femme modèle pleure sans retenue. C'est si rare. Depuis toute petite, elle a appris à cacher ses sentiments, à rester digne. Comme le jour de son mariage. Alors que le monde entier la jalousait, la vie était venue ternir ce tableau idyllique. Black Jack, le père tant aimé de Jackie, n'avait pas supporté l'idée de retrouver cette haute société qui l'avait chassé après sa faillite. Depuis longtemps, il forçait sur la bouteille. La veille de la noce, pris de panique, il enchaîne les verres. Le lendemain, ivre mort, il est incapable de conduire sa fille à l'autel. Enfermé dans son hôtel, il n'a même pas assistée à la cérémonie. Comme toujours, Jacqueline n'avait rien laissé paraître. Pourtant, depuis l'enfance, elle s'était imaginé entrer dans l'église au bras de son papa chéri. La petite princesse de l'Amérique n'aura pas bénéficié de ce privilège. Comme à son habitude, elle avait parfaitement caché sa tristesse derrière un sourire sans faille.

Que dire aux enfants ? La vérité. Il est déjà tard, ils sont sûrement couchés. En attendant qu'elle leur explique elle-même demain, Maud Shaw, la nurse, est chargée de prévenir la petite Caroline que son papa n'est plus. À bientôt six ans, elle a le droit de savoir.

Jacqueline, sous le choc, ne sait plus quelle priorité donner à tous ces malheurs. L'important, pour l'instant, c'est cette horrible autopsie. Un acte qui la révulse et l'épouvante. Dans un coin, à l'abri des regards, Robert Kennedy lui promet qu'il a déjà préparé le terrain. Qu'elle se rassure, les résultats seront tenus secrets. Lui aussi sait que ce corps renferme des informations que le monde ne doit pas connaître.

Jackie lui explique vouloir préserver l'image de jeune président dynamique et plein de vie. Personne ne doit connaître la vérité. Elle veut cacher ses maux d'estomac, ses graves problèmes de dos, sa maladie d'Addison. Elle l'a toujours connu sous cortisone et stéroïdes. Il a tant souffert. Ce qu'elle veut dissimuler surtout, ce sont les potions du Dr Feelgood. John a eu vent de ce médecin ouvert aux « nouvelles techniques ». À New York, ses riches clients se refilent son numéro sous le manteau, car il fait des miracles. Dès les premiers déplacements à l'étranger du président, le toubib a été embarqué incognito à bord d'*Air Force One*. Dopé comme un coureur cycliste, le malade se sent plus en forme que jamais, prêt à en découdre. Très vite, ses proches se sont inquiétés de le voir se faire injecter ces amphétamines à haute dose.

— Je me fiche de savoir si c'est de la pisse de cheval, ça marche ! rétorque le président aux inquiets.

Depuis trois ans, et sans même savoir comment son patient réagirait à ces drogues, le bon docteur lui a administré des doses massives. Évidemment, le médecin légiste va découvrir ce cocktail miracle.

À mots couverts, elle explique à Bobby qu'elle ne craint pas seulement cela. Cette autopsie, c'est aussi la dissection de leur vie de couple. Les médecins vont certainement découvrir des choses intimes. Tant d'éventuelles maladies liées à ses infidélités ! Or, le monde entier en sait déjà trop. Robert, encore une fois, lui assure que tout restera protégé par le secret médical. Il tente d'apaiser ses angoisses. Enfermée dans une pièce, elle allume une cigarette pour se relaxer. Lentement, les yeux perdus dans le vague, elle tire sur sa L&M. Crispée, elle repense à ces moments de souffrances.

Elle a beau se définir comme une bonne épouse japonaise, elle n'a jamais supporté tout cela. Tout cela ? Des secrétaires, des stagiaires, des prostituées, des actrices, des chanteuses... Pour quelques minutes, quelques heures, parfois plusieurs années, mais toujours mêlées à des dizaines d'autres. Elle se demande comment elle va pouvoir préserver son image de « bon fils, bon mari, bon père ». Ces femmes risquent un jour de vouloir témoigner, se vanter d'avoir été l'une des maîtresses de Kennedy. Comme cette Judith Campbell Exner. Jacqueline a cru savoir qu'elle est la maîtresse officielle du mafieux Sam Giancana et qu'elle serait venue plusieurs fois à la Maison Blanche. C'est ce voyou de Frank Sinatra qui les avait mis en « relation ». Sinatra et John ont toujours été des copains de virées nocturnes, avec l'acteur Peter Lawford, le mari de Patricia, l'une des sœurs de John...

Combien de fois Jackie a-t-elle trouvé les effets personnels de ces femmes dans leurs appartements privés ? Toutes ces filles accueillies à la Maison Blanche sans la moindre fouille au corps... du moins par le service de sécurité. Elle sait aussi que la piscine surchauffée de la résidence, où il était censé nager régulièrement pour soulager son dos, est un lupanar. Il allait y faire ses exercices avec des secrétaires, des stagiaires. Comme la petite stagiaire Mimi Alford[1]. Une mineure ! Toutes lui ont été présentées par ses collaborateurs. Depuis toujours, ils ont joué les rabatteurs. Bien avant qu'elle ne devienne Mrs Kennedy.

La douleur d'être trompée par l'homme qu'elle aime. La morsure aiguë de la jalousie. Sans oublier le fait d'être la dernière informée et au centre des commérages.

Pour Jackie, si pudique, si attachée à laisser transparaître une image parfaite d'elle-même, le jugement des autres est un poison. À la Maison Blanche, pas de secret possible. Tout se sait. Elle a tant lutté pour faire bonne figure devant les gardes du corps, les employés… Sentir leur regard parfois plein de pitié est un calvaire. Elle a eu tellement honte. Surtout devant son cher J. B. West, l'huissier avec lequel elle est le plus proche. C'est lui qui est chargé de consigner officiellement tous les visiteurs admis dans les appartements privés. Combien de fois a-t-elle vu son regard triste en l'apercevant ? Pour ne pas trahir de secret, il baissait les yeux, mais elle n'avait aucun doute et comprenait qu'il s'était passé bien des choses en son absence.

Ce dont elle a le plus souffert, ce n'est pas toutes ces femmes extérieures, secrétaires, stagiaires ou autres, mais les membres de leur cercle. Comme ce soir ! Quelle n'a pas été sa surprise en voyant la porte de l'ascenseur de l'hôpital s'ouvrir et laisser sortir un de leur couple d'amis, les Bradlee. Ben est rédacteur en chef du *Washington Post* et Tony est la sœur de Mary Pinchot Meyer, très en vue à Washington. Mary Pinchot Meyer, régulièrement invitée à la Maison Blanche et contre laquelle Jackie ne peut rien.

1. Mimi Alford, *Once upon a Secret. My Hidden Affair with JFK* (« Jadis un secret. Ma liaison avec le président John F. Kennedy »), Random House, 2012.

Cette peintre qui gravite dans la haute société de Washington, divorcée d'un agent de la CIA. Qu'est-ce qui se passait dans la tête de son mari ? John l'a côtoyée sans la regarder pendant des années. Un jour, pourtant, cette femme de quarante ans lui a tapé dans l'œil. Jacqueline l'a vu la courtiser lors de certaines soirées à la Maison Blanche et s'émoustiller de ses refus. Dans les cocktails mondains, Jackie a entendu des rumeurs : la rebelle se targue d'avoir fait fumer des joints au président, à la Maison Blanche ! Elle l'aurait même initié à l'ecstasy et au LSD... en vantant leurs effets sur la libido. En repensant à tout cela, Jackie serre les dents. Elle écrase violemment sa cigarette dans le cendrier. Par réflexe, elle regarde l'horloge.

Il est maintenant 21 heures. L'autopsie a commencé à 19 h 30. À ce moment-là, sa mère la rejoint dans la petite pièce où elle se tient recluse. L'ex-Mme Bouvier a elle aussi bien connu cette souffrance. Cette vie de femme trompée. Le père de Jacqueline était connu à New York pour ses conquêtes. Une fois, lors d'une compétition d'équitation, la presse mondaine avait publié un cliché particulièrement choquant : Janet Bouvier regardant les chevaux au loin, de dos juste devant son mari, lui-même tenant amoureusement la main de sa maîtresse. L'humiliation de trop. Mme Bouvier avait immédiatement demandé le divorce. Cette photo, Jackie se souvient l'avoir souvent contemplée quand elle était petite. Combien de fois a-t-elle regardé avec tristesse sa mère sur le cliché, si innocente, si gaie, loin d'imaginer ce qui se trame derrière son dos. Dès les premières infidélités de John, elle s'est imaginée sur la photo... Son innocence aussi s'était envolée. Dans ces moments difficiles, elle aurait pu chercher l'écoute de sa maman. Mais elle savait trop ce que sa chère mère allait lui dire :

— Je t'avais prévenue.

Elle s'est rarement épanchée sur son épaule. Trop fière. C'est par les commérages que Janet avait vent des derniers exploits de John. Rapidement, cette femme de la très haute société de la côte Est, éclaboussée par ce manque d'égard envers sa fille, avait rencontré les parents Kennedy. Leur fils devait à tout le moins faire montre d'un peu plus de discrétion ! Cela n'a pas eu beaucoup d'effet. Ce soir, l'ex-Mme Bouvier, devenue Mrs Auchincloss, voudrait bien porter secours à sa fille, mais il n'y a rien à faire. Drapée dans son chagrin, Jackie est inaccessible. Janet lui demande si elle compte faire dire une messe le lendemain. Jackie la regarde et lui demande d'organiser cela au plus vite. Une messe à 10 h 30. Il faut prévenir les proches. Elle réfléchit et, retrouvant sa vitalité de femme de trente-quatre ans, elle exige que deux prêtres veillent le défunt jusqu'aux obsèques. Aussitôt, Janet embrasse sa fille et part s'atteler à la tâche.

Le temps de raccompagner sa mère à la porte, et déjà Jackie replonge dans ses pensées. Que va-t-elle devenir ? Où aller ? Est-ce qu'elle pourrait récupérer leur ancienne maison de Georgetown ? Au moment de son élection, Jack s'était demandé pourquoi la vendre, parce qu'ils y retourneraient peut-être un jour... Pour l'heure, l'idée de retourner dans sa chambre de la Maison Blanche l'angoisse. Elle a tellement peur d'oublier Jack, que le monde entier l'oublie !

Pour que cela n'arrive jamais, il faut des funérailles fastueuses. Même pour les enfants ! S'ils sont éblouis, ils n'oublieront jamais leur père. Mais il faut savoir leur raconter une belle histoire, où elle jouerait le rôle principal. Pour sauver son honneur, pour ne pas être seulement considérée comme la femme trompée, elle doit revêtir les habits d'une *mater dolorosa*. Elle doit se tenir au-dessus de la mêlée. Alors, enfin, elle sera lavée de ces commérages. Personne ne pouvait comprendre la force de leur amour malgré ces écarts de conduite. En restant digne jusqu'au bout, elle forcera le respect de tous.

En épousant Jack, elle avait eu l'impression de grimper sur un piédestal, d'être protégée de tout. C'était compter sans les ragots ! Un enfer. Son briquet fermement serré dans sa main, elle secoue la tête, épuisée. Elle n'avait pas imaginé cela avant d'épouser son beau sénateur. Le temps d'un soupir, elle écrase mécaniquement une énième cigarette et en porte une nouvelle à ses lèvres. En laissant sortir lentement la fumée de sa bouche, elle analyse les faits et se souvient de ses stratégies. Malgré les preuves accumulées, elle ne voulait pas y croire. Pour vérifier ses soupçons, elle a tenté de ruser... ce qui l'a souvent fait souffrir encore plus. Elle se souvient de ce fameux dîner où elle avait invité Mary Pinchot Meyer, le soir de l'intervention télévisée de JFK, point d'orgue de la crise des missiles de Cuba. Ce dîner d'octobre 1962 après lequel Benno Graziani leur avait fait des œufs brouillés en fin de soirée. Jackie avait eu l'impression que Jack ne lui avait pas fait les yeux doux. Elle s'était rassurée. Oui, c'était bien elle, Jacqueline, qu'il aimait. En ces circonstances exceptionnelles, cette fin du monde qui semblait si proche, il n'avait plus pensé à une autre, c'était sûr... Quelle idiote ! Elle qui était prête à mourir à ses côtés avait découvert bien après que l'imminence d'une guerre mondiale n'avait rien changé. Même durant cette semaine d'apocalypse, Mary Meyer était sa rivale. John avait fait ajouter son nom, au tout dernier moment, sur la liste des personnalités à protéger dans l'abri nucléaire de la Maison Blanche.

Cette découverte l'avait profondément ébranlée. Plus encore que lorsqu'elle avait appris pour Marilyn Monroe, six mois avant la crise des missiles. C'était lors de l'anniversaire de John au Madison Square Garden. « La chanteuse a fait l'amour avec le président devant quarante millions d'Américains », avait écrit l'échotière de Broadway Dorothy Kilgallen. Évidemment, pour se faire encore plus mal, Jackie avait lu tous les comptes rendus de la presse. Déjà informée depuis longtemps de cette liaison, elle avait évité de supporter cette situation en public en fuyant à Glen Ora. Les commentateurs s'étaient étonnés que Mrs Kennedy ne fût pas présente pour le quarante-cinquième anniversaire du président. Ils ont vite compris pourquoi !

C'est encore Frank Sinatra qui les avait présentés. Ils s'étaient rencontrés moins de deux ans auparavant, après la convention démocrate de juillet 1960, chez Puccini, le restaurant italien du crooner à Beverly Hills. À l'époque, elle avait appris que Marilyn était drôle et culottée, avec du charisme. Son divorce d'avec Arthur Miller l'avait ensuite déséquilibrée. Elle aurait fait de nombreux séjours en clinique psychiatrique pour des cures de désintoxication aux somnifères et à l'alcool. D'ailleurs, lors du fameux : « *Happy Birthday, Mister President* », trois mois avant sa mort, Jackie avait lu que Marilyn était en perdition. Après son chant d'anniversaire impudique, qui avait déstabilisé John, ce dernier avait enfin senti le danger. Sur scène, il avait dû remercier sa maîtresse devant les caméras braquées sur lui.

— Après une interprétation aussi délicieuse et chaleureuse de « Happy Birthday », je peux me retirer de la politique.

À son retour à la maison, Jackie lui avait fait plusieurs scènes très violentes, allant jusqu'à casser des objets. Après tout, le monde entier était au courant... alors pas besoin de se cacher du personnel de la Maison Blanche ! Elle était furieuse. Folle de rage qu'il ait pu la couvrir de honte publiquement. Pendant qu'elle se démenait pour l'aider à donner une bonne image de l'Amérique, il détruisait tout pour une actrice ! Dans ces moments, il préférait la laisser s'égosiller. De toute manière, il était incapable d'être fidèle. Il avait juste été obligé de promettre à Jackie de ne plus répondre à ses appels. Mais ce n'était pas pour lui faire plaisir : ses copains de la mafia irlandaise lui avaient dit de quitter Marilyn sur-le-champ. Trop dangereux. Le comble, c'est qu'il n'a jamais réparé les pots cassés ni subi les dommages collatéraux.

Soudain, la voix de la standardiste de la Maison Blanche, extrêmement gênée, lui revient en mémoire. Dans un souffle, elle lui avait bredouillé, un matin :

— Mrs Kennedy... ? Marilyn Monroe souhaiterait vous parler.

L'actrice avait osé, dans un état lamentable, la joindre pour lui dire qu'elle serait bientôt la nouvelle First Lady.

— Très bien, prenez ma place, et vous verrez, avait-elle répondu.

Car, à sa place, il fallait jouer les pompiers de service et faire toujours bonne figure. Ainsi, après le scandale du Madison Square Garden, elle avait dû quitter Glen Ora en hâte, regagner la Maison Blanche comme si de rien n'était, déjeuner avec les épouses de sénateurs qu'elle déteste tant et, dans la foulée, organiser une fête privée pour l'anniversaire de son mari. Le tout en informant le plus possible la presse de cette surprise familiale. Jusqu'au bout, elle devait désavouer par son action ce que des millions d'Américains auraient « mal interprété » après le chant sensuel de la sirène à peine vêtue.

En repensant à tous ces stratagèmes, Jackie se laisse glisser contre le mur. Assise par terre, elle pose son visage dans ses mains, épuisée par cette journée qui n'en finit pas. On l'a prévenue que l'autopsie durerait au moins trois heures. Mais impossible de quitter John. Elle veut rester auprès de lui jusqu'au bout, le raccompagner chez eux, à la Maison Blanche.

Soudain, on frappe à la porte. Jackie regarde l'heure à la pendule accrochée dans la pièce. Il est près de 22 heures. Déjà, des télégrammes du monde entier lui sont parvenus. On lui apporte celui du Général et de Mme de Gaulle : « L'immense chagrin qui vient de vous frapper nous émeut, ma femme et moi, jusqu'au fond du cœur. Soyez assurée que nous sommes auprès de vous par la pensée et par la prière. Le président Kennedy ne sera jamais oublié. » La reine Elizabeth II d'Angleterre lui a aussi écrit : Je suis profondément affligée d'apprendre la mort tragique du président Kennedy. Mon mari se joint à moi pour vous envoyer à vous et à votre famille l'expression de notre sympathie profonde et sincère. »

Tous ces invités d'honneur qu'il va falloir accueillir. À cette pensée, Jackie se reprend. Plus de temps à perdre. Elle doit réfléchir à cette cérémonie dans les moindres détails, comme pour les réceptions de la Maison Blanche. Elle demande un bloc de papier jaune, ceux qu'elle adore, et un crayon. L'air concentré, elle note ses idées, les unes après les autres. De sa grande écriture à boucles, apprise dans les bonnes institutions, elle édite ses consignes. Plus que jamais, il faudra avoir le sens du détail et du symbole. Elle qui connaît l'histoire américaine sur le bout des doigts veut utiliser son savoir. Immédiatement, elle exige qu'un groupe de travail soit mis en place pour étudier à la loupe l'enterrement d'Abraham Lincoln. Il faut commencer immédiatement. Elle veut respecter scrupuleusement la symbolique adoptée pour le président assassiné en 1865. Elle veut inscrire John dans ses pas et s'inspirer des grands moments de la cérémonie de l'époque. Cette cérémonie était parfaite. C'est pour cela que personne n'a oublié Lincoln. Qui se souvient des autres présidents assassinés ? Qui connaît encore James Garfield ou William McKinley ? Jack est le quatrième président américain à avoir été assassiné pendant son mandat. Comme Lincoln, il doit s'inscrire dans l'Histoire. Sans cela, il sera effacé, comme les deux précédents.

Bobby l'a prévenue : les autorités ont déjà prévu que le cercueil serait montré au public, comme le veut l'usage. Très bien, mais il sera fermé. La blessure béante sur le crâne de John risquerait de choquer et de ternir la dernière image que les citoyens auraient du président. Autre demande expresse : à la Maison Blanche, le cercueil sera transféré dans la chambre Est où, près de cent ans plus tôt, le corps d'Abraham Lincoln avait reposé. Il se trouvera également sur le même catafalque. Il faut préparer cela sur-le-champ.

À ce moment, Robert entre dans la pièce. Il est 23 heures. L'autopsie est terminée. Les médecins légistes confirment, en présence de Jackie et des membres de la famille Kennedy, les deux blessures mortelles à la tête. Il faut à présent que les spécialistes embaument le corps, ce qui va prendre des heures en raison de la blessure. On propose à Jackie Kennedy de rentrer se coucher. Pas question ! Encore une fois, elle refuse de laisser son mari. Elle a beaucoup à faire pour préparer la cérémonie dans les moindres détails. Les textes, les chants, les invités, les fleurs... Elle dit à Robert de rentrer. Lui aussi a eu une journée difficile. Qu'il ne s'inquiète pas. De toute manière, elle est incapable de dormir.

Mais lui aussi refuse de partir. Elle répète à Robert et aux proches venus la soutenir malgré l'heure tardive qu'elle doit absolument voir Sargent Shriver, son beau-frère, pour savoir ce qu'« ils » ont envisagé. Elle veut le charger de régler tous les détails sous sa direction. Cet événement national doit d'abord et avant tout être une cérémonie familiale. Elle sait que ce n'est pas le protocole, mais elle le doit à ses enfants. On vient de leur voler leur père. On ne peut pas leur voler leurs derniers adieux. Oui, ensemble, ils accompagneront le cercueil de la Maison Blanche à la cathédrale. Elle veut bousculer la tradition en imposant un cortège à pied derrière le cercueil. Elle qui connaît si bien l'histoire de son pays sait qu'il n'y a pas eu de précédent. Elle sait aussi que c'est la nation incarnée par le gouvernement qui marche derrière le cercueil. La famille est reléguée au second plan. Pas cette fois-ci !

Ces funérailles seront le dernier acte de la présidence Kennedy. Dès demain, avec la messe et la visite des proches, il faudra donner le ton. Suivront les grands personnages de la politique américaine qui viendront se recueillir devant le cercueil. Méticuleusement, comme à son habitude, elle note toutes les idées qui lui viennent à l'esprit. Comme faire revenir le régiment écossais qu'ils avaient applaudi quelques jours plus tôt avec les enfants, dans le parc de la Maison Blanche. Le petit John avait adoré les grands tuyaux des cornemuses. Il faut aussi que la Marine, où Jack a servi pendant la guerre, ait le pas sur les autres armes. Dès que le cercueil sera installé tout à l'heure dans la chambre Est, la garde d'honneur veillera le soldat. Bobby, secrétaire d'État à la Justice, s'est déjà chargé de faire venir les troupes de la 3e infanterie et des forces spéciales de l'armée. Elles ont été dépêchées à la hâte de Fort Bragg, en Caroline du Nord, car Bobby sait à quel point John tenait à ces « bérets verts ».

« Il doit entrer dans la légende. » Jack doit entrer dans la légende et s'inscrire dans l'Histoire pour toujours. Ce mot, « légende », revient sans cesse dans sa tête. C'est un martyr, comme Lincoln. L'ancien président a trouvé la mort juste après avoir gagné la guerre de Sécession. De même, John a été abattu pour les idées neuves qu'il portait, notamment les droits civiques. C'est tout cela qu'il faut montrer au monde entier. Sans s'arrêter, elle noircit son carnet de notes, page après page.

À 4 heures du matin, samedi 23 novembre, on annonce à Jackie que le corps du président Kennedy a été embaumé, son visage reconstitué. Le cercueil trouvé en urgence à Dallas par Clint Hill a été remplacé. Le président, entièrement nu, depuis l'hôpital de Dallas, a été habillé. Il est temps de rentrer. Robert est toujours à ses côtés. De même que le fidèle agent Hill. Depuis ce matin, elle n'a pas quitté son mari. Ensemble, ils vont retourner à la Maison Blanche. Alors qu'on place le corps de JFK dans l'East Room, Jackie, toujours vêtue de son tailleur rose maculé du sang de Jack, lui coupe une mèche de cheveux et replie délicatement le crêpe de soie noir qui entoure son visage. La garde d'honneur qui doit veiller le corps est en place. Le prêtre qu'elle a exigé aussi. À 4 h 30, épuisée, elle monte dans ses appartements privés du premier étage.

13

La First Lady

Dans son lit, Jackie se tourne et se retourne. Lyndon Johnson et Lady Bird ont eu beau lui dire de prendre son temps, dès l'hôpital de Bethesda elle a commencé à donner des consignes pour un déménagement rapide. Elle a réfléchi au lieu de sa future résidence et à l'école à choisir pour sa petite Caroline. Elle le sait : ce n'est déjà plus leur maison. Personne ne veut d'elle et de ses enfants plus longtemps. La preuve, Johnson a déjà demandé à Evelyn Lincoln, la secrétaire personnelle de Jack depuis plus de dix ans, d'évacuer son bureau de l'aile ouest pour qu'il puisse y installer ses filles. Lui et sa nouvelle équipe ont commencé à prendre leurs aises à la Maison Blanche.

Elle est épuisée, mais ne peut fermer l'œil. Elle a pris des cachets. Sans effet. Seule dans cette grande chambre qui ne sera bientôt plus la sienne, elle ne peut s'empêcher de retracer le fil de l'histoire. Comment tout cela a-t-il commencé ? Elle était tellement inquiète... Avant même de s'installer à la Maison Blanche, elle se souvient avoir demandé à visiter les lieux. Elle avait lu dans les journaux que la coutume voulait que la première dame fasse visiter les lieux à celle qui devait lui succéder. Manifestement, Mamie Eisenhower ne semblait pas au courant de ce rituel.

Son staff avait finalement accepté, mais avait imposé une date. C'était précisément le jour où Jackie allait sortir de la maternité.

Elle aurait dû décaler à un autre jour, mais elle se souvient ne pas avoir osé. On l'aurait prise pour une petite capricieuse. Elle venait pourtant de subir une nouvelle césarienne et avait du mal à marcher. Mais on lui avait promis une chaise roulante. Ce jour-là, Mamie Eisenhower n'avait pas eu le moindre égard. Au contraire, elle l'avait traînée d'étage en étage, pièce par pièce, sans lui proposer la moindre chaise, et tout ça devant la presse ! Elle se souvient d'être rentrée si épuisée qu'elle avait eu une crise de larmes durant deux jours par la suite. En plus, elle avait eu le cafard en découvrant cet endroit vieillot et lugubre.

Dans son lit, les yeux ouverts, Jackie comprend enfin pourquoi cette femme avait été si désagréable. Ce n'était pas particulièrement élégant de la part de Mme Eisenhower, mais on lui arrachait son logis. Aujourd'hui, elle comprend sa douleur.

Jackie se souvient bien de cette dame faisant sans cesse référence à la Maison Blanche en disant « ma maison », « mes tapis ». Durant cette visite, il y avait du venin dans l'air. Heureusement, JFK et le général Eisenhower les avaient conviées à les rejoindre. Le vieux président, au contraire de sa femme, était ravi de faire le tour du propriétaire et d'énumérer à son successeur les merveilleux joujoux qui composent le système de sécurité. Il leur avait sorti le grand jeu et avait soudain appuyé sur un bouton. Trois minutes plus tard, les hélicoptères étaient là ! Et tous s'étaient envolés pour faire un petit tour.

À peine installée à la Maison Blanche, Jackie avait rencontré tous les domestiques, donné ses consignes et remercié ceux qui ne lui plaisaient pas. Dès juillet 1960, avant même l'élection, elle avait contacté Letitia Baldridge, dite « Tish », pour en faire son bras droit « si Jack réussit ». Elle l'avait connue à l'université à Paris. Une boule d'énergie ! En pensant à la masse de travail à la Maison Blanche, elle s'était immédiatement dit : « Je ne peux pas y aller sans Tish. » Cette pro des relations publiques avait travaillé dans deux ambassades européennes. Jacqueline la charge de l'organisation des réceptions à la Maison Blanche. Car Mrs Kennedy a déjà étudié de près le protocole des dîners officiels et veut dépoussiérer tout cela.

Après sa visite avec Mamie Eisenhower, elle décide de tout refaire. Cette passionnée de décoration, qui occupe son temps libre à faire du shopping chez les antiquaires, a tout de suite une idée. Elle a été impressionnée en France par l'importance donnée au patrimoine. Elle a compris que la Maison Blanche pourrait être un puissant symbole de la démocratie, ce qu'elle n'était pas. Férue d'histoire, Jacqueline veut redonner ses lettres de noblesse à ce lieu. Elle veut une restauration complète afin d'en faire un musée de la culture américaine. Son but ? Inspirer un élan patriotique à ses nombreux visiteurs. Cette résidence doit devenir la propriété du peuple américain.

Elle a évidemment besoin d'une équipe à ses côtés. Mary Gallagher devient sa secrétaire personnelle et – fait nouveau pour une First Lady – elle exige une attachée de presse, Pamela Turnure. Jackie se souvient que c'est John qui a eu cette fabuleuse idée et qui a insisté pour que Pamela inaugure la fonction. Il voulait utiliser les médias sur tous les plans, et naturellement pour la First Lady. Quant à Pam, elle avait été membre de son équipe de campagne : il voulait la remercier. Les commérages disaient aussi qu'elle avait été sa maîtresse... Raison de plus pour l'accepter auprès d'elle et faire taire les rumeurs.

Jackie se souvient d'avoir été obsédée par cette restauration. Avant même l'élection, elle y passait ses journées. Une fois Jack élu, elle avait consulté David Finley, le président de l'Association historique de la Maison Blanche. Pourtant, cette idée de restauration inquiétait Jack. Le côté trop sophistiqué de la First Lady pouvait être un élément de critique. Sans compter qu'elle avait déjà fait décorer à grands frais les appartements privés. Toute seule dans sa grande chambre, Jackie sourit en se rappelant qu'il ne lui a jamais dit « non ». Il avait laissé la décision à un intermédiaire. Pour être sûr que tout soit bien mené, il lui avait envoyé Clark Clifford, son conseiller et avocat. Il avait fallu le convaincre car son leitmotiv était : « Impossible de toucher à la Maison Blanche. » Les Américains avaient un rapport trop particulier avec ce lieu. Il lui donnait l'exemple du balcon de Truman[1] pour la convaincre.

Autres soucis : les finances. Le conseiller de John Fitzgerald Kennedy ne veut pas donner de grain à moudre à ses adversaires qui pourraient l'attaquer sur sa gestion des deniers publics. Kennedy le démocrate, qui a déjà décidé d'augmenter les allocations pour les chômeurs et les personnes sans ressources, a assez de fil à retordre.

Jacqueline se souvient lui avoir fait un grand numéro de charme en lui promettant de dégoter elle-même le moindre penny ! Et c'était vrai. Grâce à ses relations, elle avait trouvé des bienfaiteurs. Elle qui déteste la presse avait soudoyé des magazines comme *Life* ou *Look*, vantant les bienfaits de son projet afin de solliciter le grand public. Elle avait aussi monté nombre de « comités » pour refaire les pièces selon l'époque de Jefferson ou de Monroe, tous deux

1. En 1947, Truman avait fait ajouter un balcon au premier étage de la façade sud, ce qui avait provoqué un scandale.

ex-ambassadeurs à Paris, qui avaient su orner la Maison Blanche d'objets, de peintures et de meubles français du meilleur goût. Le salon Bleu, la chambre des Traités, le salon Rouge, la chambre de la Reine… Toutes les pièces de réception sont réaménagées avec l'aval d'une commission des Beaux-Arts, qui recherche des meubles authentiques des différentes époques de l'histoire américaine.

Son ambition ? Montrer le rayonnement culturel américain à une époque où la vieille Europe ne voit pas les États-Unis comme une terre culturelle ! Elle veut mettre en valeur un patrimoine dont les Américains n'ont pas encore conscience. Elle veut que les salles publiques du rez-de-chaussée et du premier étage conservent un style aussi proche que possible des XVIIIe et XIXe siècles, afin que personne ne les modifie à l'avenir. Son but : qu'elles restent à tout jamais pour les citoyens un témoignage des premiers jours de leur pays[1].

Très marquée par la France, elle veut créer une sorte d'Élysée, un bâtiment historique symbole du patriotisme américain. Pour cela, elle doit aussi doter les lieux d'une collection permanente de peintures. Elle avait trouvé presque ridicule que, jusqu'à présent, cette collection soit limitée aux portraits des différents présidents.

Pour récolter des œuvres, elle a été machiavélique. C'est une de ses grandes fiertés ! Elle organisait des thés très chics où il était de bon ton d'être vu. À chaque fois, elle prenait soin de faire envoyer par les galeries d'art les tableaux qu'elle souhaitait accrocher aux murs de la Maison Blanche. Pendant la petite sauterie, elle expliquait avec sa voix sensuelle

1. Lettre de Jackie à Lady Bird Johnson qui lui demande conseil sur la poursuite des travaux de restauration de la Maison Blanche après le décès de JFK.

l'objectif de cette restauration. Jouant sur la corde sensible, elle insistait sur le fait que « chaque enfant qui vient à la Maison Blanche doit voir des choses qui développent son sens de l'histoire ». Ses hôtes étaient ensuite clairement invités à choisir les peintures qu'ils souhaitaient généreusement faire entrer au patrimoine national. Rares étaient ceux qui osaient repartir sans option d'achat !

Habile, elle savait se montrer convaincante avec les plus récalcitrants, notamment les antiquaires peu patriotes qui voulaient s'enrichir sur le dos des Américains et présentaient des prix élevés. À ces mauvais citoyens, elle proposait un abattement fiscal et, dans le même temps, menaçait de ne plus collaborer avec eux. Mais elle savait s'y prendre : elle parlait d'une voix douce, avec une subtilité telle qu'elle pouvait imposer sa volonté sans que les gens soient en mesure de s'en apercevoir[1].

Avec l'aide de J. B. West, le premier huissier de la Maison Blanche avec qui elle a immédiatement tissé une relation étroite, elle mène de longues expéditions spéléologiques dans les réserves et les entrepôts poussiéreux. Elle se souvient avoir été surexcitée les premières fois. Elle avait l'impression de pénétrer dans les corridors de l'Histoire. Un voyage dans le temps à la recherche d'objets oubliés. Habillée décontracté, en pantalon et ballerines, elle passe des heures dans la poussière afin de ressusciter des œuvres mises au rebut. Ravie de ses découvertes, elle débarque les cheveux en bataille dans une pièce, s'assoit par terre, retire ses chaussures pour observer ses trouvailles en détail. Parmi ces objets oubliés au milieu des toiles d'araignées, des tableaux de Cézanne et de Fragonard écartés par Harry Truman[2].

1. *Jacqueline Kennedy, les années Maison Blanche*, *op. cit.*
2. *Paris Match*, n° 631, 13 mai 1961.

Outre la restauration, elle a insisté pour créer un guide des œuvres et de l'histoire de la Maison Blanche. Une idée qui lui trotte dans la tête depuis longtemps. À onze ans, elle avait visité les lieux avec sa mère et sa sœur Lee et avait été très déçue de ne pas trouver de brochure ou de dépliant comme dans tout musée[1]. Mieux, elle propose de vendre ce guide afin de couvrir le coût de la restauration… largement au-dessus de l'allocation prévue par le budget fédéral.

Elle doit alors convaincre Jack McNally, un petit Irlandais responsable des visites. Comment ? Qu'osait-elle demander ? Pour lui, c'était un outrage. Elle voulait désacraliser le lieu. L'idée de vendre le guide sur place le choquait. Elle a insisté en promettant qu'il serait d'une qualité exceptionnelle. Surtout, elle en a parlé à Jack. Encore une fois, il était entouré d'avis négatifs. Mais, encore une fois, il l'avait écoutée et, malgré le risque de scandale, il lui avait donné son accord :

— Vas-y, c'est bien.

En fin politique, Jack lui avait expliqué qu'il fallait toutefois une « couverture » pour se mettre à l'abri de toute critique. L'association historique de la Maison Blanche, organisme privé à but non lucratif, serait financée par la vente du fameux guide. Au bout de six mois, cinq cent mille exemplaires avaient déjà été écoulés et les fonds versés à l'association.

N'en pouvant plus de tourner dans son lit, Jackie se lève et se dirige vers la fenêtre. En regardant les jardins éclairés, elle repense à Jack. Il a toujours été sensible à son sens de l'art et de l'histoire. D'ailleurs, après leur voyage officiel en

1. Interview réalisée par Sander Vanocur à la Maison Blanche, NBC News, 24 mars 1961, dans laquelle elle raconte toute l'histoire du bâtiment. Elle détaille déjà les travaux qu'elle veut entreprendre.

Europe, il avait réalisé à quel point elle avait raison et avait demandé la réfection de la roseraie. Il avait compris qu'il fallait aux États-Unis un lieu agréable pour se détendre avec ses homologues, comme il avait pu le constater à Vienne avec Nikita Khrouchtchev ou dans les jardins de l'Élysée avec Charles de Gaulle.

Oui, il avait été fier d'elle pour tous ces travaux dont il n'avait pas compris la portée au début. Fier comme Artaban. Elle se souvient en souriant qu'il lui faisait le compte des touristes venus visiter la Maison Blanche. Il annonçait :

— Nous avons eu plus de visiteurs aujourd'hui que les Eisenhower en deux ans !

Point d'orgue : la visite guidée pour la télévision. Il était mignon, tellement fier d'elle ce jour-là... C'était la Saint-Valentin, le 14 février 1962. Elle avait pris sur elle en acceptant de présenter une émission d'une heure. Une visite guidée pour présenter aux Américains les travaux de restauration. Un carton : 56 millions de téléspectateurs. Sans compter les cent six pays où l'émission a été diffusée avec une introduction en français et en espagnol. Un beau coup de *public relations* à la Kennedy, qui lui valut même un Emmy Award. C'était la première fois qu'une First Lady recevait un prix comme une vedette du petit écran.

Ces travaux, c'est presque ce qu'elle a préféré durant toutes ces années. Ils étaient aussi son alibi pour éviter les obligations mondaines qu'elle exècre. En bon petit soldat, c'est Lady Bird, la femme du vice-président Lyndon Johnson, qui s'y collait. En 1961, elle avait réussi à se faire remplacer à plus de cinquante occasions.

Appuyée contre la fenêtre, les yeux fixés sur les belles allées du parc, elle se dit que la seule chose qu'elle ne regrettera pas ce sont toutes ces corvées : œuvres de charité, hôpitaux, déjeuners organisés en son honneur… Très peu pour elle. Elle a toujours refusé de jouer les dames patronnesses. Quand Lady Bird ne pouvait pas, c'est Letitia Baldridge, l'assistante de choc, qui la remplaçait au pied levé. Oui, elle a souvent fait l'école buissonnière. On le lui a assez reproché. Comme lors de cette rencontre avec le président du Brésil… Elle avait prétexté une fatigue soudaine et était allée faire du ski nautique avec l'astronaute John Glenn. Il fallait alors lui trouver une remplaçante : sa mère Janet, sa belle-mère Rose, ou l'une des sœurs Kennedy – Ethel, la femme de Robert, en premier lieu. Des subterfuges qui font des remous. Quand on apprend que « Jackie Kennedy a préféré se rendre à New York pour une vente aux enchères de mobilier au lieu d'honorer sa présence au petit déjeuner organisé par les femmes de sénateurs », la tempête gronde.

On l'a beaucoup critiquée : lunatique, capricieuse, nonchalante. Oui, elle refuse de jouer les Mamie Eisenhower ! Mais sans être Eleanor Roosevelt, très impliquée dans toutes les réunions politiques, elle a vraiment voulu faire de la Maison Blanche non pas un simple musée, mais un lieu de vie culturelle d'avant-garde.

En se tournant vers sa chambre, en regardant les moulures, les splendides rideaux épais, elle éprouve une sorte de soulagement. L'impression d'avoir accompli sa tâche. Cette résidence austère est devenue grâce à elle un foyer bouillonnant, accueillant les grands esprits et les talents les plus prestigieux du moment. Elle a permis à des artistes, écrivains, cinéastes, hommes politiques et économistes de se rencontrer pour créer un nouveau foisonnement intellectuel.

Pour cela, avant d'arriver à la Maison Blanche, elle avait déjà inondé le personnel de centaines de petits mots inscrits sur des blocs-notes jaunes, son moyen de communication de prédilection. Elle voulait changer l'étiquette, les menus, la présentation, et donner un coup de fouet au protocole. Concernant ces fameux petits mots, elle avait considéré qu'ils devaient être conservés comme archives. Sa belle-mère, Mrs Kennedy, lui avait recommandé avant son mariage de tout conserver. Ce qu'elle a fait la première année, alors que la période n'avait aucun intérêt ! Mais ces années-là, elle avait regretté de ne pas tenir un journal, faute de temps. Du coup, elle a toujours refusé que l'on jette le moindre bout de papier, que ce soient des notes ou des courriers internes. Elle avait donné l'ordre à tout le personnel de conserver le moindre gribouillis. Est-ce parce qu'elle avait lu tant de mémorialistes[1], les mémoires du duc de Saint-Simon en premier lieu ?

Après sa visite avec les Eisenhower, elle savait qu'il fallait apporter un supplément d'âme à la vie culturelle de Washington, mais aussi à l'image du président des États-Unis. Du coup, dès le 22 janvier, deux jours après l'investiture, elle avait organisé un dîner intime avec les personnes en vue de Washington. L'enjeu était de taille : ces invités devaient être les témoins dans les cercles mondains des premiers pas des Kennedy à la Maison Blanche. Pour cela, elle avait convié Franklin D. Roosevelt Jr et Joseph Alsop, un éditorialiste extrêmement puissant, proche des anciens présidents Monroe, Truman et Eisenhower. Elle savait qu'un mauvais jeu de mots dans une de ses colonnes aurait suffi pour que sa réputation de First Lady soit ternie avant même qu'elle ait fait ses preuves.

Pour les époustoufler, elle avait sorti le grand jeu. Elle se souvient avoir choisi un petit salon intime et soigné la

1. Jacqueline Kennedy, *Avec John F. Kennedy*, *op. cit.*

décoration dans les moindres détails. Elle s'était fatiguée à déplacer des meubles, des vases... malgré les recommandations de ses médecins après sa césarienne. Un petit salon pour faire ressortir sa pièce maîtresse : un immense sceau en or trônant au milieu de la table, rempli à ras bord de caviar. Dix livres offertes par un de leurs partisans qu'elle avait décidé de servir d'un seul coup ! C'était très osé, mais elle connaissait les snobs. Il fallait leur en mettre plein la vue, leur montrer que la Maison Blanche allait revivre. Finie la belle endormie !

Un stratagème bien pensé car les cuisines étaient de piètre qualité. En attendant de les améliorer, il fallait donc gaver les invités comme des oies, le tout accompagné de force champagne. Du Dom Pérignon, naturellement. Il fallait que l'élan impulsé par le couple présidentiel ait un effet revigorant dans tout le pays.

Pour cela, elle a également organisé des soirées fabuleuses. Elle voulait faire de la Maison Blanche le « rendez-vous élégant » de la côte Est. La majesté est l'une des qualités essentielles, ainsi que l'éclectisme. On a souvent vanté ses fêtes, pour lesquelles elle savait sélectionner des invités issus de toutes les sphères : des ambassadeurs, des écrivains, des artistes venus de toute l'Amérique et même d'Europe. Des noms souvent fournis par l'historien Arthur M. Schlesinger ou par Oleg Cassini, son couturier personnel. À la manière des dîners français, elle a voulu créer des repas conviviaux ponctués par une conversation stimulante. Après tout, John n'a-t-il pas déclaré dans ses discours : « Ce pays ne peut se permettre d'être riche matériellement sans l'être spirituellement[1] » ?

1. Nicole Salinger, *Jackie, op. cit.*

Lors de son voyage officiel à Paris, elle a compris le rôle qu'elle pouvait jouer au niveau diplomatique. Après la soirée à Versailles, elle a pris conscience de la force de ces réceptions pour renforcer les liens au niveau international. Son premier objectif? Faire oublier le désastre de la baie des Cochons. L'intervention américaine a donné l'image d'un pays brutal, opposé au changement social. Les Américains se retrouvent dans une situation délicate face aux pays en voie de développement d'Asie et d'Amérique latine. Le dîner en l'honneur du gouverneur de Porto Rico, Luis Muñoz Marin, le lundi 13 novembre 1961, sera l'un des plus réussis pour effacer cet échec. Point d'orgue de la soirée : le concert de Pablo Casals. Opposé à la reconnaissance par Washington du régime franquiste en Espagne, le violoncelliste de quatre-vingt-quatre ans ne s'était plus produit aux États-Unis depuis des décennies. Ce revirement soudain en faveur de Kennedy est un symbole très fort en direction de l'Amérique latine. Un énorme succès.

En repensant à cet artiste incroyable, Jackie ferme les yeux. Cela l'avait beaucoup rapprochée de Jack, qui avait toujours aimé le monde de la nuit, les soirées électriques. C'est lui qui lui suggérait régulièrement d'organiser ces événements. Jackie fait le compte sur ses doigts... Dès qu'ils sortaient d'une période sombre, ou après un coup dur, il lui lançait :

— Organisons une soirée !

Tous les trois ou quatre mois, elle en a préparé. Parmi les plus marquantes, elle a beaucoup aimé celle du printemps 1962, lors du dîner d'État pour le shah d'Iran et le dîner en l'honneur des lauréats occidentaux du prix Nobel. Lors du toast, Jack avait déclaré qu'il s'agissait du « rassemblement de talents le plus extraordinaire que la Maison Blanche ait connu depuis que Jefferson y a dîné seul ».

Il avait toujours le chic pour les bons mots. Même coup de force lors du dîner en l'honneur du président pakistanais Ayub Khan. Elle avait organisé une soirée magique à Mount Vernon, en Virginie, symbole de la guerre d'Indépendance, pour rappeler que les États-Unis sont la « plus grande nation révolutionnaire au monde ».

Mais elle restera marquée par celle en l'honneur d'André Malraux plus que par tout autre. Oui, certaines soirées sont magiques. Et celle-là, sans aucun doute, l'a été.

Depuis leur rencontre à Paris, ils ont commencé à entretenir une correspondance par valise diplomatique. Elle est fascinée par l'étendue de sa culture. Jack s'est souvent moqué d'elle à ce sujet. Il lui disait que Malraux était bien plus intéressé par la First Lady que par le président ! Pour le rassurer, elle lui a tout de suite dévoilé son but ultime : faire venir la *Joconde* à Washington. Jack n'y croyait pas ! Pendant des mois, elle a régulièrement invité le ministre de la Culture français à Washington, mais il n'a jamais donné suite. Un jour, enfin, il cède. Jackie se souvient avoir décuplé ses forces pour l'impressionner et préparer la soirée du 11 mai 1962. Sont conviés cent soixante-quinze personnalités de premier plan, contactées directement par Mrs Kennedy : le peintre Mark Rothko, le cinéaste Elia Kazan, le chorégraphe George Balanchine... Tennessee Williams a d'abord rechigné à venir, prétextant la distance, mais un appel téléphonique personnel de Jackie l'a convaincu de se rendre à Washington. L'aviateur Charles Lindbergh et son épouse, que JFK considère comme « de grands Américains » et qu'il espère vivement recevoir, sont de la partie. Leur présence fait sensation.

Elle se souvient avoir savamment choisi sa propre place : entre Malraux et Arthur Miller, l'ex-époux de Marilyn Monroe. Dans sa robe en soie Dior à bustier, elle se sait radieuse. Ce soir-là, elle a vraiment eu le sentiment de régner sur l'assistance. Après le dîner, place au grand violoniste Isaac Stern. Lors de précédents concerts à la Maison Blanche, Jack s'était fait remarquer en applaudissant à contretemps. Pour lui éviter ce désagrément, un code secret a été établi : un assistant doit ouvrir la porte à la fin du récital. André Malraux, absolument envoûté par cette nuit divine, murmure à l'oreille de Jackie :

— Je vais vous envoyer la *Joconde*.

Depuis des mois, elle le pressait de lui prêter celle que les Américains appellent « Mona Lisa ». Elle avait la folle idée d'organiser une exposition exceptionnelle aux États-Unis. En attendant que Malraux se décide, elle avait déjà réussi à le convaincre de prêter au musée d'Atlanta une œuvre de James Whistler, *Arrangement en gris et noir n° 1*[1]. Ce soir-là, la magie a fait son œuvre.

En janvier 1963, le ministre de la Culture et son épouse se rendent aux États-Unis et retrouvent Jackie pour le vernissage. *Life* décrit : « C'était une réunion très attendue... Mona Lisa, la première dame du monde parmi les peintures, et Jacqueline Kennedy, première dame de la nation, se retrouvaient face à face. » Jackie se souvient que, pour elle, Malraux a combattu toute l'administration française. Une tâche titanesque. Mais le résultat est au rendez-vous. Un million et demi de personnes se presse pour admirer le chef-d'œuvre de Vinci à Washington et au Met de New York.

En repensant à cette exposition qui lui tenait tant à cœur, Jackie sait qu'elle a fait faire un pas à son pays. Washington

1. Ce tableau, acheté par la France en 1891 et placé au musée du Jeu de paume, est l'une des plus célèbres toiles de cet artiste américain conservées hors des États-Unis.

est devenu un centre culturel, à l'instar des capitales européennes. Dans une lettre en français adressée à Malraux, elle a écrit : « Le don de la France, et de vous, et du général de Gaulle, va rentrer dans la légende de nos deux pays... » La légende... Comme aujourd'hui avec Jack. Il faut réussir à préserver ces souvenirs dans la tête des Américains. Il ne faut pas que tout cela soit balayé d'un revers de la main, effacé tel un mirage !

Malgré la fatigue, le sommeil ne vient pas. Jackie décide de se recoucher malgré tout.

En s'installant dans son lit, elle se dit qu'elle a finalement réussi à gérer ses deux principaux objectifs : élever ses enfants dans de bonnes conditions et faire de la Maison Blanche un lieu où des gens intéressants viendraient nourrir la pensée du président.

Pourtant, peu de personnes ont remarqué son investissement. Sûrement en raison des nombreux articles sur sa désinvolture... Sa personnalité a toujours dérangé, car elle ne supporte pas les obligations. Peu de journalistes et de témoins ont noté que la restauration de la Maison Blanche avait été une tâche titanesque, car cette notion de « patrimoine » leur est étrangère. Son talent ? Avoir su gérer de nombreux pontes de la culture – décorateurs, architectes – et, malgré toutes leurs divergences, réussi à faire avancer les choses. Sans échos négatifs dans les médias.

Elle ne voulait surtout pas desservir son mari. C'est dans cette perspective qu'elle a accepté cette émission de télévision, pour enchanter et rassurer les foules. On lui a appris qu'en quelques années les postes de télévision ont poussé comme des champignons : 87 % des Américains en sont équipés. Une bonne audience était le meilleur des garants. D'ailleurs, Jack en avait beaucoup profité aussi au moment du débat avec Nixon, le premier d'une présidentielle retransmis en direct à la télévision.

En reposant sa tête sur l'oreiller, elle se souvient d'avoir parfois cherché à provoquer tout ce petit monde. Elle a sciemment joué les effrontées. Notamment avec la très vénérable association des Filles de la Révolution américaine. Ces dames s'étaient insurgées en apprenant que la Maison Blanche achetait des cartes de l'Unicef, dont l'argent est parfois redistribué à des pays communistes. Contre l'avis de sa chef de cabinet, Letitia Baldrige, qui voulait étouffer le scandale, elle avait fait commander des centaines de boîtes supplémentaires ! Pis, elle avait obligé Tish à ce que la presse s'en fasse l'écho.

Ah, Tish ! Combien de fois avait-elle dû réparer les pots cassés ? Elle avait un don pour la convaincre d'effectuer telle ou telle interview pour tenter de redorer l'image de sa *boss*. Quel ennui ! Mais elle faisait tout son possible pour éteindre les incendies. Comme lorsqu'on lui reprochait de prendre trop de temps pour s'occuper de ses enfants. Et que n'a-t-on écrit sur ses longues vacances loin de Washington durant l'été ? Sans compter le mois passé à Palm Beach à Noël et à Pâques ?

Pourtant, elle avait annoncé la couleur dès le début. Dans l'interview de Sander Vanocur, interrogée sur sa vie à la Maison Blanche, elle avait d'abord insisté sur son rôle de First Lady tel qu'elle le voyait :

— Quoi que vous fassiez, si vous ne vous occupez pas correctement de votre famille, vous ne pouvez pas réussir. J'ai bien sûr un sens prononcé du rôle de première dame, mais m'occuper de mes enfants et de mon mari, c'est ce qui compte en premier.

Oui, c'était ainsi qu'elle voyait la Maison Blanche. Et c'était ainsi qu'elle et sa famille y ont passé des moments merveilleux. Perdus à jamais.

14

Papa n'est plus

Elle n'a quasiment pas dormi. Hier, avant de se coucher, elle n'a eu qu'une envie : se glisser dans la chambre des enfants. Bouleversée, elle s'est approchée des petits lits et les a embrassés sans bruit. Elle a laissé couler ses larmes en les serrant fort contre elle. Pour eux, elle le sait, elle va devoir se battre. La vie la fatigue pourtant tellement depuis des mois.

Ce matin, en se réveillant, elle a demandé à son médecin un traitement surpuissant pour affronter tout cela. Elle a souvent eu droit aux injections du Dr Feelgood. Amphétamines et Novocaïne sont des produits qu'elle connaît bien. Elle va en avoir besoin pour ce marathon.

Elle a enfilé une robe noire toute simple. Elle a aussi prévu une mantille pour la messe. Pour les funérailles, elle compte demander à Givenchy de lui créer un voile spécial. Sur son lit, comme hier matin à Fort Worth, elle dépose son tailleur rose taché. Qu'en faire à présent ? Elle a déjà réfléchi à cela dans l'avion. Elle a repensé à l'attentat de Sarajevo en 1914 et aux vêtements de l'archiduc François Ferdinand et de son épouse. Ils ont été conservés. Soucieuse du travail des mémorialistes, elle sait qu'il faut préserver ce tailleur entré dans l'Histoire. Providencia Paredes, sa gouvernante personnelle[1], est chargée de tout regrouper. Il faudra un jour envoyer ce colis aux Archives nationales. Jackie a précautionneusement enlevé hier soir son tailleur, sa chemise bleu marine et ses bas rouges de sang. Elle a aussi déposé son sac à main et ses chaussures. Seul son chapeau, son *pillbox*, a disparu avec son gant gauche. Le cœur serré, elle ne veut plus jamais voir ces vêtements et demande à Providencia de vite s'en occuper.

Jackie se dirige vers la chambre des enfants. Maud Shaw, la nurse, la regarde tristement. Jackie lui fait signe de les laisser. Ils sont déjà en tenue pour la messe. Caroline a appris la terrible nouvelle par sa *nanny* cette nuit. Elle raconte à sa maman qu'elle a beaucoup pleuré, puis qu'elle s'est endormie. Elle a compris que son papa ne serait pas là pour l'anniversaire de son petit frère ni pour ses six ans à elle, le 27 novembre. Elle demande si son papa va retrouver leur petit frère Patrick au ciel.

À ces mots, Jackie sent ses yeux s'embuer. Elle a dû surmonter tant d'épreuves en si peu de temps. Pourtant, tout avait bien commencé. En janvier 1963, après la grosse crise conjugale provoquée par Marilyn puis par Mary Pinchot Meyer, leur couple allait mieux. Même Clint Hill, homme bourru, avait remarqué qu'elle ne montait plus à cheval à Glen Ora et qu'à Palm Beach, à Noël, elle s'est abstenue de faire du ski nautique. Il avait osé lui poser la question :

— Pour quand est l'heureux événement ?

Avec son rire communicatif, elle avait répondu :

— On ne peut vraiment rien vous cacher, Mr Hill ! C'est pour mi-septembre[2].

1. Fox News Latino, 21 novembre 2013.
2. Clint Hill, Lisa McCubbin, *op. cit.*

L'annonce de cette grossesse avait été un événement national. Alors que le monde a retenu son souffle quelques mois plus tôt lors de la crise des missiles, la vie reprenait ses droits. La famille Kennedy, avec les deux petits anges Caroline et John, était l'incarnation de l'Amérique victorieuse et ce ventre rebondi, son étendard.

Avec cette grossesse, la First Lady avait décidé de changer de vie. Finie l'ambassadrice recevant le monde entier et sans cesse en déplacement. Finie aussi Tish, qui lui imposait un calendrier trop chargé et des obligations barbantes. Elle l'avait épuisée. Elle était très efficace, mais cherchait trop à afficher son pouvoir... et avait, elle aussi, contracté la « maisonblanchite ». Au fond, Jackie s'était rendu compte qu'elles étaient trop différentes. Elle avait donc pensé à « Tucky » pour la remplacer. Nancy Tuckerman. Elles se connaissent depuis l'école primaire et avaient partagé la même chambre à la pension de miss Porter. Elle était arrivée en juin 1963, alors que Jackie, enceinte de six mois, n'avait pas pu accompagner Jack à Berlin-Ouest. De Washington, elle avait découvert son discours totalement improvisé :

— Il y a deux mille ans, la phrase la plus glorieuse était : *Civis romanus sum* (Je suis citoyen romain). Aujourd'hui, dans le monde de la liberté, la phrase la plus glorieuse est : *Ich bin ein Berliner*.

Quelle modernité ! Incroyable, en pleine guerre froide, d'oser prononcer cette phrase ! Elle avait été très émue.

Désormais, tout le monde sait que la First Lady est enceinte. Elle lit, peint, se repose et travaille à l'aménagement de la chambre du bébé avec l'aide de J. B. West, l'huissier qui l'a tant aidée lors de la restauration de la Maison Blanche. Elle s'occupe aussi du baptême du futur nouveau-né. Tout se passe bien jusqu'au 7 août 1963. Alors qu'elle est en vacances à Cape Cod, elle ressent les premières contractions, cinq semaines et demie avant le terme de sa grossesse. Comme elle a déjà perdu un bébé à la naissance et a failli perdre John, elle est immédiatement transportée en hélicoptère et accouche par césarienne pour la quatrième fois. L'enfant de 2,11 kilos souffre de la maladie des membranes hyalines et respire très difficilement. Aussitôt prévenu, Jack saute dans l'avion. Quand il arrive, elle est hors de danger, mais le bébé doit être transféré au Children's Hospital de Boston. Jackie est encore sous anesthésie et ne sait rien de la situation. Jack ordonne à Clint Hill d'appeler un prêtre pour le baptême. Il sait que le bébé est entre la vie et la mort. Avant son départ pour Boston, leur petit Patrick Bouvier Kennedy est baptisé par l'aumônier de la base militaire. Une fois réveillée, Jack lui avoue que Patrick va être transféré, mais minimise la situation.

Il part avec le bébé pour Boston. Là, le Dr Gersony et le Dr Nadas, membres de l'équipe médicale, lui expliquent les symptômes du nourrisson. Jackie apprendra par la suite qu'il n'arrêtait pas de poser la même question :

— Sera-t-il retardé mentalement ?

Sa sœur aînée, Rosemary, a été placée en institut et il en a été très marqué.

— Monsieur le président, nous ne savons pas. Nous essayons pour l'instant de sauver la vie de votre bébé[1].

Malgré l'angoisse et le chagrin, Jackie sait que Jack a dû rester comme à son habitude calme et poli, sans montrer ses émotions. Mais il lui a avoué qu'une fois arrivé dans la chambre préparée à son attention à l'hôpital, il s'est écroulé.

---

1. Lawrence K. Altman, « A Kennedy Baby's Life and Death », *The New York Times*, 29 juillet 2013.

Le drame vécu a fait la une des journaux. Le bébé allait-il survivre ? *The Boston Globe* avait titré : « *He's a Kennedy. He'll make it* » (« C'est un Kennedy, il va s'en sortir »). Pourtant, à 2 heures du matin, on a réveillé Jack. Jusqu'à 4h15, il a tenu la main de leur fils. Quand Jack est revenu de Boston pour voir Jackie à l'hôpital – un des moments les plus intenses de leur vie de couple –, il est entré dans sa chambre, vers 8 heures du matin, s'est assis sur le bord de son lit et l'a serrée dans ses bras en pleurant.

En prenant son petit John-John sur ses genoux, Jackie approche Caroline de son petit frère. Oui, Papa va retrouver Patrick. Et, comme pour leur frère, ils vont aller prier à la messe, puis Papa ira dans le grand jardin où reposent les personnes parties au ciel.

En disant cela, Jackie se rappelle qu'elle n'avait même pas pu accompagner ces enfants ce jour-là. C'était le lendemain du décès et elle était encore beaucoup trop faible pour quitter l'hôpital. Le petit Patrick avait été inhumé sans elle. Sa sœur Lee, sa mère Janet et le clan Kennedy étaient évidemment présents. Mais deux hommes manquaient à l'appel. Premièrement, son beau-père, Joseph Kennedy. La vie lui avait joué un mauvais tour. L'ex-producteur d'Hollywood, le patriarche, s'était retrouvé hémiplégique à la suite d'une attaque, incapable de prononcer le moindre mot peu après l'élection de John. Lui qui avait rêvé de la Maison Blanche l'avait à peine connue. En pensant à lui, elle sait que l'annonce de la mort de son fils va le tuer. Malgré son accident, elle n'a jamais oublié qu'il a été l'un des seuls, avec Bobby, à l'accueillir tout de suite. Aujourd'hui encore, elle va le voir régulièrement pour lui faire la lecture et lui raconter les coulisses de la Maison Blanche, à laquelle il a consacré toute son énergie. L'autre patriarche, c'est Black Jack, son propre père. Il était mort en 1958 sans lui laisser le temps de le saluer une dernière fois. Comme à son habitude, malgré le chagrin, elle n'avait pas versé une larme, ce qui avait été très commenté.

À sa petite Caroline et à son petit John, elle explique que le cardinal Cushing, qui a marié Papa et Maman et qui a célébré la « messe des anges » pour leur petit frère, va aussi être là pour leur papa. Ce sera très beau. Il y aura des chevaux, il y aura des soldats avec plein d'uniformes différents. Soudain elle dit à John, en s'efforçant de lui faire un beau sourire :

— Tu sais, il y aura les cornemuses que tu as aimées. Tu te rappelles, ici, dans le parc ?

Oui. Il se rappelle. Mais il se rappelle aussi que son papa lui avait dit, avant de prendre l'hélicoptère pour le Texas, qu'il rentrerait exprès « lundi pour son anniversaire ». À ces mots, les yeux de Jackie se remplissent de larmes. Elle se souvient de ce moment. Jack était ravi de la fête prévue pour son fils. Il était fou de son gamin.

Il avait mis du temps à s'attacher aux enfants. Lorsqu'elle avait perdu leur premier fils, il n'avait pas souffert une seconde. Il n'avait même pas compris la douleur de Jackie. Une fois Caroline arrivée, il ne voulait pas la prendre dans ses bras. Il n'a jamais voulu porter les nourrissons. Mais ses enfants devenus plus grands, lui-même ayant mûri, il avait appris à les aimer et à avoir un bon contact.

Pour Patrick, elle avait senti un vrai changement. De même que la Maison Blanche les avait rapprochés, cette grossesse avait été la première qu'ils vivaient « à deux ». Et la mort de Patrick l'avait atteint au plus profond. Dévasté de douleur, il avait retiré la médaille de saint Christophe de son cou, le cadeau que Jackie lui avait offert avant leur mariage. Ensemble, ils étaient convenus qu'il la placerait auprès de leur fils pour son dernier sommeil. Le jour de l'enterrement, étouffé par les sanglots, il eut bien du mal à lâcher le petit cercueil blanc qu'il serrait dans ses bras.

Le 14 août, le jour où elle était sortie de l'hôpital, il était avec elle, plus prévenant que jamais. Dehors, la presse les attendait. Elle ne voulait pas affronter les photographes, mais Pierre Salinger lui avait expliqué qu'il était impossible d'y échapper. L'Amérique avait découvert une femme très affaiblie, perdue dans la grande robe rose en coton très simple qu'elle avait beaucoup portée durant sa grossesse.

En se regardant dans le miroir hier après-midi à bord d'*Air Force One*, au moment où elle s'est débarbouillée du sang de Jack, elle a retrouvé ce regard sans vie. Le même que celui que les téléspectateurs ont découvert à sa sortie de l'hôpital, trois mois plus tôt. Juste trois mois. En si peu de temps, elle a perdu un fils et un mari. Comment va-t-elle survivre ?

À l'époque, leurs proches s'étaient étonnés en découvrant les images de sa sortie de l'hôpital. Ils avaient vu John la tenant affectueusement par la main. Il avait marché tout doucement à ses côtés, lui avait ouvert la portière avec précaution. À la sortie de la voiture, il la tenait encore par la main, lui qui s'était toujours refusé au moindre geste intime en public. Oui, pour ce drame, elle avait eu Jack à ses côtés. Mais, cette fois, qui allait pouvoir l'aider à supporter cette douleur ?

Elle se souvient de son retour à la Maison Blanche. Alors qu'elle avait préparé, comme à son habitude et avec grand soin, la chambre du bébé, elle avait eu le cœur serré en ouvrant la porte de la pièce qui allait rester vide. C'était compter sans le délicat J. B. West, qui avait fait redécorer la chambre comme elle était à l'origine, en supprimant tout ce qui avait été prévu pour l'arrivée de l'enfant. Il voulait éviter cette souffrance à Mrs Kennedy.

Malgré tout, elle était tombée en dépression. Outre le malheur d'avoir perdu ce nourrisson, elle sait qu'elle n'aura jamais d'autres enfants. Elle qui rêvait tant d'avoir une grande famille et souffrait d'avoir du mal avec ses grossesses regardait avec jalousie sa belle-sœur Ethel, la femme de Bobby, qui avait un enfant tous les ans. Coïncidence douloureuse, en juillet, Ethel avait aussi accouché d'un petit garçon, son huitième bébé. Du coup, dès qu'elle le peut, Jackie allume une cigarette. Son médecin lui a dit que fumer détend les futures mamans stressées. Alors cela doit aussi détendre les mamans qui ont perdu leur progéniture...

Elle se souvient de Jack pendant ces semaines si douloureuses. Le 12 septembre, moins d'un mois après l'enterrement de leur petit Patrick, ils avaient fêté leur anniversaire de mariage. Ils étaient retournés à Newport, où ils s'étaient dit « oui » devant des milliers de personnes. Pour ce dixième anniversaire, Jackie se souvient qu'il avait été absolument adorable. Il avait fait déposer trente petites boîtes dans sa chambre, provenant de grands antiquaires. Ses préférés. Elle se rappelle qu'au début de leur mariage il lui offrait toujours des objets qu'il aimait. Elle avait ainsi reçu en cadeau une lettre de Byron. Mais, ce soir-là, il lui avait laissé le choix. Elle avait pourtant deviné le cadeau qu'il espérait qu'elle choisisse. C'était un bracelet d'Alexandrie. Un objet très dépouillé, en or, une sorte de serpent. C'était le cadeau le plus simple, mais elle avait bien vu qu'il en était fou. Il le tenait au creux de sa main. En le regardant, avec un air amoureux qu'elle lui avait rarement vu, elle n'avait pas hésité.

Quel changement ! Dix ans auparavant, il était allé acheter à la hâte les alliances à Newport, juste avant les noces. Il n'avait même pas eu le temps de les faire graver. C'est elle qui l'avait fait par la suite. En dix ans, elle s'était battue pour construire leur histoire. Mais elle avait réussi. Pour le lui souligner, elle lui avait offert pour leurs dix ans un album réalisé elle-même. Un album retraçant toutes les étapes de la restauration de la Maison Blanche. Une manière de lui prouver son implication et son soutien, malgré ses caprices, parfois. Il avait été très heureux de ce présent, symbole de leur combat commun.

En recoiffant Caroline, qui ressemble tant à son papa, elle se souvient de toutes ses inquiétudes avant de s'installer. Jack ayant compris que la Maison Blanche était pour elle une angoisse réelle, il avait demandé à leur ami Franklin D. Roosevelt Jr, le fils du président, de la rassurer. Une fois sur place, elle avait déjà appréhendé leur sortie ! Elle avait même calculé que Jack aurait cinquante et un ans après son second mandat. Oui, il était évident qu'il ferait deux mandats sans problème ! À peine arrivée, elle avait commencé à craindre le moment où ils repartiraient. Elle lui disait que c'était un lion en cage, qu'il serait encore très jeune, capable d'accomplir tant de choses. Il la rassurait en lui répondant :

— Tu verras, le jour où ça arrivera, ça ne posera aucun problème.

Ils évoquaient parfois ce qu'il envisageait de faire après la présidence. Au début, il prenait ça à la légère et évitait le sujet en déclarant :

— Oh, je serai ambassadeur en Italie !

Elle voulait qu'il se représente au Sénat. Un jour, elle avait même avoué à Bobby qu'elle se faisait du souci pour Jack. Elle se demandait s'il ne pourrait pas prendre le siège de Teddy, le plus jeune frère Kennedy, au Sénat. Jack lui avait expliqué qu'ils n'accepteraient jamais d'avoir deux frères Kennedy sénateurs... Alors, à sa demande, Bobby était allé voir Ted... qui avait promis de ne pas se présenter si Johnny – ainsi que l'appelaient ses frères – déclarait sa candidature. Elle avait été très émue de ce sacrifice. C'était pour elle la preuve que le clan Kennedy avait aussi des vertus. Malheureusement, Jack avait été profondément blessé d'apprendre tout cela. Il était touché qu'elle se préoccupe de son avenir, mais il lui avait répondu :

— Non, jamais, je ne ferai jamais ça. Prendre le siège de Teddy ? Comment peux-tu imaginer une chose pareille ? Retourne voir Bobby et dis-lui que c'est impensable.

Au fond, Jack voulait peut-être quitter la politique. Il pensait devenir soit directeur d'un grand journal, soit... Oh, elle ne sait plus. Elle est si fatiguée. Elle regarde l'heure. Bientôt 9 h 30. Il faut veiller aux préparatifs de la messe.

En attachant les chaussures de John-John, elle se souvient de son idée de travailler à la télévision. Il en avait parlé parfois à son ami journaliste Ben Bradlee, sur le ton de la plaisanterie.

— Tu crois que je pourrais acheter le *Washington Post* ?

Elle avait même évoqué l'éventualité d'un troisième mandat avec le conseiller Bundy, qui lui avait expliqué qu'au bout d'un certain temps il y aurait peut-être eu une demande pour qu'il se représente une troisième fois. Pas de manière consécutive, mais plus tard. Elle se souvient s'être exclamée devant Jack :

— Si seulement ils pouvaient voter une loi pour te garder à jamais !

Mais il s'en défendait sans cesse :

— Mon Dieu, non, jamais, huit ans ici, ça suffit !

Oui, il reconnaissait que le pouvoir use. Même en moins de trois ans, en regardant des photos de Jack, elle s'en était aperçue. Mais il n'en parlait jamais, ne se plaignait jamais, ne s'apitoyait jamais sur son sort. Il avouait simplement, un peu comme un prisonnier songeant à sa sortie :

— Oh non ! huit années ici, ça suffit amplement.

Avant de descendre pour la messe, elle prend le temps de jouer quelques minutes avec ses enfants. Puis, en rangeant leurs jouets, elle leur explique qu'ils vont devoir changer de maison. Caroline s'inquiète pour son poney Macaroni.

— Il ira chez tes grands-parents à Hyannis Port. Tu le monteras encore très souvent. Pas de soucis pour Macaroni !

Heureusement, elle leur a toujours appris que la Maison Blanche et leur résidence de Glen Ora étaient des lieux temporaires. Que cela ne durerait que le temps de la présidence de Papa. Que d'autres présidents avaient habité dans cette belle demeure. Elle leur avait raconté des petites histoires sur les autres locataires et les avait prévenus qu'il y aurait un autre président après Papa, et qu'alors ils iraient ensemble vivre ailleurs. Quand Franklin Roosevelt venait dîner, elle leur avait déjà expliqué que ce monsieur avait vécu ici, comme le président Truman. Cette fois, c'était M. Johnson, qu'ils connaissent si bien. Heureusement, elle avait voulu qu'ils ne s'imaginent pas que cette vie durerait toujours. Aujourd'hui, en descendant les escaliers avec un enfant dans chaque main pour se rendre à la messe en mémoire de John, elle est soulagée d'avoir préparé le terrain.

Pendant que la nurse promène les enfants dans le parc en attendant la messe, malgré la pluie qui tombe, Jackie poursuit les préparatifs. Elle n'a pas arrêté depuis ce matin. Nancy Tuckerman est aussi sur le pied de guerre. Pourtant, à tous ceux qui viennent la voir en lui disant : « En tant que First Lady vous devriez... », elle répète avec lassitude :

— Je ne suis plus première dame des États-Unis, c'est Mrs Johnson désormais.

La famille arrive pour la célébration. Sa sœur Lee et son mari Stas Radziwill se sont installés dans la chambre d'amis près de la sienne. Jackie se rend dans l'East Room.

L'Université catholique d'Amérique a dépêché sur place Mgr Robert Paul Mohan et le père Gilbert Hartke, deux prêtres éminents de Washington. À 10 h 30, ils célèbrent la messe à la mémoire de John Fitzgerald Kennedy, en attendant la cérémonie officielle. Entourée de ses plus fidèles amis et de ses proches, Jackie ne parvient pas à se laisser aller. Elle ne peut s'empêcher de penser à John. Pourquoi cette messe ? Il l'aurait souhaitée. Il avait remercié Jackie d'avoir par deux fois appelé les prêtres en urgence pour recevoir les derniers sacrements lors de ses opérations du dos. Il voulait aussi absolument que leur petit Patrick soit baptisé avant de mourir. Sa famille avait toujours été très attachée à l'église. Il ne ratait jamais la messe du dimanche. En tant que premier président catholique des États-Unis, pas de dérogation possible. Souvent, elle ne l'accompagnait pas.

Elle s'est demandé si c'était par superstition. Parce qu'au fond il n'était pas vraiment sûr de sa foi. Il avait décidé de croire. Et puis, pendant longtemps, il n'avait pas vraiment réfléchi à ces choses-là ; jusqu'au jour où arrive un drame. Mais Jack récitait sa prière, vraiment. Tous les soirs, très vite, comme un petit rite. Il entrait dans la chambre, s'agenouillait au bord du lit et la récitait. Ça lui prenait trois secondes, puis il faisait le signe de croix. À la Maison Blanche, il avait un peu perdu cette habitude d'enfant. Elle avait toujours été surprise de ce rituel, tout en trouvant cela touchant. Ce qui est certain, c'est qu'il était beaucoup plus croyant qu'elle. Aujourd'hui, elle trouve que Dieu est injuste.

Une fois la messe dite, elle convie d'autres membres de la famille, des amis et les fonctionnaires du gouvernement à venir lui rendre hommage. Elle a exigé un planning précis pour pouvoir saluer tout le monde comme il se doit. Surtout les anciens présidents des États-Unis, Truman et

Eisenhower. Elle sait que Herbert Hoover, trop malade, sera représenté par ses fils.

Alors qu'elle est assaillie de demandes, elle prend le temps d'attirer ses enfants à l'extérieur. Autour de la Maison Blanche et dans le parc Lafayette, juste en face, la foule s'est déjà rassemblée. Elle veut leur montrer tous ces gens qui sont venus rendre hommage à leur papa, quelqu'un d'extraordinaire. Elle prend quelques instants pour admirer cette foule compacte se tenant sous la pluie. Jackie se dit que ce temps gris et triste illustre l'humeur de la nation. Mais voir tous ces anonymes réunis pour Jack la réconforte plus que tout au monde. Il n'est pas mort pour rien. Ils ont cru en lui.

Après une petite collation où elle n'a presque pas mangé, elle reçoit les amis intimes du président dans le salon de leur appartement privé. Elle n'a rien touché : toutes les photos du couple et de leurs enfants sont le reflet d'un bonheur encore proche. Elle est interrompue le temps de donner ses directives et de discuter du moindre détail avec ceux qui connaissaient le mieux Jack, pour être certaine de lui préparer une cérémonie telle qu'il l'aurait souhaitée. Malgré sa peine, c'est elle qui console ces âmes meurtries. Si elle craque une ou deux fois, elle n'a pas le temps de penser à elle. La journée file à cent à l'heure.

L'après-midi, elle entend tout le monde parler du suspect. Lee Harvey Oswald a déclaré hier, lors de son arrestation, qu'il est un bouc émissaire. Ses propos passent en boucle dans les médias. Il est toujours interrogé par la police. Mais elle ne veut rien savoir. Elle n'allume ni la radio ni la télévision. Elle est bien trop occupée.

Le président Johnson a officiellement déclaré que dans deux jours, lundi 25 novembre, se tiendraient les funérailles nationales. Sa déclaration a été diffusée à 16 h 45.

Elle n'a pas une seconde à perdre. Il faut qu'elle invite ses anciens compagnons de la guerre du Pacifique du PT-109, qu'elle fasse chercher les deux Japonais qui lui ont sauvé la vie lorsque son bateau a été coulé, il faut que le drapeau personnel de Jack surmonté du sceau « USA » soit tenu par un marin, il faut des chrysanthèmes et des lilas blancs... Ah ! Elle doit se faire expliquer le mouvement des troupes pour choisir l'ordre du défilé. Surtout, elle a déjà demandé à Johnson qu'*Air Force One* survole le cimetière derrière cinquante jets en « illisible » avec pointe manquante symbolisant le chef disparu.

— Tout ce que Mrs Kennedy voudra, nous le ferons, lui ont promis les responsables militaires et civils.

Et Sargent Shriver veille au grain.

Pour en être bien certaine, entre deux invités, elle va voir Jack Valenti, soudain devenu le bras droit du président Johnson. Hier, il était le responsable de l'agence locale en charge de la presse durant la visite de Jack au Texas. Aujourd'hui, il est à la Maison Blanche. La vie est incroyable. En se dirigeant vers les bureaux que lui et ses équipes se sont octroyés, elle repense à ce que lui a dit Bobby hier et ce matin. Il craint que Johnson ne revienne sur des décisions prises ou qu'il s'attribue ce que son frère aîné a fait pour les droits civiques, la fiscalité, l'épuisement des réserves d'or. Son beau-frère veut défendre l'action politique de John, car il se méfie des rapaces. Heureusement, elle a discuté quelques minutes avec Lady Bird. Elle lui a promis de poursuivre son programme de restauration de la Maison Blanche. Elle lui a aussi certifié qu'elle préserverait l'association historique afin de poursuivre la collecte d'œuvres pour le musée. Lady Bird est une femme formidable et sa parole est d'or. Pas de craintes à ce sujet.

Auprès de Valenti, Jackie s'assure que ses demandes pour la première cérémonie, demain au Capitole, seront respectées. Le *special assistant* de Johnson lui assure que le président a répété vouloir répondre aux moindres volontés de Mrs Kennedy. Malgré tout, elle se défie de cet homme qui a trop vite installé ses valises à la Maison Blanche et y a même dégoté une chambre. Elle n'aime pas la manière dont il la regarde : comme une grande enfant capricieuse ou comme une folle. Elle sait que la rivalité entre Bobby et Johnson s'est attisée depuis hier. Robert a tellement peur qu'on vole l'héritage politique de Jack ! Et il a toujours méprisé Johnson. La campagne des primaires au sein du parti démocrate, où ils étaient opposants, a laissé des traces. Malgré la nomination de Johnson par JFK au poste de vice-président, Bobby a toujours été sur la défensive.

Pour l'amadouer, Valenti lui fait part des centaines de messages reçus des dirigeants du monde entier et de leur peuple. En Allemagne, près de vingt mille Berlinois se sont massés devant l'hôtel de ville, là où JFK avait déclaré : « *Ich bin ein Berliner.* » Le chancelier Erhard a déclaré, d'une voix brisée :

— Les paroles sont impuissantes à exprimer, en cette heure, ce que nous ressentons.

Le pape Paul VI s'est retiré dans sa chapelle afin de prier pour l'âme du disparu. La télévision italienne a suspendu ses émissions en signe de deuil. La radio et la télévision irlandaises aussi.

Et l'ennemi juré, le rouge Nikita Khrouchtchev, a envoyé un télégramme au président Johnson :

— L'assassinat du président Kennedy [...] suscite l'indignation de tous les Soviétiques. [...] Je conserverai éternellement le souvenir de mes rencontres avec lui.

Ah, Khrouchtchev ! En quittant le bureau de Valenti, elle ne peut s'empêcher de se diriger vers le Bureau ovale. Elle avait exigé auprès de son beau-frère Sargent Shriver qu'il ne soit pas mis à la disposition du nouveau président jusqu'à son départ de la Maison Blanche. Elle est capable d'endurer bien des choses, mais, cela, elle n'aurait pas pu. En arrivant devant la porte, son cœur bat. Elle s'arrête un instant, hésitant à entrer dans la pièce.

15

Le Bureau ovale

Ce Bureau ovale, c'est l'incarnation de Jack. Très émue, elle pousse doucement la porte et entre à pas lents, regardant autour d'elle comme si elle découvrait les lieux. Peu de gens savent que c'est encore elle qui a transformé cette austère pièce en « salon Nouvelle-Angleterre ». Elle voulait absolument renouveler l'endroit où la présidence s'exerce aux yeux du monde. Elle avait donc fait dégager la cheminée, installer des canapés, des fauteuils. Elle avait proposé plusieurs bureaux à Jack. Il a choisi cet impressionnant meuble fabriqué à partir du bois du navire anglais le *HMS Resolute*, connu sous le nom de *Resolute Desk*. Johnson lui a déjà promis qu'il allait conserver ce bureau si symbolique. Cela lui a fait plaisir.

Elle fait le tour de la salle et s'arrête devant l'aquarelle qu'elle avait offerte à son mari. Cette aquarelle où elle l'a représenté avec son bateau qu'il aimait tant. En posant ses doigts tremblants sur le cadre, elle se dit qu'elle doit noter de le récupérer avant le déménagement.

Puis, respectueusement, elle s'assoit derrière le *Resolute Desk*. Jack aussi s'est assis là. Il a reçu les plus grands chefs d'État avec la gravité qui convenait. Il a réussi à sauver le monde plus d'une fois. Pourtant, si ce lieu de pouvoir est empreint d'une majesté solennelle, elle ne peut s'empêcher de penser à des moments intimes. Tous ces instants où elle venait interrompre Jack pour qu'il voie les enfants. Ces instants précieux où Caroline s'asseyait sur les genoux de son papa, tandis que le petit John se cachait sous le grand bureau. Elle se souvient aussi quand deux Russes en sueur, le visage marqué par la fatigue, étaient entrés dans cette pièce. L'ambassadeur de l'Union soviétique leur offrait un pauvre chiot terrifié qui n'était jamais sorti d'un laboratoire. Elle avait oublié de prévenir Jack. C'est grâce à elle que l'animal était arrivé là.

Juste après leur déplacement à Paris, le 3 juin 1961, ils avaient enchaîné sur un voyage à Vienne pour rencontrer Khrouchtchev. Après la baie des Cochons, la rencontre s'annonçait glaciale. Mais, malgré la situation, le sommet programmé de longue date n'avait pas été annulé par les Soviétiques. Elle se souvient que Jack avait été surpris de cette attitude des Russes. Eisenhower lui avait prédit que c'était un piège : Khrouchtchev sauterait sur l'occasion pour affaiblir davantage son adversaire. Le fourbe Nikita voulait conserver l'ascendant et le manipuler à sa guise. Jack était inquiet. Elle s'en souvient bien. Mais il avait déjà rencontré l'homme au Capitole, brièvement, quand il n'était encore que sénateur. Pour cette visite, il avait exigé que le Dr Max Jacobson *alias* Dr Feelgood, les accompagne en secret.

En s'installant plus confortablement dans le fauteuil du président devant le *Resolute Desk*, elle se souvient de la foule compacte, pleurant et agitant des mouchoirs tout au long des quarante kilomètres séparant l'aéroport de la ville de Vienne. Une foule comme elle n'en avait encore jamais vu et qui l'avait bouleversée. Hier pourtant, à Dallas, elle avait été encore plus surprise par le monde.

Pour elle aussi cette visite avait été compliquée. Pendant que son mari affrontait le dirigeant soviétique, elle devait se coltiner Mme Khrouchtchev, qu'elle n'aimait pas trop, et surtout sa belle-fille, qui lui faisait penser à une blonde de la Wehrmacht dirigeant un camp de concentration[1].

Le monde de l'Est et celui de l'Ouest s'affrontaient plus clairement que jamais. Elle se souvient de Nina Khrouchtchev, dans sa robe à grosses fleurs, avec son fichu sur la tête, vêtue comme une babouchka. Elle se gardait d'elle car juste avant, à Paris, de Gaulle l'avait prévenue :

— Méfiez-vous, c'est elle la plus maligne.

Pour l'amadouer, elle avait déployé des monceaux de psychologie. Elle avait été surprise de voir cette dame très timide, à cause du protocole. Elle se tenait en retrait malgré son âge. On avait dû lui expliquer que Jackie, en tant que femme de président, devait passer devant car Khrouchtchev n'était que président du Conseil des ministres d'URSS. Cela créait un malaise. Elle ne pouvait pas quitter une pièce avant elle. En désespoir de cause, elle avait osé la prendre par la main et lui avait dit :

— Comme je suis très timide, vous allez devoir m'accompagner.

Tish et un interprète lui avaient rapporté qu'elle avait lâché tout sourire vers l'un de ses compatriotes :

— Vous avez entendu ce qu'elle m'a dit ?

Ensuite, pour aller saluer la foule au balcon, elle avait aussi pris soin d'inviter Nina Khrouchtchev à ses côtés, ravie de cette délicate attention.

Jack, de son côté, avait passé un mauvais quart d'heure. Il lui avait tout raconté par la suite. Le rendez-vous historique entre « les deux K » comme avait titré la presse, avait lieu à

1. Jacqueline Kennedy, *Avec John F. Kennedy*, *op. cit.*

l'ambassade des États-Unis à Vienne. Le Soviétique voulait impressionner Jack car son camp possédait moins de missiles nucléaires que les États-Unis. Et puis la question de Berlin-Est restait depuis longtemps dans l'impasse. Khrouchtchev voulait que l'est de la ville intègre l'Allemagne de l'Est et que Berlin-Ouest devienne une ville internationale.

Très agressif, le Russe répétait que c'était à prendre ou à laisser. Si l'Amérique s'opposait, il y aurait la guerre. Jack avait rétorqué que 70 millions de personnes mourraient dans les dix minutes.

— Eh bien, soit ! Si vous voulez la guerre, c'est votre problème, lui avait lancé Khrouchtchev, goguenard.

La tension était palpable, mais tout avait été fait pour que les journalistes ne soient pas informés. Le message : la rencontre s'est passée conformément aux prévisions, « personne n'a cédé de terrain ». Le soir même, Jack avait dit à Jackie que le Russe l'avait traité « comme un petit garçon ». Le plus dur moment de sa vie politique. Il lui avait montré la transcription de leurs entretiens. Il avait l'air épouvanté après avoir vu le pouvoir brutal, impitoyable, à nu. Khrouchtchev croyait pouvoir faire ce qu'il voulait de Jack.

Jacqueline pose ses mains sur le bureau et caresse doucement le bord du meuble. C'est ici que Jack écrivait à Khrouchtchev. Car, depuis cette rencontre, ils entretenaient une correspondance privée. Bundy avait ironiquement appelé cela leur « amitié par lettres ». Elle aussi va écrire à Khrouchtchev. Elle veut le remercier de son télégramme. Elle a appris qu'il ne serait pas présent aux funérailles, mais se fera représenter. En pleine guerre froide, c'est incroyable. On lui a même dit que les funérailles seraient retransmises en direct en URSS. Seule l'Allemagne de l'Est, après l'épisode « *Ich bin ein Berliner* », a immédiatement refusé cette retransmission.

Elle sourit en repensant à Khrouchtchev. Il avait lu tous les rapports sur le voyage des Kennedy à Paris. Il avait vu que l'austère général de Gaulle a été « conquis » par « la charmante Mrs Kennedy » et cela avait éveillé sa curiosité. Lors du dîner officiel au château de Schönbrunn, le palais de Sissi, elle se rappelle ce petit homme aux yeux perçants et son culot. Alors que les photographes réclamaient une poignée de main entre « les deux K », il avait déclaré en riant, devant son épouse, qu'il « aimerait mieux serrer la main de Mrs Kennedy ».

Il est vrai que, ce soir-là, elle avait encore soigné sa tenue. Pas de tenue française : c'était le chic made in USA qu'elle voulait mettre en valeur. Dans sa robe de soie rose en mousseline nacrée, brodée de paillettes et signée Oleg Cassini, elle resplendissait telle une star hollywoodienne. Bien sûr, elle avait été placée à côté du Soviétique. Un boute-en-train. Il enchaînait les blagues. Elle se souvient du ballet, où toutes les danseuses tournoyaient. Elle en avait profité pour se pencher vers Khrouchtchev et lui dire que toutes faisaient attention à lui, qu'elles lui lançaient leurs fleurs. Il avait répondu avec un sourire entendu :

— Non, non, c'est à votre mari qu'elles font attention. Ne le laissez jamais partir seul en visite officielle, il est beaucoup trop bel homme.

Elle avait préparé ce voyage comme un examen à l'université. Elle avait lu Tolstoï, Tchekhov, mais aussi le roman *The Sabres of Paradise*, évoquant Chamyl, un Geronimo version russe, chef caucasien musulman du XIXe siècle opposé au pouvoir tsariste. Elle avait d'ailleurs dit à Khrouchtchev adorer la *lezguinka*[1], les chevaux kabardes… Il avait froidement répondu :

1. Danse folklorique caucasienne.

— Ah oui, l'Ukraine… À présent, c'est là qu'il y a le plus de professeurs par enfant, ou le plus de blé.

Elle avait saisi la balle au bond :

— Oh, monsieur le président, ne m'ennuyez pas avec ça, je préfère le côté romantique.

Et il avait ri ! À la surprise générale, ils s'étaient livrés à un intense badinage. Car il savait aussi se détendre. Ils avaient parlé du tsar, mais aussi de ces chiens de l'espace qui avaient eu des petits. Elle avait appris tous leurs noms : Strelka, Belka, Laika… Elle savait même que l'un de ces chiens de l'espace venait d'avoir une portée. Sur le ton de la plaisanterie, elle avait lancé :

— Pourquoi ne m'en envoyez-vous pas un ?

Voilà pourquoi, deux mois plus tard, de retour à Washington, l'ambassadeur avait fait livrer l'un de ces chiots. Elle avait ri et expliqué l'histoire à Jack. Elle avait bredouillé :

— J'ai bien peur de l'avoir demandé à Khrouchtchev, à Vienne. Je manquais de choses à dire !

Il a été amusé de la situation :

— Tu lui as fait plaisir en lui rappelant la conquête spatiale.

Oui, elle avait bien sûr vanté l'envoi du Spoutnik en 1957. Les Russes avaient une longueur d'avance. Juste après la baie des Cochons, Youri Gagarine, en avril 1961, devenait le premier homme à tourner autour de la Terre. Dans la foulée, Jack avait demandé au Congrès que le pays envoie un homme sur la Lune « avant la fin de la décennie ». Si jamais les Américains y parviennent, il n'en sera jamais témoin. D'un seul coup, elle se dit qu'elle doit voir Robert McNamara au plus vite. Il faut qu'il change le nom à Cap Canaveral, lieu de la base de lancement des fusées américaines. Jack était passionné par le lanceur Saturne.

Oui, il faut que sur le côté du lanceur, sur son nez, on grave le nom de John Fitzgerald Kennedy. Personne ne le remarquera, mais il serait tellement fier !

En se levant et en repensant à l'anecdote des chiens avec Khrouchtchev, elle se dit que, grâce au dirigeant soviétique et à de Gaulle, Jack a pris conscience de qui elle était. Enfin. Le regard perdu dans le vague, elle sait que ce voyage officiel en Europe lui a ouvert les yeux sur ses qualités. Il avait été enchanté qu'elle lui vole la vedette en France et de passer pour « le type qui a accompagné Jackie Kennedy ». Pour la première fois, il avait vraiment regardé les photos d'elle dans les magazines. Il voyait soudain la femme glamour qu'elle était. Peut-être qu'avant il la prenait trop pour une petite fille, beaucoup plus jeune que lui. Est-ce pour cela qu'il l'appelait toujours « ma gosse » ? Mais elle aimait cela, c'était affectueux. Depuis ce voyage, il l'avait baptisée « le *sex-symbol* ». Il disait par exemple :

— Pouvez-vous prévenir le *sex-symbol* que le déjeuner est servi ?

Il trouvait cela très drôle. Surtout, il lui était reconnaissant de ses efforts. Après ce déplacement en Europe, elle était restée sur place pour des vacances en Grèce. À son retour, pour la première fois, il était venu la chercher sur le tarmac de l'aéroport. Une façon de lui montrer toute sa considération.

Fatiguée, Jackie se rassoit brutalement et pose sa tête dans ses bras, à moitié allongée sur le bureau. Pourquoi la vie est-elle si injuste ? Alors que son couple n'avait jamais été aussi uni, que la Maison Blanche lui avait permis de se sentir utile à son pays mais aussi au sein de sa famille, il fallait tout abandonner, d'un seul coup ?

Malgré sa détresse, elle se ressaisit. Elle n'a pas le temps de s'apitoyer sur son sort. Elle a eu tellement de chance de vivre tout cela. Après ce voyage, le conseiller présidentiel Clark Clifford lui avait écrit : « De temps en temps, un individu va capturer l'imagination des gens partout dans le monde. Vous l'avez fait, et ce qui est plus important, grâce à votre gentillesse et à votre tact, vous avez transformé cette réussite exceptionnelle en un atout extrêmement important pour cette nation. »

En se dirigeant vers la sortie, elle se retourne vers le *Resolute Desk*. Après les funérailles de Jack, elle recevra les invités officiels ici. C'est décidé.

Cette nuit encore, elle n'a pas dormi deux heures. Elle est restée debout jusque tard dans la soirée pour veiller au moindre détail. Avec les spécialistes, elle a étudié le déroulement des funérailles de Lincoln, dévorant les archives. Cette première grande cérémonie funèbre au Capitole l'angoisse tellement. Elle a demandé que le cercueil de Jack repose sur le catafalque de Lincoln dans la rotonde. Sa sœur Lee, présente toute la journée, et sa mère l'ont beaucoup aidée. De même que ses proches, l'équipe de la Maison Blanche... Pour tous, c'est un drame terrible. Elle le voit dans leur regard. C'est à eux aussi qu'elle veut rendre hommage en organisant des funérailles dignes. Ce qui l'encourage ? Ces milliers de télégrammes et lettres de condoléances venus du monde entier. Il faudra qu'elle y réponde. À tous, sans distinction.

En se levant ce dimanche 24 novembre, elle se sent comme dans un épais brouillard. Elle fonctionne comme un automate. Hier, elle n'a pas pu rester avec les enfants. Heureusement, il y avait leurs grand-mères et leurs tantes.

Après avoir avalé une tasse de thé, elle choisit sa tenue. Elle y a déjà réfléchi. Un tailleur noir, celui dont la veste a une double rangée de boutons. Elle portera aussi une mantille en dentelle. Puis elle file dans la chambre des enfants.

Elle les serre fort dans ses bras. Caroline est aussi digne qu'elle. Elle a tout compris, mais prend sur elle pour ne pas faire davantage de peine à sa mère. Hier, lors de la messe, elle lui a tenu la main comme un soldat. Elle est son aide. Elle est à elle seule maintenant. Comment va-t-elle faire sans son papa à ses côtés ? Qui va lui inventer des histoires, lui apprendre à plonger ? Et son petit John ? Lui qui aime tant les avions, peut-être qu'il sera un astronaute... Comment va-t-il devenir un homme ?

Elle leur explique que le corps de Papa va être transféré au Capitole pour que tous les citoyens qui l'aimaient puissent aussi lui dire au revoir. Sur le parcours de la voiture, il y aura beaucoup de monde. Elle a appris que des milliers de gens ont déjà commencé à faire la queue depuis des heures alors que le cercueil n'a pas encore été transféré. Ils veulent être sûrs de pouvoir rendre un dernier hommage à leur président. Là encore, leur raconte-t-elle, il va y avoir une cérémonie religieuse. Caroline lui demande quel genre de prière elle va devoir dire. La gorge serrée, en lui remettant son petit serre-tête, elle lui propose de dire soit « S'il vous plaît, Seigneur, prenez soin de Papa », soit « S'il vous plaît, Seigneur, soyez gentil avec Papa ». En attendant, ce matin, ils vont déposer un souvenir dans le cercueil. Comme cela, leur père les aura toujours à ses côtés. Elle leur montre qu'elle a écrit une lettre dans laquelle elle lui dit qu'elle l'aime très fort et qu'elle ne l'oubliera jamais. Ensemble, ils prennent du papier et des crayons. Caroline décide aussi d'écrire : « Papa, je t'aime. » John gribouille des arabesques. Chacun place sa lettre dans une enveloppe.

En bas, Robert les attend dans l'East Room. Il ne veut surtout pas la laisser seule face à la presse qui patiente sur tout le parcours. Il a donné des consignes aux photographes et aux caméramans : aucun gros plan. Hier, il est resté le plus possible auprès de sa belle-sœur. Lorsque Jackie et les enfants arrivent, ensemble, ils s'approchent du défunt. Les enfants déposent les lettres, ainsi qu'une dent de morse sculptée. Bobby dépose un rosaire. Jackie se recule, regarde une dernière fois son mari. Le cercueil va être scellé.

En début d'après-midi, selon le rituel militaire, le cercueil du président est transféré au Capitole pour être exposé au public jusqu'au lendemain. C'est le premier cérémonial des funérailles. Jackie a tout vérifié, tout validé. Le matin, elle s'est aussi déplacée avec Sargent Shriver au cimetière d'Arlington. À bord d'*Air Force One*, lors de ce retour tragique, la mafia irlandaise l'avait incitée à faire enterrer Jack à Boston, à côté de la tombe de leur petit Patrick. Kenny O'Donnell y tenait beaucoup. Mais elle avait déjà en tête cette belle colline d'Arlington, si près de la Maison Blanche. Un cimetière réservé aux anciens combattants. Sargent Shriver a lui aussi opté pour Arlington, car Jack lui a souvent parlé de ce cimetière. Leur décision est prise.

En début d'après-midi, alors qu'il fait un froid glacial, trois cent mille personnes se sont massées sur le parcours. Avec recueillement, ils regardent le caisson tiré par des chevaux blancs, le même qui avait porté le corps de Franklin D. Roosevelt, passer devant eux. Le cercueil défile devant des rangées de soldats postées en parallèle et portant les cinquante drapeaux des États de l'Union. Tout au long de Pennsylvania Avenue jusqu'à la rotonde du Capitole, on n'entend que le son sourd des tambours et le claquement des sabots des chevaux.

Jackie a exigé, contrairement au protocole, de conduire la marche. La veuve, tenant ses deux enfants par la main, a imaginé une cérémonie familiale associée à celle de la nation. Elle semble vouloir donner au monde une leçon de dignité. Alors que le pays est touché en son cœur, elle avance telle une caryatide drapée de son courage et guide le peuple. Voilà le message qu'elle veut donner.

Avant d'arriver au Capitole, le président Johnson, Jackie et tous ceux qui les entourent ont appris une nouvelle ahurissante. À la télévision, des millions d'Américains ont assisté à la scène. Après vingt-quatre heures d'interrogatoire, et alors qu'il doit être transféré du poste de police vers la prison du comté de Dallas, Lee Harvey Oswald a été abattu par Jack Ruby. Tué à bout portant par ce tenancier de boîte de nuit lié à la mafia. Dans le sous-sol du commissariat de Dallas, le meurtrier s'est jeté sur l'homme le plus haï depuis vingt-quatre heures par l'Amérique. En tirant, Ruby a juste dit :

— Tu as tué mon président, rat !

L'existence d'un complot, jusqu'alors nié par beaucoup, commence à prendre sens. Mais, encore une fois, la First Lady ne veut rien savoir. Cette histoire de mafia l'inquiète. Surtout, elle ne doit pas penser à autre chose qu'aux funérailles. Rien ne doit la perturber. Elle ne doit pas craquer.

Pour donner plus de poids à cette cérémonie, elle a voulu que ces funérailles soient conduites par la plus ancienne unité d'infanterie. Celle que l'on surnomme « la vieille garde ».

Le cercueil de John Fitzgerald Kennedy fait son entrée dans le majestueux bâtiment. Les porteurs le déposent au centre de la rotonde, sous le dôme du Capitole, sur le même catafalque noir que le président Lincoln. Le président Johnson dépose une couronne mortuaire au pied du cercueil. Il ne sait pas qu'Oswald vient de mourir à l'hôpital de Dallas. Dans la rotonde, Jackie se tient en retrait avec sa fille Caroline. Le petit John est resté à l'extérieur pour ne pas perturber le service. Tous assistent aux éloges prononcés par le leader de la majorité au Sénat, Mike Mansfield, et le juge suprême, Earl Warren.

Une fois les discours terminés, ils attendent le départ de Jacqueline Kennedy pour quitter la rotonde. Mais, de manière inopinée, elle avance vers le cercueil avec Caroline. Ensemble, elles s'agenouillent délicatement du côté de la tête du défunt et embrassent le cercueil. En direct, les caméras retransmettent cette scène touchante. L'image de ce baiser spontané émeut les spectateurs. C'est la deuxième image forte de la journée, après le choc de l'assassinat en direct d'Oswald.

Pendant dix-huit heures, deux cent cinquante mille personnes font la queue pour rendre hommage à John Fitzgerald Kennedy. Certains attendaient déjà depuis dix heures. La queue s'étend sur des kilomètres. La rotonde, qui devait fermer à 21 heures, restera ouverte jusqu'à 9 heures le lendemain matin. L'effusion d'affection et de sympathie pour le défunt dépasse toutes les espérances de Jackie.

En arrivant à la Maison Blanche, elle retire son voile de dentelle, pose son sac et se rend directement dans le bureau de Jack Valenti. Bouleversée par cette cérémonie, elle veut absolument lui parler. Immédiatement.

16

Les funérailles

Jackie sait que certains dignitaires sont arrivés dès aujourd'hui pour assister aux funérailles. Elle a prévu leur accueil et ordonné le déroulement de leur séjour. Khrouchtchev lui a fait l'insigne honneur d'être représenté par son vice-Premier ministre, Anastas Mikoyan. Le président français Charles de Gaulle, le Premier ministre canadien Lester B. Pearson, le duc d'Édimbourg qui représente la reine Elizabeth II, le président irlandais Éamon de Valera, l'empereur éthiopien Haïlé Sélassié, la reine Frederika de Grèce et le roi Baudouin Ier de Belgique seront présents demain. En entrant dans le bureau de Valenti, vêtue de son tailleur noir, aussi simple que parfaitement élégante, elle sent qu'elle dérange.

En se dirigeant vers Jack Valenti, perdu sous des monceaux de paperasserie, en bras de chemise, elle explique qu'elle veut lui parler de la cérémonie du lendemain. Le conseiller spécial du président Johnson, agacé, lui précise que l'attorney général Robert Kennedy a bien relayé son désir d'une cérémonie plus modeste et plus familiale. Très déterminée, Jackie, de sa voix douce mais ferme, lui explique qu'elle a changé d'avis. Elle souhaite une procession où elle marchera cette fois sur tout le trajet et non pas sur quelques mètres comme aujourd'hui. Elle veut emprunter le même chemin que celui qu'elle prenait pour aller à la messe avec son mari et ses enfants. La procession partira donc avec le cercueil de la Maison Blanche jusqu'à la cathédrale.

Valenti la regarde, éberlué. Comment mettre tout cela en place d'ici à demain matin ? Jackie ajoute qu'elle veut aussi plus de chevaux, plus de corps d'armée. Le conseiller spécial lui rétorque que, sans compter la difficulté de satisfaire sa demande en si peu de temps, il faut qu'elle comprenne que les services secrets n'y seront pas favorables. Surtout après le meurtre de Lee Harvey Oswald. Ce n'est plus l'acte d'un déséquilibré, mais un complot ! Il faut prendre le maximum de précautions.

Jackie répond qu'elle ouvrira la marche et qu'elle invite les chefs d'État et autres invités d'honneur à se joindre à elle. Valenti lui promet que le président Johnson est prêt à répondre à toutes ses volontés, mais qu'il y a des impondérables. Lui-même doit prendre en charge la sécurité du président, car il peut y avoir un nouveau drame à tout moment. Sans compter qu'il y aura près d'une centaine de personnalités étrangères. Jackie le coupe :

— Cent trois exactement.

Depuis quarante-huit heures, elle ne pense qu'à tout cela. En le regardant droit dans les yeux, sans hausser le ton, elle lui demande, faisant mine de partir, de bien vouloir transmettre un message à tous leurs hôtes. Un message pour la cérémonie lorsqu'ils atterriront à l'aéroport de Washington. Il faut les informer qu'elle marchera avec ses enfants derrière le cercueil, seule si besoin. Il peut également dire au général de Gaulle que s'il préfère la suivre dans une voiture blindée ou un tank, elle ne le blâmera pas. Mais elle est sûre que, comme aujourd'hui, des dizaines de milliers de personnes regarderont la cérémonie en direct à la télévision. Furieux, Valenti la regarde quitter la pièce, plus sûre d'elle que jamais.

Le lendemain, Jackie est prête. Elle a juste eu le temps de demander à Hubert de Givenchy de s'occuper de quelques éléments. Elle a repris une tenue noire qu'elle possédait mais lui a demandé un *pillbox* et un très long voile noir. Depuis leur rencontre à Paris, le couturier fréquente la famille Kennedy à Palm Beach lors de ses vacances. Pour la cérémonie, la mère de John, Rose, lui a fait coudre son collier sur sa robe. Elle ne veut pas que ses perles viennent taper sur le cercueil quand elle se penchera pour l'embrasser. Pour tous les Kennedy, le sens de l'image et du détail est une marque de fabrique[1].

Jackie ne se répète qu'une chose : c'est le dernier acte de la présidence Kennedy. Après sa discussion avec Valenti, elle a tout revu et corrigé. Plus que jamais, elle a soigné la mise en scène. Elle a exigé que la garde d'honneur soit composée par une compagnie de Marines. Surtout, elle a voulu montrer son courage concernant les droits civiques. Cette cérémonie est une vitrine de l'égalité des droits portée par Jack. Elle a dû se fâcher pour que la garde d'honneur qui a veillé le cercueil de son mari ne soit pas uniquement composée de soldats blancs. Elle avait été très choquée par l'absence de Noirs dans l'unité d'élite qui avait défilé lors de la cérémonie d'Investiture en 1961. Pas de *bis repetita*. Dévastée par le chagrin, elle pense à tout. Elle a ainsi imposé que des Noirs portent aussi le cercueil au cimetière d'Arlington.

Sur cette question, elle se souvient de s'être farouchement opposée à son beau-père, Joe Kennedy. Malgré son charisme, elle n'hésitait pas à le remettre à sa place quand

1. Entretien avec l'auteure.

il tenait des propos racistes et antisémites. De son côté, Jack était assez ouvert sur la question raciale. En tant que sénateur, il était président du sous-comité du Sénat pour l'Afrique et avait vivement incité le clan Kennedy à financer l'association *Airlift Africa* facilitant l'accès aux universités américaines pour de jeunes étudiants africains. Il avait également pris fait et cause pour la décolonisation et, à peine élu, avait reçu les chefs d'État des nouveaux pays indépendants, comme Houphouët-Boigny, le premier président de la Côte-d'Ivoire. Il avait aussi beaucoup agacé le général de Gaulle en défendant les insurgés algériens voulant se libérer du joug français.

Il avait également décidé de soutenir les évolutions dans les États du Sud. Depuis 1954, la ségrégation était interdite, mais toujours appliquée dans les écoles publiques. En novembre 1960, au moment de son élection à la Maison Blanche, un juge fédéral avait décidé de mettre en place un programme pour intégrer progressivement des Noirs avec des Blancs. Cela créa des violences. Les habitants hurlèrent au scandale. Une fois au pouvoir, les Kennedy invitèrent nombre d'artistes noirs aux soirées officielles, comme l'écrivain James Baldwin, la chanteuse Marian Anderson, le Dr Ralph Bunche – prix Nobel de la paix, politologue et diplomate – ou encore la soprano Grace Bumbry. Sans oublier l'organisation d'un des événements préférés de Jackie : les cent ans de la Proclamation d'émancipation des Noirs, en février 1963.

Malgré ces actes symboliques, le gouverneur du Mississippi refusait d'accueillir le premier étudiant afro-américain, James Meredith, à l'université. La région s'embrasait. Jackie se souvient de ce vent de panique. Jack avait dû envoyer l'armée pour calmer les émeutes qui firent deux morts. Elle se souvient que son mari l'avait appelée en pleine nuit. À 5 heures du matin, il avait eu besoin de lui raconter.

— Oh mon Dieu ! répétait-il.

Il avait fallu lancer des gaz lacrymogènes et l'armée avait mis des heures à arriver sur les lieux. C'était l'une des pires nuits de leur vie.

Il avait aussi soutenu son idée, dès leur arrivée à la Maison Blanche, d'ouvrir un jardin d'enfants pour Caroline. Évidemment, les journalistes sudistes s'interrogeaient. Les Kennedy vont-ils appliquer le principe de non-ségrégation dans l'école de leur fille ? Pour que la réponse soit claire, elle avait accepté qu'une photo de la classe de sa fille soit publiée dans les journaux. Car, parmi les enfants des employés, il y avait un jeune Noir, Avery Hatcher, fils d'Andrew Hatcher, membre du service presse. Un journal afro-américain[1] avait titré : « Le fils de Hatcher et Caroline Kennedy camarades de classe. »

Jackie voulait aussi que l'on n'oublie pas la fameuse marche d'août 1963, que Jack avait acceptée avec réticence en raison des risques. Elle se souvient que tout le monde craignait de nouvelles violences. Face à Martin Luther King, deux cent cinquante mille personnes, dont la chanteuse Joséphine Baker, étaient venues écouter le pasteur évoquer son rêve :

— Je rêve qu'un jour, sur les rouges collines de Georgie, les fils des anciens esclaves et les fils des anciens propriétaires d'esclaves pourront s'asseoir ensemble à la table de la fraternité.

Aujourd'hui, aux funérailles de Jack, elle souhaite que l'on se souvienne que John Fitzgerald Kennedy avait reçu

1. « Hatcher's son and Caroline Kennedy now classmates », *Baltimore Afro-American*, 29 septembre 1962.

les leaders à la Maison Blanche et donné son appui à la loi contre la ségrégation raciale. Depuis des mois, cette loi traîne au Congrès d'une commission à l'autre, mais elle passera et Jackie ne veut pas que Johnson se l'attribue.

Elle redoute que l'Histoire ne retienne que le nom de Lyndon Johnson, car c'est naturellement lui qui va signer le texte quand il sera promulgué. Aujourd'hui, elle veut symboliquement rappeler son discours de juin 1963, prononcé en direct à la télévision après de nouvelles émeutes en Alabama : « Allons-nous dire au monde, et pire encore, allons-nous nous dire à nous-mêmes que notre pays est celui de la liberté, sauf pour les Noirs ? Que nous n'avons pas de classes ou de castes, pas de ghettos, pas de race des maîtres, sauf s'il s'agit des Noirs ? L'heure est venue pour notre nation de tenir sa promesse. »

En préparant ses enfants pour la cérémonie, elle ne pense qu'à cela : il ne faut pas qu'ils oublient Jack.

À 10 h 50, le cercueil est porté à l'extérieur du Capitole, filmé par les télévisions du monde entier.

— Je veux que les funérailles de Jack soient les plus dignes, les plus belles qu'un président ait jamais eues, a répété Jackie à son beau-frère Sargent Shriver hier soir.

Au loin, les cloches sonnent le glas, les commandements brefs et le bruit des sabots des chevaux sur l'asphalte résonnent dans ce silence incroyable. Pourtant, plus d'un million de personnes se sont regroupées sous le soleil glacé de ce mois de novembre. Ils attendent le long du parcours pour voir passer le cercueil du président et le gigantesque défilé, avec quatre orchestres et dix-sept compagnies des différents corps d'armée. Comme la veille, le cercueil est posé sur une prolonge d'artillerie tirée par six chevaux blancs. Un pur-sang couleur de jais suit sans cavalier ; dans ses étriers, des bottes à l'envers, symbolisant le héros tombé au combat. Le chant émouvant de la cornemuse accompagne le dernier voyage du défunt, comme Jackie l'avait promis au petit John.

Soixante caméras filment l'événement. La tension est très forte. Jackie, entourée de Robert et Ted Kennedy, a les traits tirés. La première partie du défilé a lieu dans les voitures. Mais, entre la Maison Blanche et la cathédrale Saint-Mathieu, elle a eu gain de cause. Elle tenait absolument à cette marche. Pour elle, cette procession va permettre à Jack d'entrer dans la légende. Elle sait que 175 millions de téléspectateurs sont attendus. Derrière la veuve et ses beaux-frères, au premier rang, on reconnaît le général de Gaulle, la reine Frederika de Grèce, le roi Baudouin Ier de Belgique et l'empereur d'Éthiopie Haïlé Sélassié. Parmi eux, de nombreux hommes chapeautés : les gardes du corps et les agents de sécurité pour lesquels cette marche est un cauchemar. Plus de quatre mille hommes en armes, de la CIA, du FBI, du Pentagone, de la police de Washington et de New York, déguisés derrière des lunettes noires et des imperméables. Tous sont sur le qui-vive. En queue de cortège, le président Johnson et ses deux filles font partie des marcheurs. Sa garde rapprochée avait tout fait pour qu'il suive en voiture, mais il a refusé. Il aurait eu l'air ridicule. Ce long défilé à pied déjà très décrié par les services de sécurité américains s'apparente, depuis le meurtre de Lee Harvey Oswald, à de la pure folie. Malgré les alertes, les délégations étrangères ont maintenu leur présence aux côtés de la première dame. De Gaulle a immédiatement donné son accord.

Devant la cathédrale, Jackie retrouve ses enfants, qui ont suivi le cortège en voiture. Avec leurs petits manteaux bleus et leurs jolies chaussures rouges, ils incarnent l'espoir et le renouveau. Ils illustrent la volonté de se battre de tout un pays. Le cardinal Richard Cushing vient à leur rencontre. C'est lui qui a marié le couple Kennedy il y a dix ans, lui qui a enterré le petit Patrick il y a seulement trois mois. Mille deux cents invités ont pris place dans la cathédrale. Tous ont les yeux rivés sur cette veuve de marbre. Au milieu de ce cortège impeccable, elle se dresse telle la gardienne du temple. Elle incarne l'Amérique éternelle, debout dans la tempête. Superbe et charismatique, c'est une figure tragique et une héroïne de film.

À la sortie, personne ne la verra pleurer. Elle n'avait pas versé une larme pour son père. Question d'éducation. Surtout, elle veut donner le ton juste et magnifier l'instant. Au pied de la cathédrale, entourée de ses deux enfants modèles, elle se penche vers le petit John et lui souffle quelques mots. C'est son anniversaire. Il a trois ans aujourd'hui. Depuis des jours, son père lui apprenait à faire le salut militaire. Elle se souvient qu'ils ont ri avec Jack en le voyant imiter les soldats sans y parvenir, ou avec la main gauche. Ce 25 novembre, John-John s'avance d'un pas et porte fièrement la main droite à son front pour saluer ce père à jamais disparu. Jackie regarde au loin, sûre que son petit garçon va lui obéir. L'Amérique fond en larmes. Elle, qui a toujours refusé de mettre ses enfants en scène, enfreint sa propre loi. Pour l'Histoire.

En début d'après-midi, le cortège se dirige vers Arlington, le plus grand cimetière militaire du pays. Le Jardin de pierre accueille les soldats qui ont servi et combattu dans l'armée américaine depuis la guerre de Sécession. Comme le matin, Jackie avance. Derrière elle, les chefs d'État suivent à pas lents le corbillard, emmenés par le général de Gaulle et l'empereur Haïlé Sélassié. Ils marchent jusqu'à la tombe du héros, surplombant Washington. En faisant enterrer son mari dans la capitale et non à Boston, où se trouve le cimetière familial, Jackie a permis à la télévision de suivre la cérémonie sans la moindre interruption. Comme elle l'a exigé, un détachement de vingt-six cadets d'Irlande rend exceptionnellement hommage au défunt. Puis *Air Force One* survole la colline, accompagné de l'escadrille sans pointe. Lorsque les soldats ont replié la bannière étoilée recouvrant le cercueil et l'ont tendue à sa veuve, pendant un quart de seconde, elle a flanché. Malgré son beau voile noir, Jackie, soudain envahie par l'émotion, n'a pas pu empêcher son visage de se crisper. Elle n'a pas oublié que, seulement deux semaines plus tôt, Jack était là, bien vivant, dans ce même cimetière, pour rendre hommage aux anciens combattants.

Dans un dernier élan de courage, elle allume la flamme éternelle qu'elle a souhaitée, après avoir découvert celle sous l'Arc de triomphe. Cette journée marathon est terminée. Comme lors de son retour de Dallas, les caméras la filment quittant les lieux main dans la main avec Bobby, tels deux orphelins.

Pourtant, du haut de ses trente-quatre ans, elle ne tient pas à en rester là. De retour à la Maison Blanche, elle reçoit les grands de ce monde dans le Bureau ovale, en lieu et place du président Johnson.

Dès potron-minet, à 6 heures du matin, elle a elle-même appelé le conservateur de la Maison Blanche. Toujours obsédée par les symboles, elle a soudain voulu qu'il remplace les Cézanne du Bureau ovale par des tableaux 100 % américains du XIXe siècle. Pas question de satisfaire l'ego démesuré de Charles de Gaulle, auquel elle veut parler. Si elle a adoré la prose de certaines parties de ses *Mémoires* et l'idée de cet homme retiré dans une forêt sinistre avant de revenir sur le devant de la scène pour redresser la France, elle a récemment été très déçue. Après la crise des missiles de Cuba, il l'a beaucoup énervée. Selon lui, s'être précipité au secours de l'île et non de Berlin-Est prouvait que les États-Unis ne s'intéressaient pas à l'Europe. Elle a également été contrariée, trois mois plus tôt, lorsque Jack, Khrouchtchev et Macmillan ont consenti à un traité d'interdiction des essais nucléaires dans l'atmosphère, dans l'espace et sous l'eau, que le président français a refusé de signer. Il s'agissait de la première tentative conjointe de contrôler la course aux armements. Jack considérait que c'était même sa plus grande réussite. Recevant le Général, elle lui confie que son mari a parfois été irrité par l'attitude de la France, sans « jamais éprouver d'amertume ». Comme elle sait dire les choses avec diplomatie, le président français encaisse, certainement pour ne pas contrarier la « charmante Mrs Kennedy »[1].

Loin de se contenter de recevoir les chefs d'État le jour J, elle décide de prendre la plume et s'adresse à de nombreux hommes politiques, parmi lesquels l'ancien Premier ministre britannique Macmillan, l'adversaire républicain Richard Nixon, et bien sûr Nikita Khrouchtchev. Elle a appris que le Soviétique était allé signer le registre de condoléances à l'ambassade américaine de Moscou et avait annoncé un deuil national. Dans ses lettres, Jacqueline tente encore et toujours de faire vivre le mythe Kennedy. De sa jolie écriture ronde, elle remercie ces hommes de leur respect envers l'œuvre de son mari et espère qu'ils poursuivront le travail entrepris ensemble.

1. Le Général annulera son voyage officiel, prévu en mars à Washington. Aux autorités américaines qui le pressent de revoir sa décision, il explique avoir honoré sa promesse de visite en se rendant aux funérailles.

17

Camelot

Juste après les funérailles, Jackie décide de partir se reposer à Hyannis Port, la résidence des Kennedy, avec ses enfants. Elle est épuisée et veut fuir la Maison Blanche. Le contrecoup est terrible. Pourtant, elle est encore sur la défensive. Lorsqu'elle apprend que plusieurs magazines préparent des articles sur le drame de Dallas, elle appelle immédiatement Bobby. Il faut allumer un contre-feu. De son propre chef, elle contacte Theodore H. White et lui propose une interview exclusive. Elle ne l'a pas choisi au hasard. Elle avait beaucoup aimé certains de ses papiers écrits pendant la campagne présidentielle. Theodore H. White est également l'auteur d'un essai sur la campagne de 1960 qui avait reçu le Pulitzer[1]. Au téléphone, elle lui explique ne pas vouloir que certains journalistes, comme Arthur Krock ou Merriman Smith, qui avaient toujours critiqué John, s'en donnent à cœur joie. Tous ces gens vont réécrire l'histoire. Et ce n'est pas la façon dont elle voudrait que l'on se souvienne de son mari. Elle lui propose donc de le recevoir à Hyannis Port le 29 novembre 1963,

1. Theodore H. White, *The Making of the President, 1960*, Atheneum Publishers, 1961. Prix Pulitzer 1962.

jour de la mise en place de la commission Warren en charge de l'enquête sur le décès de JFK.

Au téléphone, elle a été très claire, comme toujours. Certes, il collabore avec différents magazines, mais elle exige que l'article paraisse dans *Life*, un titre qui a toujours été fidèle aux Kennedy. Surtout, avec sept millions de lecteurs, il a une force de frappe énorme.

Le vendredi 29, vers 8 h 30 du matin, elle regarde par la fenêtre. Elle a entendu une voiture. Sous la pluie battante, le journaliste s'approche de la porte en courant. Elle s'est habillée simplement : un pantalon noir, un pull beige.

Dès leurs premiers échanges, elle sent qu'elle impressionne le journaliste par son sang-froid, sa voix calme et sa capacité à se souvenir très précisément des faits. Sur place, il y a aussi les anciens conseillers de Kennedy, Chuck Spalding et Dave Powers, mais aussi sa belle-sœur Patricia Lawford et Franklin D. Roosevelt Jr. Sans oublier le personnel de service. Une fois installée sur le canapé, elle se penche vers Theodore H. White sans ciller et lui demande, comme s'ils n'avaient pas préparé l'interview auparavant :

— Que dois-je dire ? Que puis-je faire pour vous ?

Derrière cette question ingénue, le journaliste flaire la veuve manipulatrice, elle qui a décroché son téléphone exprès pour cet entretien. Pourtant, elle lui avoue très vite être hantée par la peur de voir Jack oublié après seulement trois années au pouvoir. Elle lui demande de bien vouloir « sauver Jack » de tous ces « gens amers » qui vont écrire sur lui à l'avenir. Elle ne veut pas laisser Jack aux historiens.

Naturellement, White lui demande quelle image elle aimerait que les citoyens retiennent de lui. Avec sa voix singulière, la jeune veuve de trente-quatre ans, encore pétrie de douleur, s'exprime de manière suave, avec un phrasé lent, parfois à la limite du murmure. Elle lâche ses mots dans un souffle étrange, mais sa diction impeccable est bien celle des femmes de son temps et de son rang. Si elle paraît souvent affectée, à la limite de la caricature, c'est parce qu'elle incarne la bonne société américaine.

En pesant chacun de ses mots, elle lui explique qu'elle ne va pas passer sa vie à faire des discours pour Jack. Elle veut s'enfoncer dans une retraite profonde, loin du monde, loin de la lumière. Elle va résider à l'endroit où ils avaient vécu avec son mari, à Georgetown, et ici, à Hyannis Port, pour être avec les Kennedy. Bobby va s'occuper de John, un petit garçon sans père qui aura besoin d'un homme. Robert sera là. Elle ne compte pas vivre en Europe ni « voyager beaucoup », contrairement à ce qu'elle entend. Elle veut juste élever ses enfants. Elle ne veut pas aller d'un endroit à l'autre du pays pour accepter des plaques commémoratives à son nom. Elle ne veut pas de médailles pour Jack. Elle ne veut pas surtout de bain de foule. Elle ajoute :

— Je n'imagine pas changer le nom de quelque chose comme la 6e Avenue [à New York]. Je ne veux pas emprunter le boulevard Kennedy pour me diriger vers l'aéroport Kennedy, puis visiter une école Kennedy[1].

Elle lui avoue qu'elle a eu les deux seules choses qu'elle voulait : cette flamme au cimetière national d'Arlington et Cap Canaveral rebaptisé Cap Kennedy. Elle se fiche des critiques, de ce que les gens disent au sujet du cap rebaptisé à la hâte. Elle tenait trop à ces symboles. Pour le Cap, elle n'en demandait pas tant. Elle espérait juste voir le nom Kennedy quelque part car il était à l'origine du programme spatial.

Sans fard, elle raconte en détail l'assassinat, ses émotions, le sang qui gicle, le regard perplexe de son mari à l'hôpital sur son lit de mort. Mais White sent qu'elle veut

1. Notes de Theodore White, 29 novembre 1963.

lui expliquer autre chose. Il comprend qu'elle l'a fait venir dans un but bien précis :

— Il y a une chose que je voulais dire… C'est presque devenu une obsession.

Elle lui raconte que le soir, avant de se coucher, Jack passait deux ou trois disques sur leur vieux Victrola. Il adorait *Camelot*, la comédie musicale. Surtout la chanson à la fin : « Faites que personne n'oublie que, pendant un moment bref et éclatant, il y a eu Camelot. » Elle lui dit de sa voix douce, en souriant, au cas où Theodore White n'aurait pas bien compris :

— Il y aura encore de grands présidents à la Maison Blanche, et les Johnson sont formidables, mais il n'y aura jamais un autre Camelot.

Le château du roi Arthur, qui a inspiré la comédie musicale écrite par l'auteur de *My Fair Lady*, devient l'emblème de la présidence. Tel est son message. Pendant quatre heures, elle lui détaille leur vie, revenant sans cesse sur cette magie de Camelot.

Le journaliste, gêné, prend en note sous sa dictée. Ensuite, il se retire dans une pièce pour rédiger son article. Vers 2 heures du matin, de chez Mrs Kennedy, White dicte par téléphone le texte qu'elle a auparavant soigneusement corrigé, selon ses vœux. Les rédacteurs en chef, qui ne sont pas sous le charme ni le joug de la veuve martyre, comprennent qu'il faut raboter le passage sur Camelot, ahurissant. Associer la présidence Kennedy à la légende du roi Arthur ? Quelle idée ! Jackie écoute la conversation, secoue la tête, refuse la coupe. La jeune femme éplorée veut imprimer sa lecture romanesque de la présidence Kennedy. Si les quatre jours de funérailles n'avaient pas suffi à ancrer pour toujours John Fitzgerald Kennedy dans les esprits du monde entier, elle veut raconter aux Américains la fabuleuse épopée qu'elle a vécue à ses côtés. L'article, publié une semaine plus tard, fait carton plein. Et Camelot est sur toutes les lèvres.

À Hyannis Port, le lendemain de l'interview de White, elle ne peut s'empêcher de penser qu'elle doit encore agir.

— On va oublier ses rêves, s'inquiète-t-elle sans cesse.

Même si elle sait qu'elle est en état de choc – elle l'a dit plusieurs fois –, elle s'accroche à cette idée de mission à accomplir. Et qu'importe si tout ce qu'elle raconte n'est pas l'unique vérité. Au fond, elle s'est habituée depuis son mariage à un grand fossé entre ce que les gens croient et la réalité. Qu'est-ce qui était vrai ? Qu'est-ce qui était inventé pour le spectacle ? Ce mythe de Camelot, elle veut y croire elle-même. Au Premier ministre britannique Harold Macmillan, elle écrit juste avant son départ de la Maison Blanche : « Je pense toujours à Camelot, c'est bien trop sentimental, mais je sais que j'ai raison. Pendant un bref instant radieux, Camelot a existé, et ce ne sera plus jamais pareil[1]. »

Ainsi devient-elle la princesse de Camelot, aussi bien pour l'Américain moyen que pour les grands du monde. Elle veut s'imposer comme le témoin privilégié de la destinée d'un héros. La vérité lui importe peu. Est-ce pour protéger ce pieux mensonge qu'elle ne suit quasiment pas les interrogatoires de la commission Warren les jours qui suivent ? Qu'importe leurs conclusions, dit-elle à Bobby. Elle acceptera sans broncher ce travail d'enquête bâclé sur l'assassinat de son mari. Elle s'en contentera, pourvu que le vrai visage de son *sex addict* de mari n'apparaisse jamais au grand jour.

Pendant quatre jours, de la mort de John à son enterrement, elle a tout fait pour idéaliser l'homme. Un travail

1. Jacqueline Kennedy, *Avec John F. Kennedy*, *op. cit.*

acharné pour ses enfants, pour leur avenir. Elle veut qu'ils soient à jamais fiers de lui et qu'ils inscrivent leurs pas dans ceux du clan Kennedy. Tout ce qu'elle souhaite, c'est faire vivre l'image glorifiée de John. Et cela fonctionne. La Maison Blanche est assaillie de courriers. Quarante-cinq mille lettres arrivent en une journée. En tout, un million et demi de mots personnels sont adressés à la première dame. Tous les proches des Kennedy ont aidé le secrétariat à envoyer les courriers tout faits. Il y en avait tellement ! Impossible pour Jackie, contrairement à son souhait initial, de répondre personnellement à tout le monde. Des lettres de condoléances, des lettres de remerciement, des lettres de soutien venues de toute l'Amérique. Des lettres d'enfants comme Tony Davis, sept ans : « Chère Mrs Kennedy. Je suis désolé qu'il soit mort. » Des lettres d'adultes très longues, ou très courtes, comme celle de Martin Rosenberg, étudiant à l'université du Massachusetts : « Chère Mrs Kennedy. Je n'ai jamais vu nos joueurs de football pleurer… mais, aujourd'hui, ils l'ont fait. » Dans les enveloppes de réponse, la petite carte dit : « Mrs Kennedy est très touchée de votre témoignage de compassion et vous remercie de votre délicate attention. »

Face à l'afflux de courriers, en janvier 1964, elle décide avec Bobby de se rendre au ministère de la Justice pour une interview filmée. Elle veut remercier les Américains. Ses traits d'éternelle jeune fille rangée semblent avoir été effacés par le chagrin. Elle a mûri en deux mois. Elle qui déteste prendre la parole s'adresse à ses compatriotes :

— Je voudrais exprimer ma reconnaissance pour les milliers de messages que mes enfants et moi avons reçus ces dernières semaines. L'estime que vous avez portée à l'égard de mon mari m'a été d'un grand soutien. Je n'oublierai jamais vos témoignages d'affection.

Malgré ces témoignages, elle est au désespoir. Caroline et John sont sa seule bouée de sauvetage. Et sa priorité. Après la cérémonie au Capitole, le dimanche 24 novembre, elle était entrée d'un seul coup dans le bureau de Pierre Salinger, le porte-parole de la Maison Blanche. L'air déterminé, elle lui avait crié :

— Écoutez, je n'ai qu'une chose à faire maintenant, c'est prendre soin de mes enfants. Je dois m'assurer qu'ils grandissent bien, qu'ils deviennent intelligents, qu'ils parviennent à avoir de bons emplois, qu'ils aient une vie bien remplie. Parce que, si je ne fais pas cela pour eux, ils passeront leur temps à regarder en arrière, vers la mort de leur père, et cela ils ne doivent surtout pas le faire[1].

Elle sait que remonter la pente va prendre du temps. Beaucoup de temps. Quelques jours avant de quitter la Maison Blanche, elle se rend à la cérémonie spéciale organisée pour remercier son garde du corps, Clint Hill, de sa bravoure. C'est elle qui a convaincu le secrétaire au Trésor Douglas Dillon d'accorder à l'agent des services secrets la plus haute distinction du ministère. Pour l'Amérique, il est le héros qui a sauté sur la Lincoln lors de l'attentat. Livide, désemparée, elle revit une fois de plus cette journée cauchemardesque. Tous ses souvenirs se mêlent dans sa tête. Elle est perdue, écartelée entre le besoin d'oublier et l'idée de conserver tout en mémoire, par devoir.

À la Maison Blanche, elle prépare son déménagement. Quitter les lieux alors que son travail de restauration n'est pas terminé est un crève-cœur. Dès qu'elle a une minute, elle erre dans les magnifiques salons qu'elle a repensés dans les moindres détails.

---

1. André Kaspi, *John F. Kennedy. Une famille, un président, un mythe*, Éditions Complexe, 2007.

Leur départ est prévu pour le 6 décembre. Elle n'aura dérangé les Johnson que onze jours, en comptant les funérailles. Elle s'installe dans une maison de Georgetown, la banlieue très huppée de Washington. La veille, elle a organisé la fête d'anniversaire de son fils. Le 25 novembre, jour de l'enterrement, elle lui a fait tout de même souffler ses trois bougies sur son gâteau. Il ne doit pas être la victime de la barbarie des hommes.

Avant de quitter « sa » maison, comme disait Mrs Eisenhower, elle a laissé une petite surprise aux Johnson. Sur la cheminée de sa chambre, elle a fait apposer une plaque : « John Fitzgerald Kennedy et sa femme Jacqueline vécurent dans cette pièce pendant les deux ans, dix mois et deux jours où il a été président des États-Unis, 20 janvier 1961-22 novembre 1963. » Jusqu'au bout, elle veut croire en Camelot.

Le retour dans le monde réel tourne au cauchemar. Elle n'a pas pu récupérer leur ancienne demeure et a acquis sans coup de cœur une grande bâtisse de style colonial pour 175 000 dollars. Une maison datant de 1794, située en face de celle de Robert Todd Lincoln, le fils aîné d'Abraham Lincoln. Il fallait faire vite. Les Johnson ont beau s'être montrés gentils, elle s'est sentie chassée, rejetée, obligée de fuir. Ce déménagement « brutal[1] » vient renforcer son mal-être et l'impression que ce qu'elle avait construit s'effondre. Tout est allé si vite. Comment vivre normalement dans ces conditions ?

Entre le drame qu'elle a vécu en perdant leur bébé au mois d'août, l'assassinat de son mari en novembre, ce changement de vie si violent et le harcèlement médiatique, elle craque. Malgré l'image d'une veuve exemplaire affrontant l'épreuve sans ciller, elle tombe en dépression. Si elle reste

1. Interview de Caroline Kennedy réalisée par Maria Shriver, *In the News*, 14 septembre 2011.

la parfaite Jackie en public, les témoins rapportent qu'elle prononce des phases de profond désespoir. Elle se sent terriblement seule et se console en buvant pour tenir le coup. La mère se bat uniquement pour ses petits.

— Ce sont les enfants qui permettent aux veuves de continuer à vivre, assure-t-elle.

Sa fille, qui ressemble tant à son papa, est devenue son bâton de pèlerin pour avancer malgré les larmes.

Elle ne veut pas que les enfants pensent à ce qui s'est passé. Elle ne veut pas qu'ils soient tristes[1] et leur consacre toute son énergie quand elle est auprès d'eux. Toujours attachée aux moindres détails, elle a fait décorer leurs nouvelles chambres à l'identique de celles de la Maison Blanche. Pour leur éviter un traumatisme supplémentaire, elle a voulu les mêmes meubles, les mêmes couleurs, la même disposition. Ce sera son unique lien avec la résidence présidentielle.

Quand elle arrive au 3017 N Street, la Maison Blanche est devenue un sujet tabou. Elle réclame aux chauffeurs du service de sécurité de contourner le bâtiment car elle ne supporte plus d'apercevoir les grilles de la bâtisse meringue. Inlassablement, elle refuse toutes les invitations des Johnson qui s'évertuent à lui ouvrir les portes de Pennsylvania Avenue. Est-ce pour lui prouver qu'ils n'ont pas voulu la chasser malgré ce qu'elle laisse entendre ? Ou juste pour profiter de la notoriété d'une Kennedy ? Elle devient méfiante de tout et de tout le monde.

Malgré le temps, elle ne se remet pas de son deuil. Elle revit en continu le film de Dallas. Robert, son beau-frère et son visiteur le plus assidu, ne parvient pas à la tirer de son chagrin. Elle se sent responsable :

1. Interview de Providencia Paredes, Fox News Latino, 21 novembre 2013.

— Qu'aurais-je pu faire pour empêcher ça ?

Son garde du corps, Clint Hill, est aussi en dépression, croulant sous le poids de la culpabilité. Ses amis rapportent qu'elle a des idées noires. Elle pense au suicide. En janvier 1964, elle écrit : « Je considère que ma vie est finie, et je ne ferai rien d'autre jusqu'à la fin de mes jours qu'attendre qu'elle s'achève pour de bon. »

Elle vit une période de dépression renforcée par une crise de paranoïa. En retournant sur la tombe de Jack, elle a été ovationnée par la foule. Mais elle n'en peut plus. Elle voulait juste se recueillir avec la bande de la mafia irlandaise. Son vœu le plus cher ? Retrouver son anonymat qui lui manque tant.

— Le nouveau président est intéressant, la First Lady aussi. C'est à elle qu'ils devraient prêter attention maintenant, dit-elle.

Des hordes de touristes et de paparazzi restent parquées des heures autour de sa maison, guettant le moindre de ses mouvements et dégainant leur appareil photo lorsque la porte s'ouvre. Elle est excédée par cette situation. Depuis les funérailles, elle est devenue une icône mondiale, la personne la plus admirée au monde, selon les sondages. Au fil des semaines, de plus en plus d'agences organisent des visites en car devant chez elle, lâchant des touristes prêts à tout pour la voir. Les audacieux osent même sonner à sa porte. D'autres pique-niquent dans la rue pour être sûrs de la photographier avec ses enfants et l'épient à la jumelle. Elle se terre derrière les rideaux, prolonge les soirées au daïquiri, ne dort plus.

Pourtant, elle veut encore porter l'histoire de John Fitzgerald Kennedy et son message. Il n'a pu aller au bout de son projet. C'est à elle de poursuivre son œuvre. Elle rêve de lui élever une bibliothèque comme celle du président Truman. Un projet coûteux. Une fois encore, pour le faire accepter au peuple américain, elle décide d'utiliser l'image. Filmée chez elle à Georgetown, elle explique face caméra ce que sera la John Fitzgerald Kennedy Library and Museum, à laquelle John aspirait.

— Mon mari voulait qu'elle prépare les jeunes hommes et femmes pour leurs vies dans le service public. [...] Il croyait fermement [...] que l'on ne doit pas seulement se plaindre, mais corriger ses erreurs. On le doit à notre pays. [...] C'est pourquoi je sais que la John Fitzgerald Kennedy Library serait le meilleur des mémoriaux, celui qui lui aurait le plus plu.

Le président, un mois avant sa mort, avait en effet choisi le site le long de la Charles River, près de Harvard, où il avait fait ses études. Jackie veut y regrouper les papiers et les documents liés à la présidence dans un bâtiment hors du commun, immense et très moderne. Obnubilée par l'architecture, elle recherche un visionnaire et jette son dévolu sur Ieoh Ming Pei. Lors d'une réunion début 1964, ce Chinois naturalisé Américain lui avoue n'avoir jamais conçu de projets monumentaux. Peu importe. Il a le tempérament pour créer la structure de ses rêves. Ce quasi-inconnu lui plaît. Il rafle la mise au nez et à la barbe de grands noms du métier grâce à un projet renversant : une immense pyramide égyptienne en verre. La pointe sera tronquée, symbolisant la vie du président Kennedy stoppée en pleine gloire. Une idée abandonnée[1]. Car si le choix de l'artiste a été rapide, l'administration a fait des siennes. Le site choisi par Kennedy n'est pas accepté. Jackie sait déjà que la John Fitzgerald Kennedy Library and Museum mettra des années avant de sortir de terre.

1. John Fitzgerald Kennedy Library website. L'idée sera choisie par François Mitterrand vingt-cinq ans plus tard pour l'expansion du Louvre à Paris.

18

Soft Diplomacy

En attendant, elle se dit qu'elle doit encore raconter sa version des faits, de l'histoire. Après Theodore White et son mythe de Camelot, elle fait appel à l'historien William Manchester pour raconter en détail l'assassinat de John Fitzgerald Kennedy. Elle qui a tellement peur du jugement des autres, des conclusions de la commission Warren, veut imprimer sa vérité dans les mémoires. Ce Manchester est un auteur de biographies, toutes des best-sellers. Contacté par Robert Kennedy, il a accepté une interview enregistrée fin 1963. Mais Jackie n'a pas la force de répondre tout de suite. Il viendra au printemps.

Avant cela, elle demande à participer au projet d'Arthur M. Schlesinger. En 1963, cet historien et conseiller de Kennedy lui fait remarquer que, contrairement à Truman et Eisenhower qui tenaient un journal et rédigeaient beaucoup de lettres, John opérait par téléphone. Il souhaite donc enregistrer les souvenirs des proches, amis, membres de cabinet, politiciens, dirigeants étrangers… Sans quoi une grande partie de l'histoire de Kennedy risque de disparaître. L'argument fait mouche.

En janvier 1964, Jacqueline et Robert Kennedy donnent leur accord de principe. Puis Jackie, qui n'était pas censée répondre à Schlesinger – il ne réalise pas qu'une femme de président a pu être témoin des affaires du monde –, demande à faire partie de ce travail qui restera sous scellé pendant cent ans. De quoi la rassurer.

Elle a toute confiance et connaît très bien ce lauréat du prix Pulitzer, ancien professeur de Harvard et ex-conseiller personnel de John. Le premier rendez-vous a lieu le lundi 2 mars 1964. En arrivant au 3017 N Street, Arthur M. Schlesinger découvre cette folie avec les paparazzi et les cars de touristes. Ils se verront sept fois. Chez elle, dans un cadre intime, Jackie se permet de se laisser aller. Le rituel est toujours le même durant ces conversations : sur une table basse, Schlesinger dépose son magnétophone à côté d'une boîte à cigarettes en argent et encourage Mrs Kennedy à parler comme à « un historien du XXIe siècle[1] ».

L'ancienne maîtresse de la Maison Blanche se livre. Elle est naturelle, souriante. Derrière l'icône bien connue, polie et policée, elle laisse parler la femme qu'elle est vraiment : loquace, drôle, avec du caractère, maniant l'ironie avec précision et souvent cinglante.

Ensemble, ils reviennent sur la carrière de John. Mise en confiance par Schlesinger, elle a moins besoin de façonner la statue de marbre de son mari. Elle sait que ces enregistrements seront tenus secrets pour un siècle. Elle se sent donc libre de parler plus ouvertement.

L'historien l'interroge sur les primaires démocrates avant la présidentielle de 1960 :

— Que pensait le président de ses rivaux ?

— Lyndon l'amusait. Je me souviens du jour où il a déclaré devant un parterre de reporters qu'il était prêt à

1. Entretien avec Steve Schlesinger.

se présenter, et qu'il était capable de jouer au squash et d'avoir des relations sexuelles une fois par semaine.

Tous deux rient, naturellement. Elle poursuit :

— J'ai toujours pensé que Lyndon lui cherchait des problèmes et qu'il était grossier, mais Jack parait les coups en riant, et il l'a toujours emporté[1].

Il l'interroge sur la politique intérieure, notamment sur la nomination de Robert Kennedy au sein du gouvernement en tant que ministre de la Justice. Sans fard, elle dévoile que la demande émanait de Joe Kennedy, le patriarche. Jack savait que cela poserait des problèmes, mais il ne l'a jamais clairement exprimé. Et puis il avait besoin d'avoir son frère à ses côtés pour les décisions délicates à prendre.

Lors d'un autre entretien, réalisé plus tard, l'historien l'interroge sur son voyage officiel, sans son mari, en Inde et au Pakistan. Deux pays traversant une situation délicate. En 1962, l'Inde fait la guerre à la Chine communiste. Pour les États-Unis, c'est le moment de se rapprocher de ce représentant du tiers-monde qui, jusqu'à présent, a eu des tendances prosoviétiques. Mais, dans la région, l'allié des Américains est le Pakistan, le pire ennemi de l'Inde – les deux pays s'étant combattus au moment de l'indépendance indienne en 1947.

Jackie lui explique que l'idée d'une tournée chez les maharadjas émanait tout d'abord de Jawaharlal Nehru. Lors de sa visite officielle aux États-Unis, le Premier ministre indien s'était lié d'amitié avec elle et sa sœur Lee.

— Nehru aime assez les jolies femmes, en tout bien tout honneur. Il bavardait avec Lee et moi, nous avions

---

1. Diane Sawyer, « Jacqueline Kennedy in Her Own Words », ABC, 13 septembre 2011.

réussi à le faire parler. À ce moment-là, il s'est montré assez sympathique. Et je pense qu'il nous a proposé d'aller en Inde. C'est là que l'idée est née[1].

Une idée sur laquelle bondit l'ambassadeur américain en Inde, John K. Galbraith. Jackie Kennedy a pris du galon et son mari la juge habile diplomate. Lui-même n'a pas réussi à tisser des liens très solides avec l'ombrageux Nehru. Ni avec sa fille Indira Gandhi, future Premier ministre.

On comprend pourquoi cette invitation à l'initiative de Nehru ne se refuse pas. Face à Arthur M. Schlesinger, Jackie minimise pourtant l'importance de cette visite aux yeux de son mari :

— C'était formidable d'aller en Inde. Au fond, peu lui importait réellement que j'y aille ou pas, mais il devait penser que ce serait agréable.

Si la First Lady fait presque passer ce séjour pour un voyage organisé, la presse de l'époque ne s'y trompe pas. Le journaliste politique Philippe Alexandre écrit en mars 1962 : « La politique n'est pas mon affaire, disait-elle. Mais son sourire était un atout trop important sur l'échiquier de la guerre froide : cette semaine l'Amérique mobilise Jacqueline, qui, au cours d'un long voyage de 20 000 kilomètres, va tenter de rivaliser avec la reine d'Angleterre[2]. [...] Les États-Unis ont confié cette mission extraordinaire à leur première dame[3]. »

En réalité, Jackie s'inquiète. Elle a repoussé la date pour se préparer davantage. L'Inde a un statut neutre à l'époque, mais, pour les Américains, sa position est déterminante.

1. Jacqueline Kennedy, *Avec John F. Kennedy*, *op. cit.* Septième conversation, mercredi 3 juin 1964.
2. Elizabeth II a fait quasiment le même voyage l'année précédente.
3. *Jours de France*, n° 383, 17 mars 1962.

Elle va donc jouer le rôle d'un prestigieux porte-parole pour resserrer les liens. Mais rien de plus, insiste-t-elle : elle n'est pas là pour négocier. Le déplacement est cependant assez important pour que les États-Unis mettent les grands moyens... et pour que quatre-vingts journalistes et photographes fassent partie du voyage.

En racontant ce déplacement, Jackie n'est pas nostalgique. Mais elle est encore très faible. Elle a tendance à faire des digressions ou à sourire en se remémorant tel événement. Avec Schlesinger, pas besoin de jouer les femmes parfaites. Elle fume et laisse sortir de grandes volutes de sa bouche. Les deux protagonistes se servent des verres d'alcool comme s'il s'agissait d'une invitation à un apéritif. C'est une conversation agréable, interrompue de temps à autre par Caroline et John-John.

En s'allumant une nouvelle cigarette, elle reconnaît avoir dévoré des livres d'histoire et des manuels de conversation pour découvrir les traditions de ces pays et ne pas commettre d'impair. Car si voyager aux côtés de son mari est une chose, représenter seule l'Amérique à l'étranger en est une autre. Pour l'aider, elle emmène sa sœur Lee dans ses nombreuses valises.

Outre l'Indien Nehru, elle doit aussi rencontrer son grand rival, le président du Pakistan Ayub Khan, fidèle allié des États-Unis. Deux frères ennemis avec lesquels elle va devoir agir avec tact. Tel un fakir, elle doit fouler les braises sur lesquelles reposent les relations indo-pakistanaises, afin de plaire à l'un sans déplaire à l'autre. Son arme secrète ? Son air ingénu et ses grands yeux écartés semblant happer le moindre mot de son interlocuteur. Jackie Kennedy a ce don de faire croire à son interlocuteur qu'il est la personne la plus importante au monde. Auprès de Nehru, cela fait merveille. Parfaitement au fait de l'histoire personnelle du Premier ministre indien, c'est avec émotion, passion et conviction qu'elle l'interroge sur ses séjours en prison pendant le Raj britannique[1]. Dans les jardins de sa résidence, tout en nourrissant au passage tigres et pandas, Jackie Kennedy écoute, captivée. Nehru, lui, apprécie de jouer au vieux sage devant cette petite fille fragile qui n'hésite pas à en faire trop. Les nombreux journalistes présents rapportent la même anecdote : « Lors d'un combat entre un cobra et une mangouste, Jackie Kennedy se jette d'épouvante dans les bras du Premier ministre. » Après tout, on lui a demandé de resserrer les liens ! *Paris Match* conclut : « L'opinion publique américaine qui lui reproche ses sauts d'obstacle à cheval, son crawl, bref son manque de féminité, va être rassurée[2]. » Le coup de la femme apeurée a bien fait sourire ses proches, qui connaissent la ténacité de Jackie la chasseuse, galopant sans merci aux trousses des petits renards de Virginie.

Ces capacités physiques vont lui servir pour tenir durant ce marathon : visites d'hôpitaux à New Delhi, mausolée de Gandhi, Taj Mahal... Et enfin, Jaipur et sa rencontre avec la maharani Gayatri Devi, l'épouse du maharadja, qui avait reçu l'année précédente son amie la reine d'Angleterre.

Accompagnée de l'ambassadeur des États-Unis en Inde, John Galbraith, la première dame fait un sans-faute. Mais le plus dur reste à venir. Au Pakistan, fini la petite fille ; face au président Ayub Khan, place à la femme fatale qui n'a pas froid aux yeux. Elle l'a bien cerné lors de sa visite aux États-Unis l'année passée, durant laquelle elle avait organisé des festivités exceptionnelles.

---

1. Nom officiel de l'Inde britannique.
2. *Paris Match*, 28 avril 1962.

Toujours double, avec ses airs de jeune fille sage et ses jugements parfois sentencieux, Jackie Kennedy peut aussi jouer les provocatrices. Elle demande un jour à son *bodyguard* Clint Hill de venir voir une toile. « C'étaient des positions très osées du Kâma-Sûtra. » Droit dans les yeux, elle lui lance :

— Ça fera très bien dans la salle à manger de la maison de campagne, à Glen Ora. Cela facilitera les conversations. Qu'en dites-vous, Mr Hill[1] ?

Un sens de l'humour canaille. Parfait : avec Khan, il ne faut pas jouer les effarouchées.

— Les Pakistanais sont plus virils. Ayub Khan n'arrêtait pas de parler politique, de dire qu'il détestait Nehru et ne pouvait pas le supporter, raconte Jacqueline qui doit jouer la connivence sans jamais déraper ni meurtrir l'orgueil indien.

Philippe Alexandre poursuit, dans son article de 1962 : « Lors de ces rencontres, pas un mouvement qui trahisse sa nervosité et toujours ce même sang-froid souriant. Jacqueline se surpasse. » Un parcours d'obstacles que la cavalière émérite franchit sans difficulté. En cadeau, le chef d'État, passionné d'équitation, lui offre Sardar, un splendide étalon issu de ses écuries. Après avoir galopé côte à côte, ils découvrent Lahore, Karachi, Peshawar et sa procession d'éléphants. Malgré la distance, la First Lady tient son mari informé de toutes ses pérégrinations. Kennedy, amusé par l'épisode équestre, lui écrit que le gouvernement a interrompu toutes ses activités séance tenante pour évoquer l'affaire Sardar.

Elle devient les yeux et les oreilles du président et s'applique à lui faire un compte rendu détaillé. À Arthur

1. Clint Hill, Lisa McCubbin, *op. cit.*

M. Schlesinger, elle raconte notamment un épisode qui l'a ulcérée. Pour valoriser le Pakistan, Jackie veut faire croire que le tout nouvel ambassadeur américain, McConaughy, est un proche de Kennedy.

— J'ai essayé de dire devant Ayub qu'ils se connaissaient depuis longtemps. Et là, devant Ayub, McConaughy a protesté : « Ah non, ce n'est pas du tout vrai, Mrs Kennedy. J'ai rencontré le président pour la première fois il y a deux semaines... » J'ai donc écrit à Jack ma seule lettre, lui expliquant que McConaughy était un ambassadeur lamentable, et ce que devait être selon moi notre ambassadeur au Pakistan : un gentleman, un soldat et un ami du président. Je suggérai quelques noms : Bill Blair, Bill Battle. Jack fut si impressionné qu'il la montra à Dean Rusk[1], qui avait imposé McConaughy, en disant : « Voilà le genre de lettres que devraient m'adresser les inspecteurs des ambassades. »

À son retour, sur la base d'Andrews, son mari l'attend au bout d'une haie d'honneur. Un accueil habituellement réservé aux ambassadeurs. Mais John Fitzgerald Kennedy tient à lui témoigner sa considération après cet épuisant périple de trois semaines.

— Ce voyage fut si fatigant qu'au Pakistan nous saignions du nez de jour comme de nuit, Lee et moi [...]. Mais Jack était fier.

La presse américaine est unanime. Elle salue haut et fort son succès en Inde et au Pakistan. Malgré cela, Jacqueline a toujours un fort ressentiment après les critiques essuyées durant la campagne électorale sur ses dépenses, son désamour de la politique, et sa désinvolture parfois.

1. Le secrétaire d'État, équivalent du ministre des Affaires étrangères.

— Je me rappelle avoir pensé : « Une fois que nous serons à la Maison Blanche, nous verrons si tout ce qu'on dit de la femme du président est vrai. »

Enfin, l'heure de la revanche a sonné.

Malgré ce succès, la presse n'est pas toujours tendre avec elle. Il faut qu'elle soit irréprochable. Dès qu'elle sort des sentiers battus, elle est rattrapée au vol. Dans ses entretiens avec Arthur M. Schlesinger, elle raconte les coulisses de la Maison Blanche à son arrivée.

— Soudain, il a fallu faire tourner cette maison, choisir un chef, surveiller la cuisine, les fleurs, les travaux d'aménagement, de restauration, et j'en oublie. À la fin de la journée, j'étais parfois au bord des larmes, mais il fallait que je fasse bonne figure quand Jack rentrait du bureau. Heureusement, il était compréhensif.

Encore une fois, il ne l'oblige nullement à prendre en charge toutes ces tâches. Régulièrement, il lui propose d'aller se reposer, d'aller faire un tour à New York ou voir sa sœur en Italie.

À l'été 1962, Jackie saisit la balle au bond. Après ce voyage officiel en Inde et au Pakistan, puis un autre au Mexique en juin, où elle a enchanté les foules, elle veut faire une pause.

— Régulièrement je me disais : « Flûte, j'ai le droit de m'amuser, d'aller au restaurant à New York ou de m'échapper pour aller chez un antiquaire ou sortir en boîte ! »

À l'été 1962, elle s'accorde un long break. Direction la côte amalfitaine, en Italie. Le 8 août, jour de l'enterrement de Marilyn, Jacqueline débarque à Ravello, un village sur les hauteurs. *Paris Match* consacre de nombreuses pages à son arrivée « avec douze malles, après huit heures et demie de jet, une heure de bimoteur et une heure et demie d'automobile. [...] Une semaine avant, quinze agents du FBI attachés à la Maison Blanche ont épluché Ravello. »

Elle loge d'abord dans une magnifique villa louée par sa sœur, puis à l'hôtel L'Episcopio Ravello, ancien palais de Victor-Emmanuel III. Les paparazzi ont eu vent de l'information. Sans cesse à ses trousses, ils suivent les moindres mouvements de la première dame accompagnée de sa fille Caroline. Sont aussi de la partie la famille Radziwill, le photographe de *Paris Match* Benno Graziani et son épouse Nicole – avec lesquels ils avaient dîné lors de la crise des missiles de Cuba – mais aussi Cyrus Sulzberger, grand reporter au *New York Times*, et la princesse styliste Irène Galitzine... sans oublier le couple Agnelli, Marella et Gianni, l'héritier de Fiat qui prendra bientôt les rênes de l'entreprise.

Ce séjour fait la une des journaux et des magazines. *Queen* titre : « *First Lady in the Sun* ». Fini le personnage parfait de première dame. À Ravello, la jeune femme s'habille à sa guise, en robe dos nu de grande marque, lunettes de soleil design et maillot de bain Pucci. Elle qui aime nager, plonger et faire du ski nautique, le sport jet-set par excellence, s'en donne à cœur joie. Sur la plage, les gens ont collé des pancartes « *Good Holidays, Jacqueline ! Welcome Jacqueline*[1] *!* »

À Washington, John Kennedy s'inquiète. Les clichés montrant Jackie et le play-boy Agnelli à la terrasse d'un night-club, même entourés de toute la bande, font grincer des dents. Quelques jours plus tard, des photos resserrées de Jackie et Agnelli sur un voilier au retour de Capri et de la petite Caroline jouant seule sur la plage créent un

1. *Jours de France*, n° 406, 25 août 1962.

malaise. Le président se fend immédiatement d'un télégramme : « Un peu plus de Caroline et moins d'Agnelli. »

L'insouciante n'est pourtant pas si déconnectée de la réalité et elle prépare déjà sa rentrée. C'est à Ravello qu'elle écrit à Malraux pour le prêt du tableau de Whistler, *Arrangement en gris et noir n° 1*, représentant la mère du peintre[1].

Mais si John lui fait confiance, la bonne société américaine s'offusque. Une association de femmes, les Citoyennes responsables d'Amérique, envoie des lettres de protestation : « Ne croyez-vous pas que vous auriez mieux servi la nation et le président en restant à ses côtés[2] ? » Jackie se souvient du subterfuge de John pour éviter le scandale politique. Un coup de fil à sa belle-mère Janet Auchincloss, un coup de fil aux médias, un coup d'hélicoptère direction Hammersmith Farm chez ses beaux-parents... et le tour est joué. Devant les objectifs, le président retrouve le petit John, resté aux États-Unis, qui saute dans les bras de son papa. Rien de tel qu'une belle scène d'amour paternel – en exclusivité, puisque Jackie interdit d'habitude ce genre de photos – pour faire oublier la virée italienne de la First Lady.

Dans ses entretiens avec Schlesinger, elle dévoile pour la première fois cette intimité avec John. Seulement quatre mois après sa mort, elle évoque des conversations privées entre elle et son mari, raconte les coulisses de cette vie qui l'a rendue beaucoup plus heureuse que les années d'avant la Maison Blanche, témoigne de la place qu'elle a pu occuper lors des heures tragiques de l'Histoire...

Même dépressive et ayant tendance à forcer sur le daïquiri, elle parle pour la postérité et veut faire entrer JFK

1. *Cf.* chapitre 2, p. 13, p. 156.
2. Barbara Leaming, *op. cit.*

au panthéon des grands présidents américains. Durant ces sept conversations, elle cherche à consolider le travail accompli mais inachevé du président Kennedy. Évidemment, pas question de trouver la moindre critique à l'égard de son mari et de ses infidélités.

19

Retour à New York

Après les entretiens avec White pour *Life*, Manchester pour une biographie et Schlesinger pour les historiens du XXIe siècle, Jackie a l'impression d'avoir tout dit. Étouffée par la tristesse, la belle Andromaque tant vantée par la presse sent qu'elle se meurt, prisonnière dans sa propre maison. Elle devient « folle », confie-t-elle à ses proches. Vivre si près de la Maison Blanche et de tous ses souvenirs ne l'aide pas. Au lieu de chercher à retrouver sa vie d'avant, à Georgetown, il faut larguer les amarres, et vite. En juillet 1964, quatre mois après avoir emménagé, elle vend sa demeure. Adieu toutes ces années à Washington. Elle veut retrouver la ville de son enfance, celle de son père tant aimé : New York... et son anonymat.

À l'été 1964, elle visite avec Clint Hill de nombreux appartements près de Central Park. « Elle a jeté son dévolu sur l'un d'eux, au 1040 Fifth Avenue. Elle l'a occupé trente ans durant, jusqu'à la fin de ses jours[1]. » Elle achète un appartement 250 000 dollars avec une vue imprenable sur le Metropolitan Museum of Art et sur Central Park. Finis

1. Clint Hill, Lisa McCubbin, *op. cit.*

les cars de touristes, les photographes, les journalistes et les interviews.

Pour l'anniversaire de l'assassinat de son mari, en novembre 1964, elle accepte de revenir sur la tragédie de Dallas pour la toute dernière fois. C'est le magazine *Look* qui a décroché ce scoop. La négociation a été longue et c'est surtout Robert qui l'y a incitée. Elle consent à écrire un petit texte, à poser en photo avec ses enfants, et participe à la mise en page, car elle veut au mieux illustrer ses mots, toujours les mêmes : « À présent c'est une légende, alors qu'il aurait préféré être un homme. [...] Au moins ne connaîtra-t-il jamais la tristesse qui fut la nôtre[1]. »

Malgré ces beaux mots, elle sait qu'elle doit se libérer de cette légende étouffante. Elle veut faire le vide autour d'elle. Celle que l'on a souvent trouvée froide et peu attachée aux gens va couper les ponts avec tous ceux qui peuvent lui rappeler Washington de près ou de loin. Sans un mot d'explication, elle raye de sa vie les anciens amis de la Maison Blanche : l'ambassadeur français Hervé Alphand et sa femme, Joe Alsop, l'éditorialiste du *Washington Post* et même Charles Bartlett, qui lui avait présenté Jack. Ils lui rappellent trop ce passé douloureux. Seule Nancy Tuckerman, arrivée les six derniers mois de la Maison Blanche, survit. Quant à l'écrivain Truman Capote, qu'elle trouvait si drôle, il a été congédié pour deux raisons : « Parce que j'ai raconté au monde entier que je papotais avec elle dans sa chambre pendant qu'elle s'habillait pour le dîner. Ensuite parce que je suis devenu trop proche de Lee[2]. »

1. *Look Magazine*, 17 novembre 1964.
2. Christopher Andersen, *Jackie après John. Une héroïne américaine*, JC Lattès, 1998.

Car même Lee fait partie de la charrette. Si les deux sœurs se voient encore, plus jamais elles ne partiront en vacances ensemble. La rivalité qui les anime a toujours faussé leur relation. La Maison Blanche les avait unies, mais, depuis le drame de Dallas, Jackie a des réactions violentes envers Lee qui ne la comprend pas.

Fini aussi Mr Hill. En novembre 1964, un an après le drame, l'agent secret a été muté à la protection rapprochée du président Johnson. C'est mieux ainsi. Pour tous les deux. Elle sait que lui non plus ne s'est toujours pas remis de la mort de Kennedy, qu'il se repasse le film en boucle. En tant qu'agent secret, il est persuadé qu'il aurait pu sauver le président. La fêlure est terrible. Le gorille est sous traitement psychiatrique. Mais ces deux blessés ne peuvent pas s'aider. Il faut oublier et se dire adieu. Le jour de son départ, Jackie, émue, lui offre un album photo fait avec un goût exquis et beaucoup d'attentions. Son titre ? *Les Voyages de Clinton J. Hill.* Elle a toujours été la reine pour ces délicates surprises. Cet album, c'est aussi une manière de tourner la page. Pour lui, elle a réuni et commenté avec humour et nostalgie toutes les photos d'eux prises lors de voyages officiels en France, en Inde, au Mexique… Clint est très touché.

Pour Jackie, ce déménagement dans la ville qui ne dort jamais est une résurrection. Elle veut élever ses enfants là où elle a grandi. Elle n'y avait jamais pensé auparavant, mais cela la ravit. L'appartement du 1040 Fifth Avenue se situe non loin du couvent du Sacré-Cœur, où Caroline est inscrite à l'école.

C'est son ami André Meyer, un financier d'origine française, directeur de la banque Lazard Frères, qui lui a conseillé ce retour dans Big Apple. Cet oncle par alliance de Simon et Pierre Nora était son conseiller financier. À la mort de Jack, il est devenu plus proche. Cette éminence de la banque aux États-Unis est alors présentée comme l'un des nombreux prétendants de Mrs Kennedy. Pourtant, ils n'ont rien en commun. Elle se moque de cet acharné du boulot levé dès l'aube. Avec l'humour décalé qui la caractérise, elle explique que s'il est debout tous les jours à 6 heures, « c'est parce qu'il ne s'est jamais remis du décalage horaire en arrivant aux États-Unis[1] ».

Pour se sentir bien, se lancer dans un projet, elle entame de gigantesques travaux. Elle veut remettre à neuf son nouveau quinze pièces comprenant cinq chambres, cinq salles de bains et quatorze fenêtres rivées sur Central Park. En attendant, elle s'installe au dix-huitième étage du célèbre hôtel Carlyle. Les Kennedy avaient un pied-à-terre tout en haut du Carlyle, juste au-dessus de l'appartement qui abritait la superbe collection d'art des Meyer. Très attaché à elle, André Meyer devient son protecteur. Surtout, il éponge ses dettes.

Car l'argent pose de nouveau problème à cette dépensière. En tant que veuve du président, elle reçoit une allocation de 10 000 dollars par an, plus 150 000 dollars qu'elle devra abandonner si elle se remarie. Cela paraît assez pour s'offrir pas mal d'extras… mais malheureusement pas pour elle. Sur un coup de tête, elle peut se ruer sur une antiquité à 100 000 dollars ! Outre ses allocations, avec l'approbation du président Johnson – qui veut rester en bons termes avec la nouvelle reine mère du clan Kennedy –, le Congrès se charge de ses bureaux et de son équipe : son assistante Nancy Tuckerman et son attachée de presse Pam Turnure, qui elle aussi a survécu à la chasse aux sorcières. L'ex-First Lady profite même d'une dispense de franchise postale à vie. Il n'y a pas de petites économies.

1. Citation d'Alain Malraux, entretien avec l'auteure.

Johnson va plus loin et attribue au futur Centre culturel national John F. Kennedy Center for the Performing Arts – à l'origine une initiative privée – un budget de plus de 17 millions de dollars. Un nouveau projet très culturel qui l'enchante. Johnson verse également à tire personnel une belle souscription à la future JFK Library and Museum qui, un jour, sortira de terre. Comme lors de la restauration de la Maison Blanche, Jackie fait appel aux généreux donateurs. Gianni Agnelli, l'héritier de Fiat, verse 100 000 dollars et André Meyer, qui aime la surenchère, cède 250 000 dollars. La France de Charles de Gaulle, qu'elle a pourtant critiquée devant lui, offre 100 000 dollars. Un comble sachant que le Général a annulé la visite officielle qu'il devait effectuer en mars 1964 avec Kennedy sous prétexte qu'il était venu aux funérailles. Décidément, Jackie l'a rendu fou.

Pourtant, depuis la mort de Jack, son opinion sur Charles de Gaulle s'est nettement dégradée. À Schlesinger, elle explique que le président français n'agit que pour sa propre gloire. Il n'aurait jamais osé reconnaître la Chine communiste du vivant de Jack. Du coup, outre l'ambassadeur de France Hervé Alphand, l'autre homme à subir sa colère n'est autre que son cher André Malraux. Interrogée par Arthur M. Schlesinger à son sujet, elle estime que c'est un intellectuel extraordinaire, mais que certaines choses lui échappent. Il est très vieille France, la gloire, le drapeau... Si Malraux intéressait Jack, il voyait bien que de Gaulle le traitait comme Muggsy O'Leary, le chauffeur de JFK. Moins bien, même ! Et il ne servait à rien de faire passer des messages par l'intermédiaire du ministre.

Il est vrai que le ministre de la Culture a été humilié en public lors de l'inauguration de la *Joconde* à Washington. À peine arrivé aux États-Unis, il apprend que le Général a précisément choisi cette date[1] pour annoncer son refus de voir la Grande-Bretagne – cette perfide Albion à la botte des États-Unis – intégrer la CEE. Une petite vacherie, car Charles de Gaulle voit d'un mauvais œil les courbettes de son ministre devant les Kennedy. Pour Jackie, s'il reste « le plus fascinant des hommes », il a un terrible défaut :

— Il vénère de Gaulle comme un cocker adore son maître.

Dès lors, la correspondance par valise diplomatique s'essouffle. Quand, en 1965, le ministre quitte sa femme Madeleine, avec qui Jackie s'est liée d'amitié, la rupture est consommée. Pas question de voir l'écrivain se perdre dans l'alcool, les amphétamines et les bras de Louise de Vilmorin. Jacqueline coupe les ponts. En 1967, Malraux publie ses *Antimémoires*, dédiés à Jackie. Un geste hautement symbolique. Malgré ses espoirs, celle qui se fait une religion de répondre dans les vingt-quatre heures ne l'a jamais remercié. Un affront dont l'homme de lettres est ulcéré.

Parmi ses nouveaux amis du moment, il y a donc Madeleine Malraux, pianiste qui a trouvé réconfort auprès d'André Meyer, mais aussi la très sélecte comtesse Vivi Stokes Crespi. Une *fashion addict* comme elle, toujours vêtue des dernières collections Valentino, Givenchy… Justement, depuis son arrivée à New York, elle s'habille à sa guise, sans penser à ce que dira « l'Américain moyen ». Finies les tenues *made in USA* et les copies de Chez Ninon. Elle fréquente également la richissime Bunny Mellon. À cette époque, Jacqueline se métamorphose et s'entoure de nouvelles connaissances. Après avoir uniquement fréquenté le monde de la politique du temps de JFK, elle s'intéresse

1. Le 14 janvier 1963.

désormais à celui de la jet-set internationale. Elle ne veut plus entendre parler de sénateurs ou de membres du congrès.

La nouvelle Jackie apparaît dans les journaux, traquée par les paparazzi. Elle sait que les Américains regrettent déjà la jeune femme en noir des funérailles. Découvrir leur veuve tragique soudain photographiée en mini-jupe, à la sortie des boîtes de nuit branchées de New York ou escortée par une brochette de célibataires invétérés comme Marlon Brando, Frank Sinatra ou le cinéaste Mike Nichols commence à faire grincer des dents. Même si son mari est mort depuis plus d'un an, qu'importe ! Sa volonté de croquer la vie n'est pas du goût de tout le monde. On préférait ses anciennes fréquentations.

En secret, elle entretient une liaison avec un architecte de dix ans son aîné, John Carl Warnecke. Elle l'avait contacté pour dessiner le site de la tombe de John Fitzgerald Kennedy. Ils s'étaient rencontrés en 1963 à l'ambassade de Grande-Bretagne et il avait immédiatement été conquis. Une relation dont elle parle à ses proches et qui durera près de deux ans, dès la fin de l'année 1964.

Mais de là à croire que la romance est exclusive et fait vibrer Jackie… ! Elle chérit sa liberté et se fait désirer. Il y a un homme qu'elle aime particulièrement faire tourner en bourrique : l'armateur grec Onassis.

Elle l'a vraiment rencontré l'année précédente, après la mort du petit Patrick, quand elle était en pleine dépression. Mais elle avait fait sa connaissance avant, lors d'un déplacement en Grèce. En octobre 1963, sa sœur Lee Radziwill lui propose, pour lui remonter le moral, de partir en croisière sur le yacht d'Aristote Onassis, avec lequel elle trompe ouvertement son mari, le prince Radziwill.

Jackie se souvient que Jack s'était fermement opposé à cette idée. Il connaissait bien le milliardaire play-boy, beaucoup trop sulfureux. Ensuite, pour des raisons politiques, c'était un danger, l'armateur ayant eu des démêlés avec les autorités américaines. À quelques mois de l'élection présidentielle de 1964, un voyage avec ce divorcé paradant au bras de la cantatrice Maria Callas aurait été du plus mauvais effet…

Malgré ces arguments, Jackie s'illumine en pensant à ce voyage de Smyrne à Ithaque. Après la tragédie qu'elle vient de traverser, John n'a pas la force de lui interdire. Mais il lui impose des chaperons qui feront bon effet auprès de l'opinion : le sous-secrétaire d'État au Commerce Franklin D. Roosevelt Jr et son épouse Suzanne. Si la mission peut paraît agréable, le fils de l'ancien président a l'impression de jouer les baby-sitters de Jackie. D'autant que tout y passe : luxe, fêtes, sorties trop médiatisées… Le *Boston Globe* s'étonne : « Ce genre de comportement est-il convenable pour une femme en deuil ? » Comme lors de son voyage en Italie l'été d'avant, la Maison Blanche est assaillie de courriers. Une femme ne part pas seule en vacances sans son mari. Même le Congrès en fait une affaire d'État. Le représentant de l'Ohio, Oliver Bolton, juge « inconvenant » d'avoir accepté l'« hospitalité prodigue » d'un armateur en mal avec la justice américaine pour une histoire de fraude fiscale. Il accuse aussi le « baby-sitter » Franklin D. Roosevelt Jr, en tant que sous-secrétaire d'État au Commerce, de « conflit d'intérêts[1] ».

Pour amadouer son mari, elle lui écrit des lettres. Des mots sans fin adressés à son « *dearest, dearest Jack* » pour lui raconter son voyage par le menu. Mais elle ne dit pas tout.

---

1. *The Evening Independent*, 15 octobre 1963.

Elle sait que le courant est bien passé avec le dispendieux Aristote. Ce dernier, à la fin du voyage, a gâté ses hôtes avec un petit cadeau d'adieu. Lee Radziwill, qu'Onassis a snobée tout le séjour, n'a reçu qu'une babiole et est absolument furieuse. La First Lady, elle, repart avec un bracelet en rubis estimé à 500 000 dollars.

À son retour, Jackie sait qu'elle doit se faire pardonner. Auprès de John et auprès des citoyens américains. Pour regagner leur confiance et faire oublier son comportement déplacé, Jack lui propose un déplacement pour préparer la campagne présidentielle de 1964. Il faut tenter d'aider les démocrates qui perdent du terrain dans un État très important pour l'élection : le Texas. C'est promis, elle ira à Dallas avec lui fin novembre.

Lors des funérailles de Jack, la presse n'a pas osé signaler la présence de l'armateur grec. Pourtant, l'ex-First Lady l'a personnellement invité le 25 novembre à l'enterrement. Elle compte rester amie avec cet homme tellement différent de tous les gens qu'elle fréquente aux États-Unis. Dans le plus grand secret, elle continue de prendre des nouvelles de son hôte. Et en 1965, discrètement cette fois, elle retourne faire une croisière sur le *Christina*, le yacht d'Onassis, sans sa sœur. Le fait que Lee ait eu une aventure avec lui ne la dérange pas le moins du monde. Dans leur petite lutte fratricide, c'est toujours un point de marqué. Qu'ils ne soient pas de la même génération ne la perturbe pas non plus. Les messieurs la rassurent. Elle aime d'ailleurs cultiver les escortes platoniques et romanesques comme André Meyer, qui a trente ans de plus qu'elle, ou l'ex-secrétaire adjoint à la Défense sous l'administration Kennedy, Roswell Gilpatric, de vingt-trois ans son aîné.

Toutes ces escortes font jaser. Pourtant, Jackie a été très claire. Elle a tiré un trait sur sa vie de première dame.

Pour prouver qu'elle ne parlerait plus jamais de cette époque, elle refuse toutes les inaugurations, les invitations… Qu'importe les hôtes et leur prestige. C'est non. Sa seule exception ? En mai 1965, elle fait l'effort de venir en Grande-Bretagne. La reine Elizabeth II dédie un mémorial à John Fitzgerald Kennedy, dans le pré où le roi Jean sans Terre a signé la Grande Charte en 1215. Un insigne honneur. Entourée de ses enfants, Jackie Kennedy sourit poliment aux photographes sans s'impliquer davantage. Elle a prévenu le staff de la reine qu'elle ne s'exprimera pas. Bouche cousue aussi, deux ans plus tard, lors du baptême du porte-avions *USS John F. Kennedy* sur lequel la petite Caroline lance de toutes ses forces la traditionnelle bouteille de champagne.

Elle veut que l'Amérique comprenne qu'elle est la mère des enfants Kennedy, qui porteront l'héritage de leur père. Mais, comme elle l'avait spécifié à Theodore White quatre jours après les funérailles, elle ne veut pas vivre dans l'ombre du défunt président et courir d'une remise de médaille à une autre. Elle estime avoir fait son devoir en novembre 1963. À présent, pour construire un avenir à Caroline et à John, il n'est pas question d'incarner la veuve éternelle.

20

Bobby

Depuis ce soir du 22 novembre, depuis qu'ils se sont tenu la main en sortant de l'avion derrière le cercueil de JFK, ils ne se sont plus quittés. Ils sont même allés se recueillir ensemble au cimetière d'Arlington, la nuit. Robert Kennedy a besoin de Jackie autant qu'elle a besoin de ce soutien masculin. Le jeune frère de John est dévasté par le chagrin. Il se sent coupable de la mort du président. Avant le drame, il s'était lancé à l'assaut de la mafia américaine. Or, la mafia est souvent citée parmi les commanditaires possibles de l'assassinat du président.

Depuis novembre, Bobby va très mal. Il perd beaucoup de poids. En dépression, il devient soudain un farouche opposant au nouveau président Johnson, l'usurpateur, dont il est pourtant ministre de la Justice. Il l'accuse de vouloir s'accaparer l'œuvre politique de son frère. S'il reste au gouvernement, c'est uniquement parce qu'il s'est fixé un objectif : exterminer le Ku Klux Klan, sa bête noire. Martin Luther King lui a révélé leurs nombreux crimes et Robert en a fait une affaire personnelle. En sept mois, l'organisation de quinze mille membres est mise hors d'état de nuire.

Robert et Jackie se soutiennent mutuellement. La mort de Jack les a rapprochés. Mais il y a toujours eu une vive affinité entre eux. Dès son arrivée chez les Kennedy, il l'a accueillie. Même lors des premiers déplacements de campagne, où elle gênait tout le monde, il lui a fait confiance. Une fois, il était venu la voir en lui disant : « Qu'est-ce qu'on fait pour le Nevada ? » Occupée à gérer les enveloppes, la seule tâche qu'on lui êut dévolue, elle avait osé lui proposer : « J'ai un oncle qui vit au Nevada. » Personne n'imaginait qu'elle puisse avoir un parent dans la politique, or cet oncle était très lié à l'ancien sénateur démocrate. Bobby l'avait immédiatement contacté, et il avait pu les aider sur le terrain.

Surtout, à la mort du premier enfant des Kennedy, il a été très présent. En septembre 1956, alors que la grossesse est compliquée, Jack part en vacances durant l'été sur la Côte d'Azur. Ayant déjà fait une première fausse couche, elle ne peut l'accompagner. Il ne le souhaite d'ailleurs pas : il part faire la bringue. Il est injoignable – sur un yacht et en bonne compagnie – quand on tente de le prévenir que Jacqueline a frôlé la mort et accouché par césarienne d'Arabella, une enfant mort-née. C'est Bobby qui a soutenu Jackie dans les derniers moments et a eu la lourde tâche de lui annoncer le drame à son réveil, après l'anesthésie. C'est aussi lui qui fait pression sur son aîné pour qu'il rentre au plus vite, ce qu'il n'avait pas envisagé.

Avec le décès de son frère, Bobby change. La dépression transforme cet homme arrogant et cassant. En peu de temps, il mûrit, acquiert de la profondeur, de la gravité, un sens de la mission. Ne supportant plus de faire partie de l'équipe du président, il démissionne et brigue le poste de sénateur de l'État de New York. Les mauvaises langues avancent que c'est ce qui a hâté le déménagement de Jackie à Central Park. Elle s'installe en effet à deux pas de chez lui. Les bonnes âmes rétorquent qu'elle a cherché un appartement également tout près de celui de sa sœur Lee, qu'elle voit pourtant moins.

Une chose est sûre : le concierge note beaucoup d'allées et venues de Robert Kennedy chez Jacqueline, et les agents de sécurité ont été priés d'arrêter leur service à la nuit tombée. La gouvernante, Maud Shaw, qui a suivi la famille à New York, raconte que Bobby accompagne les enfants à l'école et assiste aux réunions scolaires. Il se considère comme un père de substitution et le fait comprendre à sa femme Ethel… qui se retrouve bien souvent seule avec leurs huit enfants. Dans son interview à Theodore White, Jackie avait prévenu que John-John aurait besoin d'un père et que son oncle serait là.

Les rumeurs de liaison se multiplient. Dans son appartement, tout le monde a noté le portrait de Robert trônant en bonne place alors qu'elle n'a pas de photo de JFK. Trop douloureux. Le sujet est d'ailleurs tabou. Ses enfants le savent et la protègent. Un jour, le petit John lit avec elle un livre pour enfants sur l'histoire de son papa. En tournant les pages, il s'écrie : « Ferme les yeux, maman ! », puis arrache la photographie représentant la Lincoln présidentielle à Dallas, pour que sa mère ne souffre pas.

Parler de son défunt mari est douloureux. Évoquer Dallas est impossible.

Elle ne veut pas voir l'histoire de leur vie racontée partout. En 1965, elle se sépare de sa gouvernante de toujours, Maud Shaw. La nurse anglaise a signé un juteux contrat d'édition pour raconter sa vie auprès des Kennedy. Même si elle ne dévoile que de petites anecdotes autour des enfants, Jackie est furieuse.

Il y a pire. *Mort d'un président* de William Manchester la paralyse. C'est pourtant Jacqueline qui est allée chercher cet auteur de biographies à succès pour lui raconter, au printemps 1964, le drame de Dallas en détail. Mais, un an plus tard, elle a l'impression de revivre encore et toujours la tragédie. Elle avait pourtant elle-même choisi William Manchester car elle savait qu'il était un grand admirateur de Kennedy. C'est à ce titre qu'il avait accepté les conditions drastiques de l'ex-First Lady. Dès mars 1964, comme Arthur M. Schlesinger, il s'était rendu chez elle, à Georgetown, pour deux séances d'interviews. Après Theodore White et Arthur M. Schlesinger, c'est la troisième et dernière interview qu'elle donne sur la présidence Kennedy.

En tout, dix heures d'enregistrement sans langue de bois. En confiance après l'accord qu'elle a conclu, elle se laisse aller à la confidence. Elle lui dévoile les lettres qu'elle écrivait à son mari, raconte avoir fait une sieste crapuleuse avec JFK la veille de l'attentat de Dallas, dans l'avion, et explique que c'est sa mère qui a demandé à Maud Shaw d'avertir la petite Caroline de la mort de son papa. Des informations trop intimes, « divulguées sur le coup de l'émotion », se défend-elle. Elle ne veut pas les voir publiées. Mettant en avant le droit moral d'une veuve ayant trop parlé, Jacqueline poursuit l'auteur et l'éditeur en justice. Un droit qui a bon dos, selon Manchester : « Après trois années harassantes de recherches et d'écriture, qui m'ont forcé à différer tout autre engagement, une fois le manuscrit édité et approuvé, elle a décrété qu'elle ne voulait plus que le livre paraisse, ou du moins voulait-elle qu'il paraisse sous une forme méconnaissable. » Finalement, un accord est trouvé après une bataille juridique de longue haleine. Les entretiens sont publiés avec de nombreuses coupes, et les enregistrements restent sous scellé pour une période de cent ans, jusqu'en 2067 ! Même si cela peut paraître irrationnel, elle est incapable de voir le passé resurgir. Alors qu'elle a rassemblé tout son courage pendant quatre jours, du 22 au

25 novembre 1963, afin que personne n'oublie Jack et son action, il lui est impossible à présent de faire de nouveau face à ces événements.

Cette souffrance, elle la partage à 100 % avec Bobby. Ensemble, ils veulent prolonger l'œuvre de John. C'est la raison pour laquelle elle se sent obligée de pousser la carrière politique de Robert. Elle veut lui faire bénéficier de ce qu'elle a appris. En novembre 1964, elle s'affiche avec lui lors de sa campagne pour devenir sénateur de l'État de New York. Elle accepte même qu'il soit photographié avec le petit prince, John-John. Une torture : cela lui rappelle tant de souvenirs. Mais elle sait que l'« effet Jackie » peut encore fonctionner auprès du public.

Bobby n'est pas le seul à vouloir jouir de son aura. Le président Johnson a aussi besoin d'elle pour revendiquer l'héritage de JFK. Il doit s'attirer les bonnes grâces de la veuve de l'Amérique, devenue un atout politique incommensurable. Elle est la princesse de Camelot et tout le monde veut profiter de la légende.

On comprend pourquoi Johnson lui propose immédiatement plusieurs postes au sein de l'administration. Au début de l'année 1965, son beau-frère Stas Radziwill, le mari de Lee, l'encourage vivement à accepter le poste d'ambassadrice à Paris offert sur un plateau par le président. Une fonction qui lui donnerait l'impression de poursuivre l'œuvre de son époux tout en assurant son avenir. Jackie hésite. En partant pour Paris, elle ruinerait les chances de Robert dans une éventuelle campagne présidentielle en 1968. Il a besoin d'elle. Sans compter que sa nouvelle vie frivole à New York lui convient très bien et lui permet d'oublier Jack.

Comme lorsqu'elle avait remporté le concours de *Vogue*, elle renonce à Paris. Il était écrit qu'elle n'habiterait jamais dans la Ville Lumière. Mais, en secret, elle poursuit la *soft diplomacy* qu'elle maîtrisait si bien du temps de son mari. Johnson lui confie quelques missions. Sous couvert de voyages personnels, le département d'État lui demande de se rendre au Cambodge pour tenter d'endiguer la vague anti-américaine en se rapprochant du prince Sihanouk. Elle demande son accord à Bobby, arguant qu'en cas de succès le clan Kennedy en tirerait avantage. Avec réticence, il accepte de la voir collaborer avec « l'usurpateur Johnson ». Mais la guerre du Vietnam a trop d'impact dans la région pour que le charme de l'ex-First Lady ait la moindre influence sur la politique cambodgienne.

Au fond, ce n'est pas pour la gloire qu'elle part, mais pour se donner de l'importance auprès de Bobby. La jet-set en mal de ragots est tout émoustillée par leurs rapports ambigus. Tout le monde jase en évoquant la veuve et son beau-frère. Franklin Roosevelt Jr, le chaperon envoyé par JFK lors de la croisière sur le *Christina*, les voit se comporter « comme des adolescents en mal d'amour ». On parle de l'union d'un homme en deuil et d'une femme abîmée par l'infidélité de son mari. Même Pierre Salinger évoque de « forts relents incestueux ».

Cherche-t-elle à remplacer un Kennedy par un autre ? Toujours est-il que les deux frères ont été élevés par le même père : Robert partage la définition de la fidélité de son aîné. Il multiplie les conquêtes. Jackie cherche à le rendre jaloux. Pour cela, rien de mieux que lui parler du milliardaire prêt à tout pour elle : Aristote Onassis. Ce nom fait frémir Robert, qui a déjà été choqué de le voir le jour de l'enterrement de son frère puis, le soir même, à l'anniversaire du petit John. Il sait que sa belle-sœur a un vrai problème avec l'argent, ce qui donne à Onassis un atout redoutable. Pour preuve, lorsque Bobby demande à Jackie de ne plus se faire payer de bureau par le Congrès

– ni les salaires de Pam Turnure et Nancy Tuckerman – de peur qu'un scandale ne vienne ternir sa carrière, elle est furieuse... et demande à Onassis de prendre le relais.

Si elle agace son beau-frère avec cet épouvantail grec, elle lui accorde une grande partie de son temps pour l'aider en politique. Elle ne rêve pourtant pas de le voir s'installer à la Maison Blanche avec sa femme Ethel. Il ne peut exister qu'un Camelot ! Mais, en mémoire de Jack, elle soulève des montagnes pour lui. Il la consulte à maintes reprises ; son avis compte. Sans oublier toutes les relations qu'elle met à sa disposition auprès des médias, des milieux politiques ou des généreux bienfaiteurs qu'elle incite à financer sa campagne. Jamais elle ne s'est autant intéressée à la politique pure et dure. Robert l'a sensibilisée aux questions intérieures, à la pauvreté, et surtout à l'épineux problème du Vietnam – il répète que jamais son frère ne s'y serait embourbé, contrairement à Johnson.

C'est elle qui va lui donner le bon timing pour la primaire démocrate. Contrairement à ses conseillers qui le poussent à se lancer au plus vite dans la course, elle le convainc de laisser passer l'automne 1967, durant lequel les démocrates sont en mauvaise posture.

— Et quand tu te présenteras pour de bon, sois sincère. Sois toi-même. N'essaie pas d'être Jack[1].

Pour lui, elle retarde l'éventualité d'un mariage avec Onassis, qui se dessine peu à peu. Cet événement pourrait créer des remous et lui coûter l'élection. Elle attendra. Comme du temps de John Kennedy, Jacqueline est un soutien moral de taille, notamment pour les discours. Tous les soirs, par téléphone, ils débriefent ensemble les

1. C. David Heymann, *Bobby et Jackie, une passion secrète*, Albin Michel, 2010.

points à aborder, les tactiques à mettre en place. Elle est un conseiller de l'ombre. Elle n'est plus du tout la même que lors de la campagne de 1960, où elle servait encore de faire-valoir. Aujourd'hui, elle veut contribuer à faire élire son beau-frère. Ce serait sa revanche sur tous ceux qui ont voulu abattre son mari. Une manière de nettoyer la boue de Dallas.

Pourtant, la politique et sa violence la dégoûtent toujours. Le 4 avril 1968, le leader Martin Luther King est assassiné à Memphis, Tennessee. Jackie écrit à sa veuve et se rend aux funérailles. Par devoir. Elle qui ne se déplace plus jamais à des événements publics veut, cette fois, afficher le nom des Kennedy au côté de celui du pasteur qui avait été reçu par son mari à l'été 1963. Cet enterrement est un supplice. Elle se souvient du télégramme que cette figure des droits civiques lui avait tout de suite envoyé, le 22 novembre : « Mrs Kennedy. Au nom de tout le peuple noir, je vous présente mes plus sincères condoléances pour la mort du président John F. Kennedy. »

Encore une fois, en présentant ses condoléances à Mrs King le jour de l'enterrement, elle revit son propre drame. Elle a l'impression que jamais elle ne sera libérée de ces images qui la hantent.

Pour elle, le pays devient fou. Elle a de plus en plus peur pour ses enfants. Le 3 juin, les coups de feu essuyés par Andy Warhol, le chantre du Pop Art, est un exemple de plus. Par miracle, il s'en sort. Elle a toujours aimé les photos sérigraphiées qu'il a faites d'elle après le décès de Jack.

Malgré ses peurs, elle encourage Bobby dans son combat électoral. Le 5 juin, il est à Los Angeles. Il est déjà tard lorsqu'elle apprend, depuis New York, qu'il vient de remporter les primaires démocrates dans l'État clé de

Californie. Elle est ravie. La campagne présidentielle pour conquérir la Maison Blanche n'est plus très loin. Vers 3 heures du matin, Lee l'appelle de Londres :

— Jackie, comment va Bobby ?

— Très bien, c'est formidable. Tu ne sais pas qu'il a gagné en Californie avec 53 % des voix ?

— Mais, Jackie, on lui a tiré dessus. Ça s'est passé il y a quelques minutes à peine[1]...

La tragédie se poursuit. Son frère de sang, sa bouée de sauvetage est en train de s'échapper. Johnson met immédiatement un avion d'*Air Force One* à sa disposition. Une fois de plus, elle s'apprête à ramener le corps d'un Kennedy sans vie. Le cadavre d'un homme aimé.

Bobby vient de terminer son discours à l'hôtel Ambassador, le sourire aux lèvres après sa belle victoire. Il quitte la salle de réception par les cuisines lorsque Sirhan Sirhan, un Palestinien, lui tire dessus. Le meurtrier évoque le soutien de Robert à Israël lors de la guerre des Six-Jours en juin 1967 pour expliquer son geste. Mais, comme pour son frère, la théorie du complot est très vite évoquée. Encore une fois, Jackie Kennedy ne veut pas savoir.

Elle se rend à l'hôpital où Ethel pleure son mari aux côtés de Ted, le seul fils Kennedy encore en vie. Très catholiques, ils refusent de « débrancher » leur proche, entre la vie et la mort. Jacqueline prend cette lourde décision. Enceinte de leur onzième enfant, Ethel est anéantie. Tous trois ramènent le corps à Washington. À l'un de ses flirts, Roswell Gilpatric, Jackie raconte :

— Moi aussi, après tout, j'avais fait le même voyage, dans ce même avion, moins de cinq ans plus tôt. Je me

1. Christopher Andersen, *Jackie après John*, *op. cit.*

sentais terriblement mal pour Ethel – et honnêtement pour moi-même[1].

Sa décision est prise. Le drame de Dallas et cette violence la poursuivront, elle et ses petits, à jamais. Elle va quitter l'Amérique. Caroline et John n'y sont plus en sécurité. Jusqu'à présent, elle avait le devoir d'aider Robert à réaliser ses rêves, à poursuivre le destin des Kennedy, comme Jack l'avait fait en prenant la place de son frère aîné, Joe, mort au combat.

Aujourd'hui, il n'y a plus rien à espérer. Elle a déjà enterré deux Kennedy. Elle refuse que ses enfants soient les prochains sur la liste.

1. C. David Heymann, *op. cit.*

21

Rompre l'enchantement

La magie de Camelot n'a pas été un mirage. À la parution de l'article de Theodore White dans *Life*, les Américains ont adhéré à cette métaphore d'une Amérique idéalisée avec à sa tête un prince, sa princesse et leurs merveilleux enfants. Si Jackie sait que les gens veulent croire aux belles histoires, elle n'a pas compris qu'ils pouvaient aussi être très déçus de voir cette histoire souillée par la réalité. En 1968, l'ex-First Lady subit un retour de bâton qu'elle ne pouvait prévoir. Son mariage avec Onassis, le 20 octobre 1968, déclenche un séisme. Les journaux du monde entier en font une affaire d'État.

« Jackie, comment avez-vous pu ? » interroge le *Stockholm Express*. Pour le *Bild Zeitung* : « L'Amérique perd une Sainte ». Pour le *New York Times* : « Colère, choc, désarroi, telle est la réaction des Américains ». En France, *Le Monde* écrit : « Jackie [...] choisit maintenant la provocation[1]. » La caryatide de marbre guidant son peuple après l'assassinat de Kennedy n'a pas le droit de choisir son destin. Elle appartient aux Américains. En épousant cet armateur grec, elle tombe de son piédestal.

1. André Fontaine, *Le Monde*, 20 octobre 1968.

Non, elle n'a pas voulu être enterrée vivante telle une nouvelle Antigone. Elle a compris que, drapée de sa robe de deuil, elle ne pourrait vivre que le rôle de la veuve digne. Il faut casser le mythe pour se libérer. Ce mariage sidérant prouve sa volonté farouche de salir non pas la mémoire du président Kennedy, mais cette légende dans laquelle elle s'est retrouvée prise au piège. Cette perfectionniste avait trop bien réussi sa « mission » lors des funérailles de Jack.

Pour faire oublier Camelot, elle choisit son dieu grec. Un dieu d'argent, parti de rien : Aristote Onassis. Ce qui choque, c'est qu'il ne soit pas américain. Après l'assassinat de son mari, la tempête au moment de son remariage est un nouvel événement d'une violence inouïe. L'Amérique la bannit. Comment cette femme – la mère de famille américaine par excellence, puis la veuve idéale qui a su insuffler tant de courage à ses concitoyens – ose-t-elle les abandonner de la sorte ? Les mêmes Américains qui lui avaient écrit à la mort de Kennedy lui envoient des lettres d'insulte à son domicile.

Jackie, toujours aussi attachée à son indépendance, veut rester libre coûte que coûte. Si elle plie bagage après l'assassinat de Bobby, c'est aussi parce qu'elle se sent en danger aux États-Unis. Le complot, les responsables peuvent être partout. Selon elle, les services de sécurité ont une fois de plus laissé un Kennedy sur le carreau. En se réfugiant en Grèce, pays où elle se sent bien, auprès d'un homme dont le *Secret Service* personnel a de quoi faire pâlir d'envie les plus grands chefs d'État, elle se sent protégée. Dès sa première croisière sur le *Christina*, elle avait été stupéfaite de voir la puissance de cet homme, si entouré. Ses nombreux gardes du corps, la sécurité autour de lui et de son île lui donnent le sentiment que ses enfants sont à l'abri de tout. Même des photographes.

À New York, elle a plusieurs fois eu peur. Déjà, parce qu'un paparazzi s'est pris de passion pour elle. Ron Galella, d'origine italienne. C'est la terreur des vedettes. Marlon Brando lui a déjà cassé la mâchoire. Woody Allen s'est énervé et Tony Montana, *alias* Al Pacino, a retenu ses poings. Pour Ron, pas de limite. Même si Jackie ne supporte pas que l'on photographie ses enfants, pas question de passer à côté d'un bon cliché. En 1969, il réalise une belle série d'elle et son fils à vélo dans Central Park. Lorsqu'elle l'aperçoit, elle court droit sur lui et ordonne à son agent du *Secret Service* d'écrabouiller son appareil. Elle refuse qu'il publie les photos de son fils John. Mais l'entêté ne rend pas sa pellicule. Ils l'emmènent alors au commissariat où il est arrêté pour harcèlement. Cela va jusqu'au procès. Le juge avait été placé là par le président Kennedy : Ron Galella est condamné à se tenir à 45 mètres de Jackie. Mais cela ne le freine pas. Pour la traquer, il se déguise, comme il le fait pour Liz Taylor, son autre proie fétiche. Souvent l'ex-First Lady l'aperçoit et le regarde l'air de dire : « Oh, c'est encore vous ? »

Le paparazzi n'a aucune pitié, surtout depuis qu'une employée de Jackie lui a révélé que sa patronne possède un exemplaire de *Jacqueline*, le livre de photos qu'il lui a consacré[1]. Il sait que ce n'est pas pour elle qu'elle joue les effarouchées. C'est pour ses enfants. Jackie veut préserver leur anonymat et les protéger du harcèlement médiatique. Sa fille Caroline a toujours vécu avec les objectifs braqués sur elle et en souffre. Un jour, elle a même été renversée par une meute de photographes au ski. Quant à son fils, il se bat une fois à la sortie de l'école St. David où il est inscrit. Des garçons l'ont suivi en l'appelant « John-John[2] »

1. Christopher Andersen, *op. cit.*
2. « John-John » est le surnom que sa famille lui a donné. Quand son père l'appelait du balcon de la Maison Blanche, il criait toujours deux fois le prénom de son fils. Ainsi serait né le diminutif.

et en hurlant : « Ton père est mort ! » Malgré tous ses efforts, cet assassinat les poursuit. Elle sait que la pression liée au nom Kennedy est lourde à porter. Contrairement à Eunice, l'une des sœurs de son défunt mari qui élève ses enfants dans la gloire de leur lignée, brodant d'un beau « Kennedy » tous leurs vêtements, Jackie tente de créer autour des siens une vie aussi normale que possible. Pour cette raison, elle n'aime pas trop que Caroline et John fréquentent les cousins Kennedy.

Son mariage avec Onassis doit les protéger des dangers liés à leur nom. Une union qui a été mûrement réfléchie. Une indiscrétion dans la presse a hâté les choses. L'armateur n'a pas pris la peine d'informer Maria Callas, sa maîtresse qui pensait devenir son épouse. Folle amoureuse de son compatriote, la cantatrice est au désespoir. Ce crève-la-faim devenu milliardaire veut poursuivre sa conquête du monde. Épouser une Kennedy, c'est une revanche sociale. La Callas n'est qu'une femme, Jackie est un Graal.

« Je ne vais pas vivre en Europe. Je ne vais pas voyager outre mesure », affirmait Jacqueline dans son interview à Theodore White en 1963. En épousant Onassis, elle va parcourir l'Europe, la Méditerranée et les Caraïbes. Son nouveau havre de paix : l'île de Skorpios, où ils se sont dit « oui ». Un mariage aux antipodes de celui avec John Fitzgerald Kennedy. Une union célébrée dans l'intimité, au milieu des cyprès. C'est une nouvelle vie qu'elle veut aussi éloignée que possible de ses années Maison Blanche.

Aux journalistes présents après accréditation, Jackie demande, avant de pénétrer dans la petite chapelle blanche :

— Vous comprenez, j'espère, que même les gens célèbres éprouvent au fond de leur cœur les mêmes émotions que M. Tout-le-Monde aux moments les plus importants d'une existence : la naissance, le mariage, la mort.

Nous voulons que notre union soit célébrée [...] en la seule présence de membres de nos familles.

À ses côtés, ses enfants, les Auchincloss, ses belles-sœurs et son beau-frère Kennedy. La famille n'a pas accueilli le mariage avec joie, mais a fait le déplacement. Caroline et John font des têtes d'enterrement. Jackie, trente-neuf ans, porte la même coiffure que sa fille, dix ans : une demi-queue avec un ruban blanc dans les cheveux. Pas de chichi non plus pour la robe. La mariée a choisi un ensemble Valentino, son nouveau créateur fétiche. Un haut en dentelle avec un col cheminée et une jupe de crêpe qui font le tour du monde. À l'image de cette robe toute simple, la réception a lieu sur le *Christina*, sans excentricité. Son alliance : un anneau de rubis et de diamants, d'une valeur de plus d'un million de dollars.

De confession orthodoxe, l'armateur de soixante-deux ans épouse une catholique romaine. Le Vatican s'en mêle. La pécheresse qui ose épouser un divorcé pourrait être excommuniée. Elle y échappe de peu grâce à l'intervention du cardinal de Boston, Mgr Cushing. Cet homme qui a marié Jackie, enterré son nourrisson, Patrick, puis son mari trois mois plus tard « plaide la charité[1] ». Lui aussi est alors assailli de courriers d'injures. Comment cet homme d'Église que le monde entier a regardé le 25 novembre 1963 à la cathédrale St. Matthew ose-t-il laver cette pécheresse de tout soupçon ? Ses ouailles sont outrées. Après Andromaque, Jackie devient la nouvelle Marie-Madeleine. Le cardinal offre immédiatement sa démission à Paul VI, en raison des centaines de « messages haineux[2] » reçus en quelques jours. Le pape refuse et l'affaire se calme.

1. *Le Devoir*, 28 octobre 1968.
2. *The Catholic Herald*, 1er novembre 1968.

Si l'Église ne l'excommunie finalement pas, pas de quartier en revanche côté américain. Le *Secret Service* met fin à la protection rapprochée de l'ex-First Lady. L'« Ari », comme l'appellent ses proches, devient le nouveau Rastapopoulos, l'homme le plus détesté de la planète. La romantique Jackie le voit comme son nouvel Ulysse. L'armateur, né à Smyrne, lui fait revivre grandeur nature l'*Iliade* et l'*Odyssée* qu'elle a tant aimées. Il y a une vraie complicité entre eux. Contrairement aux autres hommes depuis Kennedy, il lui parle normalement, la taquine beaucoup, et n'est pas à plat ventre devant elle. Parfait, car cette femme classique ne veut surtout pas se retrouver avec un « M. Jackie Kennedy ». Or, peu d'hommes dans le monde peuvent rivaliser avec sa célébrité. Aristote a l'argent, la carrure, le nom d'un philosophe et la force de caractère nécessaire pour ne pas être éclipsé. Sa vivacité d'esprit a su séduire Churchill et Rainier de Monaco[1]. Jackie lui trouve beaucoup de charme, de charisme et une vive intelligence. S'il n'a pas lu beaucoup car il s'est fait tout seul, il absorbe tout comme du buvard.

Et puis il veut la protéger, ainsi que sa progéniture. Il comprend l'enfer qu'elle subit en étant sans cesse épiée et jugée par le monde. Malgré son âge, il se sent vite proche de ses enfants, qu'il couvre de cadeaux. À Caroline, il achète un voilier semblable au *Caroline* sur lequel naviguait son papa. Il accepte même d'aller aux réunions scolaires, aux compétitions équestres… Malgré cela, la petite fille reste méfiante. Elle a été élevée dans le culte de Kennedy et, depuis le décès de son père, a toujours le sentiment que son rôle est de protéger sa maman. Le petit John, sept ans, est plus facile à amadouer.

---

1. Entretien avec l'auteure et Nicole Salinger, *Jackie*, *op. cit.*

Aux côtés d'Ari, Jackie resplendit. Elle semble détendue, plus gaie qu'avant son mariage. Auprès de cet épicurien, un vrai Méditerranéen, bon vivant, qui crie, chante et danse toute la nuit[1], elle découvre une autre vie. À des centaines d'années de la politique, des meetings, du gouvernement… Contrairement aux Kennedy qui n'ont pensé qu'au pouvoir, il aime rire et s'amuser, sans peur du qu'en-dira-t-on. Il ne lui demande pas de s'intéresser uniquement à son monde. De connaître ses adversaires, d'avoir lu le dernier article de tel éditorialiste. Ce passionné qui a toujours des histoires insolites à raconter s'intéresse aussi à elle.

Seules ombres au tableau : ses enfants, restés à New York pour leur scolarité, qui lui manquent beaucoup. Et ceux d'Aristote, Alexandre, vingt ans, et Christina, dix-huit ans, qui l'ont baptisée « la veuve » et la détestent.

Eux aussi pensent qu'elle n'en veut qu'à l'argent d'Onassis. Tout le monde sait qu'elle est très dispendieuse et qu'elle ne veut plus dépendre des Kennedy. Les Onassis savent aussi qu'elle a besoin d'une protection financière pour sa sécurité. Car cette femme qui a vécu deux assassinats reçoit des lettres de menace régulièrement. Depuis la mort de son mari, elle véhicule des fantasmes et devient une figure publique dont on veut commenter les faits et gestes. Face à toute cette folie, la barrière de l'argent lui semble la meilleure des protections[2].

Ted Kennedy s'est rendu à Skorpios pour négocier un contrat de mariage. Il y voit son intérêt : en échange du soutien d'Onassis, Jackie renonce à l'héritage de JFK. Après de longues tractations, on s'accorde sur une somme : Jackie

1. « Si l'Amérique m'était contée », France Inter, 16 novembre 2013.
2. Entretien avec l'auteure. Bertrand Meyer-Stabley, *Jackie Kennedy, pouvoir et fortune*, Pygmalion, 2013.

vaut trois millions de dollars. Le prix d'un pétrolier géant, s'amuse la secrétaire d'Onassis aux États-Unis. « Supertanker », tel sera désormais son surnom.

Malgré ces petits arrangements bassement matériels, ce mariage est celui « de la vie privée », *dixit* Peter Beard, un des bons amis de Jackie. Si ce n'est pas un mariage d'amour, c'est une union sans contrainte politique, sans pression pour savoir comment s'habiller, s'exprimer, recevoir... Un mariage pour entamer une nouvelle vie.

À Skorpios, Jacqueline sait qu'elle sera heureuse. La vue sublime sur la mer ionienne et la luxuriance du lieu, envahi par les bougainvilliers, lui plaisent immédiatement. Skorpios : l'île doit son nom à sa forme inhabituelle, qui peut évoquer celle d'un scorpion. Situé près de Leucade, ce bout de terre acheté 12 000 euros doit permettre à Onassis de se ressourcer. Il a mis cinq ans pour transformer ce caillou en petit paradis. Il a fait venir l'eau, le sable, les centaines de plantes. Il y célèbre Pâques en famille, fait rôtir un agneau entier sur la plage et y vit simplement. Cette île est l'expression de sa réussite[1].

Un petit tour d'hydravion et il rejoint Jackie, qui y nage, lit, peint, et surtout paresse au soleil. La plupart du temps, Onassis n'y dort pas. C'est à bord du *Christina* qu'il passe ses nuits tandis que Jackie, la terrienne, garde l'île. Même si c'est le bébé d'Onassis, il a encouragé sa femme à décorer les villas selon son goût, simple et chic. Elle s'est choisi une petite maison de pêcheur, au bout

1. Son testament stipule que ses héritiers ne pourront pas la vendre à moins d'en faire don à la Grèce. Mais les avocats de l'unique héritière d'Onassis, Athina, la fille de Christina, ont trouvé la faille. Skorpios a été vendue en 2013 à un trust appartenant à la fille du magnat russe Dmitry Rybolovlev, propriétaire de l'AS Monaco, pour 100 millions d'euros. Article de Ghislaine Ribeyre, *Paris Match*, 21 avril 2013.

de l'île, qu'elle a aménagée avec quelques pots de fleurs et des tapis de coton.

Loin de considérer ce mariage comme un simple contrat, Jackie apprend le grec. Elle découvre les traditions du pays, confectionne des *dolmades*[1], danse le sirtaki, visite les autres îles. Ce n'est d'ailleurs pas une terre inconnue. En 1961, après son voyage officiel avec JFK en Europe, elle était allée se reposer en Grèce. Accompagnée de sa sœur Lee et de son beau-frère Robert, ils avaient été reçus par le Premier ministre Caramanlis et sa femme.

Comme du temps de JFK, Jacqueline, à peine mariée, veut s'investir auprès de son nouveau mari. De même qu'elle avait entièrement dessiné et décoré l'intérieur d'*Air Force One* – que Johnson découvrit pour la première fois le 22 novembre –, elle s'investit pour la compagnie aérienne d'Onassis. Olympic Airways devient une des compagnies les plus chics. C'est elle qui a dessiné l'uniforme des hôtesses avec Pierre Cardin. Des petites robes sans manches comme elle aime. Hélas, l'Europe n'a pas la sophistication des États-Unis. Les femmes grecques ne se rasent pas encore les aisselles. La tenue ne convient pas du tout. Première erreur.

Elle propose alors de s'occuper des dîners, comme elle le faisait à la Maison Blanche. Refus d'Onassis. Ce n'est pas son rôle. Il a une équipe pour tout cela. Quant à ses affaires et à sa flotte, Jackie n'y connaît rien. Aristote n'attend pas d'aide. Il n'a jamais eu besoin de personne. Il ne souhaite qu'une chose : qu'elle soit belle et sienne. Pour la contenter, il est très généreux, surtout au début. Elle a carte blanche. Meubles, fourrures, chaussures, sacs à main, robes... Son mari aime la voir dépenser l'argent dont il ne

1. La spécialité culinaire appelée « feuilles de vigne ».

sait que faire. Il la couvre d'attentions. Au petit déjeuner, elle peut se réveiller avec un rang de perles. Mais elle reçoit aussi des poèmes ou des lettres de sa main, choses qu'elle n'a jamais connues avec Kennedy. Pour Onassis, c'est une manière de marquer des points sur ce fantôme qui revient trop souvent dans la conversation.

Si Aristote aime le pouvoir que l'argent lui procure, il n'est pas très dépensier pour lui-même. Les vêtements lui importent peu. Lui, le Grec superstitieux, peut porter des mois un costume dans lequel il a signé un juteux contrat, espérant que la chance lui sourie à nouveau. Au fond, il aime vivre simplement. Son plaisir ? Déjeuner dans une petite auberge près de la mer, de calamars grillés ou de feta bien fraîche. Si, les premières années, Jackie s'est émerveillée devant ces guinguettes typiques, le charme s'estompe peu à peu. Elle préfère les restaurants huppés de Manhattan. En revanche, la solitaire aimant la lecture et la peinture a du mal à suivre le rythme de ce noctambule qui n'est jamais aussi heureux qu'en boîte de nuit, où il peut laisser libre cours à sa démesure.

Ainsi, en juillet 1969, moins d'un an après leur mariage, il organise une fête inoubliable pour son anniversaire. Pour souffler dignement ses quarante bougies, elle a droit à un diamant de... quarante carats. À cette époque, Apollo 11 vient d'alunir. Pour l'occasion, Onassis lui fait faire des boucles d'oreilles en forme de fusée, si lourdes qu'elle les préserve dans leur écrin. Malgré cette fête, elle ne peut s'empêcher de penser le cœur serré que Jack est à l'origine de cette prouesse spatiale. C'est lui qui avait lancé la conquête de l'espace. Les Américians ont terrassé Youri Gagarine. Mais le président n'est plus là pour voir le résultat.

22

Le mal du pays

Malgré le soleil, la mer transparente et le sirtaki, l'Amérique et surtout ses enfants lui manquent. Elle multiplie les allers-retours entre Athènes, Paris et New York. Son mari a beau avoir mis un hydravion à sa disposition pour, chaque matin, se rendre sur le continent et lui rapporter la presse yankee à son réveil, elle a le mal du pays. À 14 heures, elle appelle ses enfants avant qu'ils ne partent à l'école. Mais cela ne suffit pas.

Le fait qu'Onassis possède Olympic Airways est bien pratique. Mais, peu à peu, Mrs Onassis ne voit plus beaucoup Aristote. De plus en plus, chacun a sa vie. Ce sont deux cavaliers solitaires qui ont besoin de préserver leur indépendance. Chacun a trouvé ce qu'il attendait dans cette union hors du commun : la reconnaissance sociale pour Aristote, la liberté et la sécurité pour Jackie, loin des contraintes de sa vie avec Kennedy.

Pour ceux qui la connaissent bien, elle a beaucoup changé. Physiquement, celle qui a toujours veillé à son poids avec la précision d'un diamantaire comptant ses carats devient obnubilée par la minceur. Elle déjeune d'un bouillon et d'un sandwich ou d'une pomme de terre cuite au four farcie de caviar Beluga[1]. Elle apprécie aussi les fruits de mer accompagnés de riz et d'épinards, de tomates au fromage et d'une pêche-vapeur en dessert. Elle multiplie plus que jamais les séances de sport, d'abdominaux, et s'affame pour rester mince. Elle devient plus ou moins anorexique et surveille le poids de Caroline, sa fille, qui a tendance à grossir avec l'adolescence. Loin de prendre cela à la légère, Jackie lui fait prescrire des coupe-faim.

Malgré cette névrose, sa vie, loin de toute contrainte et très superficielle, semble parfaitement lui convenir. Si les obligations politiques l'ont stimulée, se laisser vivre ne lui déplaît pas. Dès les premières années, elle a l'impression d'avoir changé. En bien. Libérée de ses clubs de chasse et de son milieu *wasp*, elle se sent plus moderne. Un jour, allongée au soleil avec son amie jet-setteuse la comtesse Vivian Crespi, elle déclare :

— Tu te rends compte de notre chance, Vivi ? Nous sommes enfin sorties de notre monde. Ce monde étroit de Newport. Tout cet horrible antisémitisme et cette intolérance. Aller tous les jours au club avec les mêmes gens, tous pareils. Tu n'es pas désolée pour eux ? Toi et moi, nous avons su croquer la vie[2].

En épousant Onassis, elle s'est délivrée du mythe de la veuve idéale et s'est affranchie des rites de la côte Est et du clan Kennedy. Surtout, avec la mort imminente de son beau-père Joe, qui survient en 1969, elle savait que sa belle-mère Rose lui couperait les vivres. L'important à ses

1. Marta Sgubin, Nancy Nicholas, *Cooking for Madam. Recipes and Reminiscences from the Home of Jacqueline Kennedy Onassis*, Simon & Schuster, 1998.
2. *People*, vol. 50, n° 13, 12 octobre 1998.

yeux était de se protéger du déclassement. Après la faillite de son père, elle a été traumatisée par cette déchéance sociale. Savoir ses enfants à l'abri du besoin la rassure. Mais, contrairement à l'enseignement reçu par sa mère, Jackie veut apprendre à Caroline et John que l'argent n'est pas tout dans la vie. Un comble pour Mrs Onassis ! Elle leur apprend à faire des cadeaux manuels, à chercher à faire plaisir par de petites attentions. Pour son anniversaire, son fils John lui écrit des poèmes. Une fois, il choisit une très grande feuille de bananier comme support. C'est elle qui le lui a appris. C'est son idée de la vraie vie.

Onassis et Jacqueline commencent à ne plus partager cette idée de la vie. Ils se disputent souvent quand ils se voient… et se voient de moins en moins. La mère de famille veut passer plus de temps à New York auprès de ses enfants, même s'ils sont en pension.

Pour autant, elle ne veut pas retrouver sa vie d'avant. La preuve : elle refuse toujours les invitations à la Maison Blanche avec la même énergie. L'époque Kennedy reste un souvenir douloureux. Les photos de Dallas sont pour elle une horreur. Malgré les changements à la tête de l'État, elle refuse toujours de retourner à Pennsylvania Avenue. Une seule exception, en 1971, alors que le peintre Aaron Shikler vient d'achever les portraits officiels des Kennedy. Les tableaux à l'effigie du trente-cinquième président des États-Unis et de sa femme seront désormais accrochés aux murs de la Maison Blanche. Caroline, quatorze ans, et John, onze ans, n'y ont pas remis les pieds depuis le 6 décembre 1963. Pour leur faire découvrir leur ancienne maison et saluer le travail de l'artiste, elle accepte l'invitation à dîner des nouveaux hôtes, Mr et Mrs Richard Nixon. L'ancien opposant de Jack en 1960 a finalement conquis le pouvoir. Invitée par celui qu'elle avait interrogé pour sa petite chronique en tant que journaliste, elle décide de se rendre à cette soirée très privée, sans photographe. Malgré son angoisse, Jacqueline apprécie le geste du couple présidentiel qui lui propose de visiter longuement les lieux. De beaux souvenirs lui reviennent en mémoire. Pièce par pièce, elle prend le temps de rappeler des anecdotes à John et Caroline, comme la photo sous le bureau de JFK, leur ancienne chambre, l'école… Elle ne fait pas de réflexion en découvrant que la plaque qu'elle avait fait mettre sur la cheminée pour commémorer leur passage à la Maison Blanche a disparu. Dans la traditionnelle lettre de château qu'elle envoie ensuite aux Nixon, elle écrit : « Ce jour que j'ai tant redouté s'est révélé être un moment précieux passé avec mes enfants. »

Alors qu'elle s'est soudain replongée dans les souvenirs de sa vie avec John, son couple avec Onassis ne lui convient plus. Elle ne rentre quasiment plus en Grèce. Pour la voir, Aristote passe beaucoup de temps à Manhattan. Mais il a interdiction de séjourner chez sa femme. De la même manière que, sur son île, il dort à bord du *Christina* et elle à terre, à New York, il est contraint de descendre à l'hôtel Pierre. Jackie n'a jamais fait de son appartement new-yorkais leur « nid d'amour ». Elle le reçoit à dîner en compagnie d'autres invités, mais ne le garde pas pour la nuit… Ou dans une chambre d'ami ! Une situation qui agace passablement le marin. La tension monte.

Un événement vient mettre le feu aux poudres : les lettres de midinette envoyées par Jacqueline à son escorte Roswell Gilpatric. En mai 1970, cinq lettres de Jackie à l'ancien membre de l'administration Kennedy se retrouvent dans les journaux. Dans l'une d'elles, elle s'excuse de ne pas l'avoir prévenu plus tôt de son mariage sur les chapeaux de roue : « J'ai lu quelque part ta réaction, cher Ross, elle m'a beaucoup touchée. J'espère que tu sais tout ce que tu as été, tout ce que tu es et seras toujours pour moi. Affectueusement. J. » Le fier Onassis n'apprécie pas. Il fait le gros dos lorsque sa femme lui parle avec passion de John et Robert Kennedy, mais, cette fois, pas question de laisser passer. Sans vergogne, il riposte en revoyant la Callas. Ils font la couverture des journaux à scandale, photographiés chez Maxim's. La cantatrice se pâme, trop aveuglée pour comprendre qu'elle n'est que le jouet de sa vengeance. Immédiatement, Jackie s'envole pour Paris, déployant tous ses charmes. Pour oublier l'affront, elle exige le même dîner au même endroit... avec les mêmes photos dans la presse. Quelques jours plus tard, la Callas fait une tentative de suicide. Malgré la gravité des faits, Aristote n'hésitera pas à décrocher son téléphone et à voir Maria Callas dès qu'il voudra taquiner sa femme, sans se rendre compte que la cantatrice se consume à petit feu.

Le 22 janvier 1973 marque un tournant décisif dans la vie d'Onassis. Alexandre, son fils aîné, l'héritier qui doit reprendre le flambeau et qui, du haut de ses vingt-quatre ans, a déjà modernisé la compagnie Olympic Airways, meurt brutalement dans le crash du jet privé qu'il pilotait. Le jeune homme a souvent fait vibrer le petit John qui montait à ses côtés. Alors qu'il détestait sa belle-mère Jackie, Alexandre s'était attaché à ce petit frère d'adoption. Il lui a transmis sa passion.

Pour Onassis, il s'agit forcément d'un meurtre. Il paie des détectives pour mener l'enquête, ne parvenant pas à accepter la mort accidentelle de son fils. Lui-même a toujours été très protégé : il se savait menacé, notamment du fait de ses relations avec la dictature militaire grecque.

L'armateur est terrassé par la douleur, incapable de s'occuper de sa fille Christina qui, après avoir perdu son frère chéri, perd sa mère l'année suivante, à la suite d'une overdose. À vingt-quatre ans, très fragile psychologiquement, la jeune fille aurait besoin de tout le soutien de son père qui s'éteint à petit feu. Le *tycoon* increvable se laisse aller. Sa santé décline aussi vite que ses disputes avec Jackie se multiplient. Elle trouve qu'il a changé brutalement. Elle répète qu'il est impossible de lui parler. Malgré ses efforts réels, elle n'arrive plus à communiquer avec cet homme qui s'est replié sur lui-même et est devenu agressif.

Aristote, très déprimé, ne sourit plus en voyant sa femme dilapider sa fortune. Comme du temps de JFK et des Kennedy, l'argent est au centre de leurs conflits. Totalement désœuvrée, Jackie achète sans raison, de manière compulsive. Ne pas pouvoir aider son mari dans ses affaires et ses dîners l'a profondément déstabilisée. Elle se sent inutile, même si elle ne l'a jamais formulé ainsi. Sa seule préoccupation : l'argent. Un jour, son conseiller financier André Meyer lui fait perdre 300 000 dollars à la suite d'un mauvais placement. Elle en est malade au sens propre du terme. Le bras droit de Jackie à la Maison Blanche, Nancy Tuckerman, que l'ex-First Lady a emmenée dans ses valises à New York puis en Grèce, a la délicate mission de quémander pour payer les factures. Car les fins de mois sont difficiles. C'est « une croqueuse de diamants[1] », répète Onassis. C'est vrai : ce que Jacqueline ne mange plus pour rester mince, elle le dévore en dépenses somptuaires.

De folles rumeurs autour de Jackie se multiplient, entretenues par sa frénésie d'achats… alors même qu'elle devient pingre avec son entourage. Edith Beale, la sœur de son père, le beau Black Jack, connaît une réelle gêne financière. Elle vit avec sa fille dans une maison insalubre à Long Island.

1. C. David Heymann, *Bobby et Jackie*, *op. cit.*

La presse révèle que la nièce richissime de Mrs Beale n'est autre que Jackie O. Parfaitement au fait de la situation, Jacqueline n'a pas daigné lever le petit doigt. Son indifférence fait scandale. Contrainte et forcée, elle fait retaper la maison par Ari et alloue 600 dollars par mois à ses parentes. À la mort de sa tante, en 1977, Jacqueline n'aidera pas sa cousine germaine : la maison Bouvier, héritage de la famille depuis des générations, sera vendue.

Excédé, Onassis réduit son train de vie de 30 000 dollars par mois à 20 000. Pour récupérer de l'argent, Jackie revend dans des magasins de « seconde main » les tenues de grands couturiers qu'elle a à peine portées. Roy Cohn, l'avocat de l'homme d'affaires, raconte avoir été consulté plusieurs fois par Onassis sur les modalités d'un divorce. En janvier 1974, le couple chancelant passe un dernier Nouvel An à Acapulco, là où Jackie est partie en voyage de noces avec John vingt et un ans plus tôt. Espérait-elle recréer la magie ? Si tel était le cas, ce fut sans succès.

Début 1975, Ari, soixante-neuf ans, est hospitalisé à Paris, où habite Maria Callas. Au lieu de le veiller, comme elle l'avait fait pour John dans les années 1950, Jacqueline dévalise l'avenue Montaigne. Début mars, après être allée le voir tous les jours en coup de vent, elle repart pour New York, pensant que sa santé s'améliore. Onassis s'éteint le 15 mars des suites d'une pneumonie, entouré de ses sœurs et de sa jeune Christina, désormais orpheline[1]. La presse se déchaîne. Nancy Tuckerman doit défendre sa patronne et amie, censée avoir quitté le mourant pour retrouver ses enfants, John et Caroline. L'excuse fait un flop.

Jacqueline se rend immédiatement à Skorpios pour l'enterrement. La fille d'Onassis, qui vient de perdre en

1. Henry Gidel, *Jackie Kennedy*, Flammarion, 2011.

trois ans son frère, sa mère puis son père, ne veut pas lui adresser la parole. Pour cette Grecque très superstitieuse, sa belle-mère, qui a déjà croisé pas mal de morts sur son passage, a apporté le mauvais œil sur sa famille, ce que disait déjà Onassis. C'est « un vautour affamé, prêt à se délecter de la chair de mon père. Je voulais m'éloigner d'elle le plus possible ». Christina Onassis hérite de la fortune d'Aristote, estimée à plus d'un milliard de dollars. Alors que son père avait considérablement réduit l'héritage de sa femme en guise de représailles, Christina lui attribue 26 millions de dollars. Une somme énorme pour ne plus jamais avoir affaire à elle.

À quarante-cinq ans, après sept ans de mariage, Jacqueline se retrouve veuve pour la seconde fois. Aux journalistes, elle déclare, à Skorpios :

— Aristote m'a secourue à un moment où ma vie était engloutie par les ombres. Il m'a conduite dans un monde d'amour et de bonheur. Nous avons vécu des moments merveilleux que je n'oublierai pas et pour lesquels je lui serai éternellement reconnaissante.

Ce qui peut passer pour un stratagème est un aveu sincère, confirmé par ses proches. Lee témoignera du regret éternel de sa sœur de ne pas avoir assisté Onassis lors de son trépas. Son ami Edward Klein décrira sa manière d'évoquer ses deux époux défunts : « Lorsqu'elle évoquait leur souvenir, elle avait toujours le même timbre de voix : “Ari disait ça, Ari n'aimait pas ça.” [...] Ou bien : “Jack aurait agi ainsi dans cette situation.” Curieusement, elle parlait de la même façon de John Kennedy ou d'Aristote Onassis[1]. »

1. Edward Klein, *Adieu Jackie. Ses derniers jours*, JC Lattès, 2004.

23

Le retour aux sources

De la même manière que Jacqueline ne s'est plus sentie à sa place à la Maison Blanche dès le soir du 22 novembre, elle sait qu'elle doit rompre tout lien avec la Grèce. Son Ulysse enterré, la jet-setteuse fuit le pays. Pas question de revivre les quatre jours de novembre 1963. Malgré l'influence d'Onassis en Grèce, elle ne veut pas jouer les veuves modèles. Elle veut ouvrir une nouvelle page de sa vie aux États-Unis. Une vie de femme indépendante, qui se prend en main.

Son oisiveté lui a fait perdre pied. Pour sortir de sa torpeur, avant même la mort d'Onassis, elle décide de s'engager publiquement… et énergiquement. Dès janvier 1975, elle rallie le comité de défense de la Gare centrale de New York. L'enjeu ? Sauver Grand Central, la gare mythique de *La Mort aux trousses*, promise à une fin tragique. Ses propriétaires veulent édifier une tour de bureaux flambant neuve sur ses quais.

Pour Jacqueline, Grand Central et son horloge emblématique incarnent le Manhattan de son enfance, la ville de son père. C'est un combat pour lequel elle a envie de s'investir autant que pour la restauration de la Maison Blanche. Dans les années 1960, avant la mort de Jack, elle avait déjà pris les armes pour le Lafayette Square de Washington, un quartier situé près de la résidence présidentielle. Des maisons du XIXe siècle devaient être rasées pour laisser place à des bureaux. À l'époque, ses détracteurs répétaient : « Mrs Kennedy sait-elle que nous sommes au XXe siècle ? » Forte de sa position de First Lady, elle avait obtenu un compromis : conserver les façades pour maintenir l'identité historique de la place. Son credo ? Le passé est une source de fierté qui doit permettre à l'homme de mieux se connaître. En cela, elle se retrouve parfaitement avec les idées d'André Malraux, qui avait sauvé le Marais d'une réfection drastique en 1962. Il avait pris les armes pour sauver le patrimoine historique français. Un code de conduite qu'elle défend outre-Atlantique, et même à l'étranger. Dans les années 1960, elle porte secours à Venise envahie par les eaux et au temple d'Abou Simbel en Égypte, menacé par la construction du barrage d'Assouan.

En 1975, comme au temps de Kennedy, elle décide de prendre la plume pour alerter le maire de New York sur le projet fou des promoteurs. À Abraham Beame, elle écrit : « N'est-il pas cruel de laisser notre ville mourir peu à peu, dépouillée de tous nos fiers monuments, jusqu'à ce qu'il ne reste plus rien de sa beauté et de son histoire qui puisse inspirer nos enfants[1] ? »

Aux côtés d'Ed Koch, député de New York, elle prend la parole lors de la conférence de presse *Save Grand Central Station*[2] organisée à l'Oyster Bar de la gare. Cette apparition publique sidère ses concitoyens. C'est un *come-back* commenté. Elle qui déteste être sous le feu des projecteurs

1. Lettre manuscrite datée du 24 février 1975.
2. Robert D. McFadden, « Jackie, New Yorker: Friends Recall a Fighter for Her City », *New York Times*, 22 mai 1994.

joue le jeu, qui en vaut la chandelle. On ne l'a plus entendue s'exprimer depuis son allocution télévisée en faveur du JFK Library and Museum en 1964. En onze ans, plus un mot. Mais pour la défense du patrimoine, Jackie fait un effort. Supprimer ce magnifique bâtiment de style « Beaux-Arts », l'un des joyaux de Big Apple, s'apparente à ses yeux à une pure folie :

— Une grande entreprise ne devrait pas être en mesure de détruire un bâtiment qui a compté pour tant et tant de générations. Si la gare de Grand Central disparaît, tous les points de repère dans ce pays disparaîtront. Nous vivrons alors dans un monde de verre et d'acier[1].

Jackie s'implique corps et âme et donne le plus de visibilité possible à cette initiative. Pendant trois ans, grâce à sa présence, l'idée d'« héritage architectural » se propage aux États-Unis. La notion de patrimoine s'invite dans le débat. Un concept peu présent en 1975. Au pays des gratte-ciel, pas question de s'apitoyer sur des ruines. Pour ses détracteurs, préserver d'anciens bâtiments trop chers à entretenir est incongru. C'est aller à l'encontre du progrès. La gare tourne au ralenti depuis la suprématie de l'avion, elle est délabrée et squattée par les dealers. Refuser la construction de nouveaux édifices – alors que New York traverse une grave crise économique – est un caprice de snob, répètent-ils haut et fort.

Son badge « *Save Grand Central* » fièrement épinglé sur le cœur, Jackie mouille de nouveau sa chemise pour faire taire les grincheux. Elle participe à des manifestations au sein de la gare, brandissant des banderoles comme une syndicaliste. C'est une bataille menée avec acharnement

1. Tina Cassidy, *Jackie After O : One Remarkable Year When Jacqueline Kennedy Onassis Defied Expectations and Rediscovered her Dreams*, It Books, 2012.

contre les pontes de l'économie américaine. Pour plaider sa cause, elle fomente une action coup de poing. Devant les journalistes, elle prend le train direction Washington. La presse n'en revient pas : « *Jackie rides train to help publicize Grand Central*[1]. » Elle n'avait pas pris le train depuis longtemps ! Et tout le monde sait que, depuis son déménagement en 1964, elle a rarement fait un saut à Washington. Aux grands maux les grands remèdes : elle veut attirer l'attention de la Cour suprême sur cette question, dont l'ampleur revêt désormais un caractère national. Les juges, éberlués par sa détermination, la reçoivent. L'ex-First Lady n'a donc pas perdu son aura : ses doléances sont attentivement examinées.

En la voyant décrocher son téléphone comme au temps de Kennedy et chercher des appuis politiques ou financiers, il paraît incroyable que cette femme ait pu rester inactive pendant sept ans auprès d'Onassis. Après toutes ces années d'oisiveté, elle a de l'énergie à revendre jusqu'à la victoire. En 1978, la gare Grand Central est sauvée. Elle est désormais dévolue aux trains de banlieue. Aujourd'hui, une plaque commémorative dédiée à Jacqueline Kennedy Onassis trône au milieu du hall : « À une époque où peu de gens cherchaient à préserver les merveilles architecturales qui nous remémorent notre passé riche et glorieux, une femme courageuse a mené la lutte pour sauver cette gare de la démolition. [...] Les habitants de New York sont à jamais reconnaissants. » Forte de ce succès, la courageuse profite de sa notoriété pour venir à la rescousse d'autres édifices new-yorkais en sursis.

1975 est une année charnière pour Jackie. Elle perd son mari, s'investit dans une cause qui lui tient à cœur et

1. « Jackie prend le train pour défendre Grand Central. »

défie ses détracteurs qui la considèrent comme une mondaine en mal d'occupation. Comme en 1963, lors de l'assassinat de John, elle subit un déménagement expéditif. Christina, la fille d'Onassis, a vite fait le tri à Skorpios et sur le yacht : toutes les affaires de la « veuve » sont renvoyées par colis express. La seule chose qu'elle ne perd pas, c'est son nom : Jacqueline promet à Christina de conserver « Onassis ». Rentrée chez elle, au 1040 Fifth Avenue, la veuve, au plus mal, veut tourner la page et s'interroge sur sa vie. La défense de Grand Central est arrivée au bon moment pour la maintenir à flot. D'autant que le passé refait surface.

Ce que Jacqueline redoutait tant à la mort de son premier mari s'étale dans la presse. On découvre officiellement les infidélités de John Fitzgerald Kennedy. L'image du « bon fils, bon mari, bon père » en prend un coup. En 1975, Judith Campbell, maîtresse officielle du mafieux Sam Giancana, révèle lors d'un procès qu'elle avait ses entrées à la Maison Blanche. Elle prête serment et dit avoir entretenu « des relations personnelles et étroites » avec le président ; notamment de seize à vingt fois à la Maison Blanche. Le mythe de Camelot est broyé. Évidemment, Jacqueline ne réagit pas.

Mais consciente de sa fragilité psychologique, elle accepte d'entreprendre une psychanalyse. Après la mort d'Onassis et ces révélations terribles qui viennent détruire tout ce qu'elle a voulu bâtir dans sa vie précédente, elle veut soigner ses démons. Afin d'avancer plus vite sur le canapé freudien, Letitia Baldridge, son ancienne assistante à la Maison Blanche, l'encourage même... à travailler. Tish, que Jackie traitait de féministe en 1964 lors de ses conversations avec Arthur M. Schlesinger, l'incite à trouver un emploi qui l'aiderait à se sentir mieux. Certes, avec l'héritage d'Onassis, elle n'a pas besoin de gagner sa vie, mais elle aspire à lui trouver un sens.

Dans la tête de Jacqueline, très déprimée, l'idée fait son chemin. Travailler est encore une ineptie pour les femmes de son milieu, mais les temps ont changé. Et Jackie aussi. Les Américaines commencent à prendre leur destin en main, à redéfinir leur rôle dans la société.

Plusieurs de ses amis lui remémorent son petit job dans la presse avant l'ère Kennedy, puis ses activités de First Lady. Tish a laissé échapper un mot magique : édition. Son ami de longue date le journaliste Jimmy Breslin l'encourage en ce sens :

— Tu devrais devenir éditrice. Sinon, que vas-tu faire, à part attendre les soirées d'inauguration toute ta vie[1] ?

Cette lectrice passionnée et curieuse de tout – essais, romans, philosophie, poésie, histoire, architecture – sait qu'elle a les capacités pour trouver des auteurs et publier de beaux livres. « Au commencement était le verbe » : rien de plus vrai selon Jacqueline, pour qui « tous les changements dans le monde, bons ou mauvais, ont d'abord été provoqués par les mots[2] ». Elle croit au « pouvoir de la littérature », *dixit* sa fille Caroline[3]. Son fils, John Kennedy Jr, cite trois qualités pour la décrire : son amour des mots, son attachement à la maison et à la famille, son esprit d'aventure.

L'aventurière décide donc de se lancer. Déterminée, elle contacte son vieil ami Thomas Guinzburg, président de la

1. Greg Laurence, « Jackie O. Working Girl », *Vanity Fair*, janvier 2011.
2 *The Best Loved Poems of Jacqueline Kennedy Onassis*, choisis et présentés par Caroline Kennedy, Hyperion Books, 2001.
3. *Ibid.*

maison d'édition Viking Press. Il lui offre immédiatement un poste d'éditrice en chef-conseil. Un piston pas cher et qui, il en est sûr, va lui rapporter gros… grâce à une belle pub. Le 22 septembre 1975, six mois après l'enterrement d'Onassis, Jackie entame une nouvelle vie. À quarante-six ans, ce job est une résurrection. Ses amis la trouvent rayonnante et apaisée. « Parvenir à éditer un livre, c'est faire quelque chose de merveilleux dans sa vie[1] », répète-t-elle.

La presse se jette sur ce scoop. Pour prouver à quel point ce travail marque un tournant dans sa vie, pour la première fois depuis la mort de John Fitzgerald Kennedy, elle accepte de répondre à des journalistes. À *Newsweek*, elle raconte ses premières impressions sur son nouvel emploi : « Je dois d'abord apprendre les ficelles du métier. » Ce qui implique d'assister aux conférences de rédaction et d'attendre avant de pouvoir porter ses propres projets. Mais comme elle le souligne sans fausse modestie :

— J'ai été journaliste moi-même et j'ai vécu des moments clés de l'Histoire… Je ne suis pas le plus mauvais choix pour ce poste.

Très consciente de sa valeur depuis l'enfance, ne doutant pas une seule seconde de ses capacités, elle tente immédiatement de faire jouer ses relations pour lancer ses propres projets. L'ancienne première dame voit grand… et contacte la reine Elizabeth, qu'elle connaît depuis les années 1950. Mais Sa Majesté ne fait pas d'exception pour Jackie : elle ne veut pas publier ses mémoires. L'éditrice se tourne alors vers la sulfureuse Wallis Simpson, sa compatriote américaine. La duchesse de Windsor, pour qui Édouard VIII a abdiqué, n'est pas plus intéressée.

1. Greg Laurence, « Jackie O. Working Girl », *Vanity Fair*, janvier 2011.

Réponse de son *office* : la duchesse ne souhaite pas se confier, « quel que soit l'éditeur ». Elle se rabat sur Lady Di, dont le personnage de femme trompée, prisonnière de la famille royale, lui rappelle vaguement quelque chose. Nouvel échec... suivi du refus de lord Snowdon, l'ancien mari de la princesse Margaret. Bilan ? Elle abandonne les têtes couronnées et se tourne vers les légendes : Katharine Hepburn, Bette Davis, Brigitte Bardot refusent. Même revers auprès d'Elizabeth Taylor, avec laquelle elle a pourtant fait la nouba après les années Maison Blanche. Elle joue son va-tout et contacte son ancien amant, le crooner Frank Sinatra, qui a été un très bon ami de John Kennedy. Comment pourrait-il lui refuser cette faveur ? Comme tout le monde, en déclinant poliment.

Dès l'année suivante, Jackie limite ses prétentions et marque ses premiers points en publiant *Remember the Ladies : Women in America*, un ouvrage sur l'évolution de la place de la femme au XVIIIe siècle. Elle est ravie. Thomas Guinzburg l'a embauchée pour 10 000 dollars par an, quatre jours par semaine. Ce qui la motive ? La stimulation intellectuelle et la créativité associées à l'écriture d'un livre. Mais aussi un épanouissement personnel et la fierté de se sentir utile.

— Madame, vous travaillez alors que vous n'en avez pas besoin ? lui demande un jour un chauffeur de taxi.

— Oui.

— Je pense que c'est très bien, répond-il en se retournant.

Après deux années passées chez Viking, l'aventure tourne au drame. Thomas Guinzburg publie sans l'en informer – clame-t-elle – un thriller de Jeffrey Archer intitulé *Shall We Tell the President* : l'histoire d'un complot pour assassiner le président des États-Unis censé être

Ted Kennedy, le beau-frère de Jacqueline. À la sortie du livre, la presse s'indigne. Le *New York Times* écrit : « Qui qu'elle soit, la personne associée à cette publication devrait avoir honte d'elle-même. » Directement visée : Jackie. L'affaire fait tant de bruit que l'éditrice prend peur. Ses relations avec les Kennedy ne sont pas au beau fixe depuis son mariage avec Onassis. Elle cède à la pression et envoie immédiatement sa démission à son patron, sans accepter de répondre à ses appels. Guinzburg, sous le choc, s'insurge dans le *New York Times* : « Après avoir été amis pendant plus de la moitié de nos vies, je regrette profondément la décision de Mrs Onassis de démissionner de chez Viking Press sans même avoir accepté de discuter de ce différend. » Une fois encore, l'ex-First Lady ne fait pas dans la dentelle. Quand elle rompt les liens, c'est sans sommation. Tout ce qui touche à la mort de Jack l'affecte toujours autant. Ce livre, même s'il s'agit d'une fiction, lui rappelle directement ces jours noirs où sa vie a basculé. Pas question de pardonner à Guinzburg.

Après une année sabbatique, l'envie de reprendre du service la taraude. En 1978, elle contacte un autre vieil ami, John Sargent, le patron de la maison Doubleday. Il la nomme éditrice en chef adjointe, et lui offre cette fois 20 000 dollars par an... pour seulement trois jours par semaine. Elle hésite longtemps avant d'accepter, craignant de se retrouver de nouveau dans l'œil du cyclone au moindre incident.

Mais ce nouveau métier la passionne. Loin de prendre son rôle à la légère, elle s'investit pleinement. Elle parvient à éditer de dix à douze livres par an sur des sujets très variés : des romans comme *Sugar Street* de l'Égyptien Naguib Mahfouz, lauréat du prix Nobel de Littérature, des biographies comme *Le Dernier Tsar* d'Edvard Radzinsky...

D'autres sujets la passionnent moins, comme Michael Jackson, qu'elle réussit à attirer dans ses filets. Elle sait qu'un gros succès commercial peut lui permettre de gagner une certaine liberté et faire publier des auteurs plus confidentiels. En 1983, elle se rend chez « Bamby », à Los Angeles, le summum du mauvais goût à ses yeux. Ce qui l'étonne beaucoup dans sa résidence : les statuettes grandeur nature de petits garçons. Étrange... Le courant passe pourtant bien. Jackie est l'une des rares personnes qui peuvent lui téléphoner. Après trois mois de négociations, elle acquiert les droits pour publier son autobiographie moyennant une confortable avance de 300 000 dollars[1].

La star se sent en confiance avec cette femme qui, comme lui, subit les affres de la célébrité. Pendant quatre ans, elle subit aussi ses extravagances. Le chanteur change d'avis comme de tenue de scène. Il est ingérable. L'éditrice prend sur elle et ne s'avoue pas vaincue. Elle le suit jusqu'en Australie pendant l'une de ses tournées pour tenter d'améliorer le livre, qui ne ressemble à rien. En 1985, elle appelle J. C. Suares, directeur artistique chez Doubleday, dont le répondeur enregistre la conversation par mégarde.

— Comment diable ai-je été amenée à faire un livre sur Michael Jackson ? Je me demande encore pourquoi, se lamente-t-elle.

Au dernier moment, le roi de la pop menace de tout annuler si son « amie » ne préface pas l'ouvrage. Contrainte et forcée, elle rédige trois paragraphes, à contrecœur. Le livre, *Moonwalk*, crée l'événement en librairie, en avril 1988. Près de cinq cent mille exemplaires sont vendus. Un succès planétaire, à la hauteur de ces deux monstres sacrés.

---

1. Dean Goodman, « Michael Jackson book a headache for Jackie O. », Reuters, 4 juillet 2009.

Loin de s'enfermer dans sa tour d'ivoire et de prendre la grosse tête, Jackie surprend ses auteurs en leur consacrant du temps et de l'énergie. Pendant dix-neuf ans – soit plus que ses années Kennedy et Onassis réunies –, elle travaille avec minutie et acharnement. Elle note, rature, coupe, ponctue, souligne, vérifie, corrige les manuscrits, à l'affût du moindre détail – comme à la Maison Blanche, lorsqu'elle organisait des dîners parfaits. Tous ses auteurs mentionnent son incroyable sens du style, de la structure, et sa capacité à dire les choses avec diplomatie. C'est une lectrice avide et exigeante, prête à remettre le travail sur l'établi tant que le résultat ne lui convient pas. Et, une fois le livre achevé, elle assure le service après-vente. L'écrivain canadien Robertson Davies, primé par une université américaine, raconte éberlué à ses proches avoir aperçu Jackie dans l'assistance, lui souriant à pleines dents.

Ce que ses auteurs ne savent pas, c'est qu'elle ne profite d'aucun passe-droit. Elle fait la queue pour obtenir des rendez-vous avec ses supérieurs, doit défendre ses projets en réunion... Les premiers temps, son bureau ressemble à un placard. Elle s'en amuse :

— Comme tout le monde, je dois gravir les échelons pour parvenir à mériter un bureau avec une fenêtre !

Comme tout éditeur, elle se bat bec et ongles pour défendre ses projets. Malgré son nom et sa promotion en tant qu'éditrice en chef, elle n'a jamais bénéficié d'une totale liberté. Au cours de sa carrière, elle totalise plus de défaites que de victoires. En 1990, elle tape du poing sur la table pour publier *Capital of Heaven*, le livre de photographies de Marc Riboud sur son voyage dans les montagnes chinoises du Huang Shan. Jacqueline a connu l'artiste en Grèce, puis est partie avec lui en Chine au début des années 1980 pour l'inauguration d'un hôtel dessiné par Pei, l'architecte de la JFK Library. Même sur ces sujets, elle sait de quoi elle parle, elle qui a lu en français les livres de Groslier sur Angkor[1]. Passionnée de culture et de photo, elle a aussi soutenu le frère de Robert Capa, Cornell Capa, pour créer le Centre international de la photographie à New York, un lieu d'exposition et de création ouvert en 1975. Un centre, encore une fois, destiné à préserver l'histoire culturelle des États-Unis.

Preuve que ce métier la passionne, elle déroge à la règle d'or qu'elle s'est fixée depuis tant d'années et accorde, en avril 1993, une longue interview au magazine spécialisé dans l'édition *Publishers Weekly*. Ce sera la dernière avant sa mort. Les conditions sont strictes : pas d'enregistrement, pas de photos, pas de questions sur sa vie personnelle. Ensuite, elle répond sans détour. La raison de son arrivée dans le monde de l'édition ? Ses études en littérature, ses nombreux amis écrivains, et, surtout, sa passion pour les livres.

— Une des choses que j'aime aussi dans l'édition, c'est que vous n'avez pas à faire la promotion de l'éditeur – vous ne faites que la promotion du livre et de l'auteur[2].

Ce que Jackie ne dit pas, c'est que cette carrière répond à des aspirations intellectuelles et personnelles étouffées depuis de longues années. Comme à l'époque de la Maison Blanche, sa curiosité la pousse à découvrir des univers inconnus. Au fil de ses publications sur l'histoire de l'art, l'histoire européenne, américaine, la

1. Bernard-Philippe Groslier (1926-1986), directeur des recherches archéologiques de l'École française d'Extrême-Orient (EFEO) ; il organise le remontage des grands ensembles monumentaux du site archéologique d'Angkor, au Cambodge.
2. John F. Baker, *Publishers Weekly*, 19 avril 1993.

photo, la mode, les religions, la millionnaire Mrs Onassis s'enrichit et parcourt le monde. Au propre comme au figuré, de la Russie à la Chine, en passant par le Moyen-Orient, l'Europe de l'Est...

Enfin maîtresse d'elle-même, et non plus sous la coupe d'un mari, elle se découvre vraiment. Jackie est devenue plus indépendante, mais pas féministe.

Car dépendre d'un homme lui semblait tout à fait naturel. Lors d'un dîner organisé par l'hebdomadaire *Newsweek* où elle est invitée par son amie Katharine Graham, patronne du *Washington Post*, la question de la discrimination sexuelle arrive sur le tapis. Très sûre d'elle, Jacqueline déclare n'avoir eu aucun mal à trouver un emploi de journaliste étant jeune. Il est vrai qu'elle a été pistonnée pour son petit job d'enquêtrice par son millionnaire de beau-père, Hugh Auchincloss ! Elle était au plus bas de l'échelle et n'a jamais eu l'idée de grimper les échelons. Après ce piston, ce sont ses amis Guinzburg et Sargent, dans l'édition, qui l'ont aidée. Katharine Graham est abasourdie par la réflexion incongrue de son amie :

— Oh, Jackie ! Tu ne te souviens pas qu'à la Maison Blanche, assises aux pieds de John et Phil[1], nous levions les yeux vers eux et n'osions pas ouvrir la bouche ?

Manifestement, elle ne se souvient pas. Ni de toutes ses interviews. En octobre 1953, dans l'émission « *Person to Person* », le présentateur vedette de CBS News, Edwards R. Murrow, interroge le jeune sénateur John Fitzgerald Kennedy et son épouse. Du regard, Jackie demande l'autorisation à son mari pour répondre à chaque question, lui laissant le soin de compléter ses phrases.

1. Phil Graham, patron du *Washington Post* et proche de John F. Kennedy.

En travaillant, et sans devenir une fervente féministe, Jackie semble évoluer sur la question. Par amitié pour Gloria Steinem, à la tête du magazine *Ms.*, elle accepte une interview dans le numéro de 1979 qui annonce en une : « Pourquoi les femmes travaillent[1] ? » Cette fois, Jacqueline se sent plus concernée :

— Beaucoup de femmes de ma génération ont souffert d'un préjugé : si elles avaient des enfants, elles ne devaient pas exercer de métier. Elles étaient là, couvertes de diplômes, et que pourraient-elles faire quand elles auraient élevé leur progéniture ? Contempler les gouttes de pluie qui glissent sur les vitres ? Laisser rouiller leur bonne mécanique intellectuelle ? Bien entendu, si elles en ont envie, les femmes doivent travailler.

1. *Ms.*, mars 1979.

24

Une nouvelle vie

Ce retour à New York lui fait du bien. Personnellement et au niveau de son image. Elle est de nouveau l'Américaine simple, mince et élégante. Loin de la jet-setteuse, c'est une femme des années 1980, moderne, libérée, mais qui s'occupe toujours parfaitement de ses enfants tout en faisant la couverture des magazines. Il est vrai que Jackie Onassis mène une vie tranquille. Certains amis admettent que sa psychothérapie l'a aidée à se reconstruire. Sans oublier son travail.

À New York, Jacqueline redevient une mère modèle. Elle qui voulait un père pour son fils pense désormais pouvoir l'élever seule. Elle ne veut surtout pas qu'il file un mauvais coton comme ses cousins Kennedy, notamment les enfants de Robert et Ethel, dont le fils David meurt d'une overdose en 1981. Aussi, lorsque John est surpris à l'enterrement d'Onassis en train de boire de l'alcool, à quatorze ans, elle l'envoie faire des stages de survie dans le Wyoming, puis au Kenya. À partir de ses huit ans, elle lui avait fait prendre des cours de boxe en cas d'attaque – ce qui lui sera utile pour casser le nez d'un de ses camarades de classe. Dans *L'Express*, Pierre Salinger écrit : « Leur éducation est le souci principal de leur mère [...]. Résultat : deux enfants qui ont réussi à passer à travers la lueur des projecteurs, auxquels ils ont été soumis toute leur vie[1]. »

John est un jeune garçon curieux, très sportif et doté d'un vif sens de l'humour. Comme son père, il ne semble pas se prendre au sérieux. Plus turbulent que sa sœur Caroline, il ne brille pas à l'école. Sa passion, c'est le théâtre. Le mot horrifie Jackie. Si elle aime les artistes comme amis, pas question de les intégrer à la famille. Au lycée, il est inscrit à la très sélecte Phillips Academy de Boston, qui a accueilli sur ses bancs les Bush, mais aussi les acteurs Humphrey Bogart et Jack Lemmon. Il n'y brille pas, excepté en cours de sport et en théâtre, où ses interprétations attirent l'attention du *New York Times* : « Il était impossible de ne pas remarquer John Kennedy, quinze ans, bien que, comme les autres membres de sa célèbre famille, il semble se donner beaucoup de mal pour qu'on ne lui porte aucune attention spéciale. »

Par la suite, Robert Stigwood, le producteur de *La Fièvre du samedi soir*, lui propose un rôle. Veto de Jacqueline. À trente ans, en 1990, il fait pourtant une brève apparition dans *A Matter of Degrees*[2], où il se dispute, guitare sur les genoux, avec sa petite amie. Sa mère grince des dents. Sous des dehors très doux, ses proches ont toujours répété qu'elle avait une main de fer. Elle est la reine mère, la gardienne du temple Kennedy, qui veille à enseigner les valeurs de ce nom. Même en amour. Elle s'adjuge un droit de regard sur ses fiancées. Le nom de Madonna parvient à ses oreilles. Elle n'imagine pas la petite amie de son fils... *like a virgin.* La sirène du film *Splash*, Daryl Hannah, ne trouve pas plus grâce à ses yeux. Une actrice avec un Kennedy, ce n'est bon que pour la bagatelle, elle en sait quelque chose. Les deux

1. Pierre Salinger, « Je me souviens », *L'Express*, 19 novembre 1973.
2. *A Matter of Degrees*, du réalisateur W. T. Morgan, 1990.

jeunes gens emménagent tout de même ensemble, puis se séparent en août 1994, peu après la mort de Jackie.

Depuis son plus jeune âge, John ne veut pas peiner sa mère. Il a toujours voulu la protéger et il se plie souvent à ses volontés. Jusqu'à faire des études de droit et passer le barreau de New York, avec beaucoup de difficultés. Sa sœur, la discrète Caroline, endure la même pression et doit subir la comparaison avec cette femme-icône à la une des magazines. Elle parvient parfois à s'affirmer, refusant par exemple d'assister au bal des débutantes où sa mère avait brillé pour la première fois. Ces mondanités, très peu pour Caroline. Brillante, elle suit les traces de son père à Harvard en 1976 – son frère n'y a pas été admis. Diplômée des Beaux-Arts, elle travaille au département audiovisuel du Met. Malgré les critiques de Jacqueline, elle épouse Edwin Schlossberg, écrivain et artiste juif orthodoxe de treize ans son aîné. Comment Jackie pourrait-elle la critiquer ?

Mrs Kennedy Onassis impose à ses enfants des règles qu'elle n'a pas toujours suivies. Loin d'être précurseur en matière de féminisme, elle n'a pas été à la traîne en ce qui concerne la libération des mœurs. Dans l'Amérique puritaine des années 1960, très rigide sur la question, Jackie a eu des amants sans lendemain. À la mort d'Onassis, en 1975, la révolution sexuelle a fait son chemin. On lui prête de nouvelles liaisons, parmi lesquelles les artistes et les acteurs ne sont pas exclus. Après avoir connu l'intimité avec Marlon Brando en 1964, elle entame une liaison avec le beau comédien Warren Beatty – qui sortira bientôt avec l'ex de son fils, Madonna. On évoque aussi une histoire avec Frank Sinatra, puis le danseur Noureev... qui restera un ami proche même si, dans les années 1980, elle apprécie peu les regards du danseur sur son fils John, dont la sexualité l'a longtemps inquiétée.

À partir de 1976, Peter Hamill, éditorialiste au *New York Daily News* – séparé de Shirley MacLaine, sœur de Warren Beatty –, s'impose parmi ses prétendants. Il est baptisé « M. Jackie n° 3 » par les journaux. On les voit en vacances, en famille. L'idylle serait sérieuse ; Jackie serait amoureuse. C'est compter sans l'intervention perfide du patron du *New York Post*, Ruppert Murdoch, qui parvient à récupérer un vieil article écrit par Hamill sur le mariage de Jacqueline avec Aristote Onassis. Un article si agressif qu'il n'avait pas été publié à l'époque. Jackie y est qualifiée de « courtisane qui a vendu ses charmes ». Murdoch saute sur l'occasion et le publie par épisodes sans donner le nom de l'auteur. Le suspense est à son comble avant que « Peter Hamill » n'apparaisse noir sur blanc. La courtisane pardonne à l'auteur, mais le mal est fait. Leur relation s'étiole l'année suivante.

Si Jackie a finalement retrouvé son auréole à la fin de sa vie, c'est grâce à un homme : Maurice Tempelsman. Fils d'un négociant en diamants, il est à la tête d'une belle fortune. Cultivé, d'origine belge, parlant couramment français, il est chaleureux, passionné d'art et d'antiquités. Dès les années 1950, ce démocrate finance la campagne de Kennedy et fréquente la Maison Blanche, où il côtoie la First Lady. Mais il ne faisait pas partie de ses proches.

À la mort d'Onassis, il devient son conseiller financier… et multipliera sa fortune par cinq en quinze ans. Belles retrouvailles. Très vite, à la fin des années 1970, il l'accompagne à l'opéra, à des expositions. Ils se baladent dans Central Park, montent à cheval et discutent des heures. À ses côtés, Jacqueline n'est plus une femme-objet. Maurice est attentif, prévenant et joue même les maîtres de maison lorsqu'elle reçoit des invités, loin des hommes machos qu'elle a fréquentés. Ils forment un couple uni, solide, fondé sur un respect mutuel.

Pour elle, en 1980, Maurice Tempelsman se sépare de sa femme. Pas de parfum de scandale pour autant. C'est un homme discret, grand et rond, dont le seul vice, dit-il, est de fumer le cigare. Jackie apprécie sa droiture, sa force de caractère et sa modestie, malgré une très belle carrière qu'elle admire. Elle voit ses trois enfants, désormais adultes ; lui s'entend bien avec John et Caroline.

Un grave souci de santé unit le couple à jamais. En 1984, le diamantaire fait un infarctus. Jackie le veille jour et nuit. S'ils ne se marient pas en raison de leur différence religieuse – Tempelsman est juif – et des complications testamentaires, Maurice a le droit de s'installer au 1040 Fifth Avenue, privilège auquel Onassis n'a jamais goûté. Ils resteront ensemble jusqu'à la mort de Jacqueline. C'est l'homme de sa vie, celui auprès duquel elle aura passé, de très loin, le plus d'années, simples et tranquilles. Après avoir représenté l'épouse modèle, après avoir manqué de divorcer, Jackie vit en concubinage. Si elle n'a jamais été en avance sur son temps, elle a suivi l'évolution des mœurs et reste en cela un modèle pour les Américaines. De là cette image de « femme moderne » qui lui est associée, même si ce n'est pas forcément l'adjectif qui lui sied le mieux.

Contrairement à Aristote Onassis, Maurice Tempelsman s'intègre sans encombre dans la vie de Jackie. Avec son compagnon, Jacqueline assiste à la remise des diplômes de ses enfants, au mariage de sa fille et aux réunions de famille des Kennedy. Depuis la mort de l'armateur grec, elle a pleinement retrouvé sa place de leader au sein du clan.

Reparler de John et des années Maison Blanche devient plus facile. En 1976, elle assiste à la convention du parti démocrate à New York et soutient la candidature de Sargent Shriver, son beau-frère, face à Jimmy Carter. Le mari d'Eunice incarne l'héritage Kennedy et Jackie est son emblème. Lui qui avait défendu à la lettre ses demandes lors des funérailles de Jack mérite bien ce petit coup de pouce. C'est lui qui l'avait aidée à tout organiser comme elle le voulait. Lui qui avait fait le lien avec les militaires et l'équipe de Lyndon Jonhson. Mais l'époque n'est plus aux Kennedy : Carter devance de très loin tous ses concurrents. En 1979, toute la famille se réunit à nouveau pour assister à l'inauguration de la John Fitzgerald Kennedy Library, qui aura mis quinze ans à sortir de terre. Enfin, en 1988, Jackie passe le flambeau : c'est son fils John qui introduit l'oncle Ted à la Convention démocrate d'Atlanta. Comme en 1976, Jimmy Carter part avec une large avance, forçant Teddy à lâcher la course en route.

Excepté pour les Kennedy, Jackie ne fait pas de politique. Jamais elle ne s'affichera aux côtés d'un autre démocrate, contrairement à Eleanor Roosevelt. Elle s'y est toujours refusée, même pour les Clinton, qui deviennent ses proches amis à la toute fin de sa vie. Jackie a été touchée en apprenant que Bill, jeune adolescent, avait été reçu par JFK à la Maison Blanche en 1963 en tant que délégué des « Garçons de la Nation », programme citoyen mené dans les lycées. Une rencontre décisive, dira le futur président : de là naquit son désir de vouer sa vie à l'intérêt général.

Le seul acte de Jacqueline en lien avec la politique s'adresse à Nancy Reagan. Le 30 mars 1981, le nouveau président se fait tirer dessus.

— Elle s'est montrée pleine d'attentions pour moi après l'attentat quand nous ne savions pas encore si mon mari allait survivre. Elle m'a écrit une lettre pleine de délicatesse, de sensibilité, et elle m'a appelée. Il était impossible d'être plus gentil avec moi à une époque où j'avais vraiment besoin de réconfort.

Nancy Reagan l'invitera maintes fois à la Maison Blanche, sans succès. Jackie a tourné la page, même si cet attentat lui a rappelé bien des choses.

De manière générale, rares sont ses apparitions publiques. Jacqueline choisit avec parcimonie les événements culturels auxquels elle accepte d'assister et se prépare avec la minutie d'une comédienne, consciente de la puissance de la beauté. Elle fait appel à des maquilleurs professionnels. Pablo Manzoni, star du *make-up* dans les années 1990, se souvient de leur rencontre au printemps 1993. Jacqueline doit se rendre à une soirée de gala pour l'ouverture de l'American Ballet Theatre. « Elle était perfectionniste, savait exactement ce qu'elle voulait et se connaissait très bien. » Manzoni se rend dans sa chambre où trônent « son grand lit à baldaquin » et « des millions de livres ». Elle porte une robe rouge, « ce qui n'était pas dû au hasard. Elle s'apprêtait à porter du rouge ce soir-là et voulait s'assurer que son maquillage s'accorderait à sa tenue ». En trente ans de carrière, c'est la première fois qu'une cliente pense à ce détail[1]. Le maquilleur la trouve très maigre, avec une mauvaise mine. Mais ce qui importe à Jacqueline, c'est de cacher ses taches de soleil. « Pas un détail n'échappait à son attention. » À soixante-trois ans, la séductrice qui a tant utilisé son image veut encore apprendre et impressionner la galerie. Sur son sempiternel carnet de notes à feuilles jaunes, elle couche par écrit les étapes à suivre, comme une écolière assidue. Très attachée à son physique, elle aurait fait deux liftings : l'un en 1979, à cinquante ans, l'autre dix ans plus tard. Invisible sur les photos.

Outre ces rares soirées de gala, Jackie et Maurice vivent simplement… mais dans le luxe. En 1978, elle s'est offert

1. Francesca Stanfill, « The Private Jackie », *Vanity Fair*, novembre 1995.

une nouvelle propriété à Cape Cod, située tout près de Hyannis Port, où le clan Kennedy est installé. Elle veut posséder une maison bien à elle, détachée de tout souvenir. Martha's Vineyard, une île ultra-chic où seuls les présidents et les grandes fortunes se côtoient, sera son paradis. La propriété, immense, comprend plusieurs maisons séparées, qu'elle a fait spécialement construire pour recevoir ses amis et sa famille. Un petit bijou à 3 millions de dollars.

Chez Doubleday, Jackie a dû faire son trou, mais elle a tout de suite négocié un privilège incommensurable : outre un emploi du temps très souple, elle passe les trois mois d'été loin de New York, alors que les Américains ont en moyenne deux semaines de congés par an. Respectée et estimée pour son travail, elle accueille ses auteurs dans sa nouvelle propriété, sa « merveilleuse petite maison », mais reçoit très rarement ses amis du monde de l'édition, cantonnés aux déjeuners new-yorkais. Un nouveau havre de paix où elle lit beaucoup, pour son plaisir et pour Doubleday.

Comme toujours, elle cloisonne ses connaissances. Il y a les fans de la chasse au renard, mais aussi les membres de l'administration Kennedy qu'elle accepte désormais de revoir. Comme Mrs Johnson. Pour Lady Bird, lors d'une conférence à la Johnson Library en 1974, Jackie avait même déclaré qu'après le décès de JFK, Lyndon avait été « extraordinaire. Il fit tout ce qu'il pouvait pour être magnanime [...]. Sa générosité d'esprit me toucha vraiment [...]. C'est ce que j'ai toujours éprouvé à son sujet ». Histoire de ne pas laisser de trace d'amertume entre les Kennedy et les Johnson, malgré Dallas. Désormais veuve, Mrs Johnson est redevenue une proche ; pour Jackie, toutes ces années semblent loin derrière elle. À Martha's Vineyard, les deux anciennes premières dames se voient souvent.

Là-bas, Jackie reçoit volontiers, surtout le gotha : le couturier Valentino, les Clinton ou encore les Reagan, rencontrés lors d'une collecte de fonds destinés à la JFK Library. Un événement où le républicain Ronald Reagan se fend d'un discours dans lequel il compare l'ancien président démocrate à une comète étincelante. En larmes, Jackie vient le remercier :

— Monsieur le président, personne ne l'a jamais aussi parfaitement compris et décrit.

Épilogue

À l'automne 1993, la dynamique Jackie, qui multiplie les week-ends de chasse et les balades à cheval, est désarçonnée par sa monture et perd connaissance quelques instants. À l'hôpital, ses médecins l'examinent et remarquent un ganglion lymphatique enflé dans l'aine. Une biopsie révèle son cancer. En cause : les fortes doses de stéroïdes contenues dans les piqûres « miracles » du bon Dr Feelgood, excessivement cancérigènes. À soixante-trois ans, Jacqueline, angoissée par les questions de santé, reste très positive. Elle est si fière d'être en excellente condition physique pour son âge ! Elle n'informe pas immédiatement Maurice et ses enfants, de peur de les inquiéter.

Hospitalisée après Noël, elle comprend que son lymphome non hodgkinien a très rapidement évolué. Impossible de dissimuler la vérité. Jacqueline voit son visage gonfler, ses cheveux tomber. Elle doit annoncer à son bureau qu'elle se bat contre un cancer. Avec un optimisme époustouflant, elle endure les séances de chimiothérapie sans jamais se plaindre. En février 1994, les rumeurs se multiplient dans la presse. Nancy Tuckerman, à la demande de Jacqueline, prévient le *New York Times*. Le monde entier reprend la dépêche : Jackie Onassis souffre d'un cancer.

Deux mois plus tard, il n'y a plus d'espoir. Elle rentre chez elle au 1040 Fifth Avenue et demande à être entourée de ses autres « meilleurs amis », les livres de ses auteurs favoris, comme Karen Blixen, Jean Rhys et Colette. Elle meurt le jeudi 19 mai, à 22 h 15, aux côtés de « ses amis, de sa famille, de ses livres, des gens et des choses qu'elle aimait », dira son fils John à la presse amassée en bas de l'immeuble. Une seule personne manque à l'appel : sa sœur Lee. Leur relation était devenue très tendue. Malgré la gravité de la situation, elles ne s'étaient vues qu'une fois depuis le début de l'année. Jackie répétait ne pas comprendre son « animosité ».

Avant de mourir, cette passionnée du moindre détail a laissé ses dernières volontés. Elle a confié à son compagnon Maurice Tempelsman vouloir être enterrée, pour l'Histoire, à Arlington, aux côtés de John Fitzgerald Kennedy et de leurs enfants mort-nés, Arabella et Patrick – qu'elle avait fait transférer en 1964. Tempelsman comprend et n'en prend pas ombrage.

Un millier de personnes assistent à la messe le jour des funérailles. Le clan Kennedy est présent, de même que Lee Radziwill et Lady Bird, la femme du président Johnson. Au cours de son éloge funèbre, son ami le président Clinton résume :

— Dieu lui a donné de grands dons, mais il lui a aussi imposé beaucoup de souffrances. Elle les a toutes supportées avec dignité.

Celle qui a connu deux assassinats et perdu deux bébés, qui a été veuve deux fois et a porté l'image d'un pays sur ses épaules, laisse le souvenir d'une First Lady exemplaire, mais secrète. Ce qui a toujours attiré.

Dans son testament, Jackie Kennedy a autorisé ses enfants à vendre rapidement ses effets personnels pour payer les millions de dollars de droits de succession. En avril 1996, plus de mille objets ont été vendus à des prix record lors d'une vente publique. Les médias ont poussé des cris d'orfraie en apprenant que ses enfants jetaient en pâture les objets personnels d'une femme qui avait tant lutté pour préserver sa vie privée. Ils ont été éberlués en découvrant qu'elle l'avait expressément formulé dans ses dernières volontés.

Découvrir ce testament, c'est lever le voile sur cette Jackie si paradoxale. C'est aussi découvrir ses pensées et ce qu'elle n'a jamais dit. Ou seulement à ses proches.

À Maurice Tempelsman, elle offre l'un de ses objets préférés : son buste grec en albâtre. La famille reconstituée du côté de sa mère n'est pas oubliée : l'un des enfants de son beau-père, sans lien de sang avec Jackie, Hugh D. Auchincloss Jr, hérite de Hammersmith Farm à Newport, la maison des Auchincloss qu'elle avait reçue à la mort de sa mère. Elle lègue également 100 000 dollars à la fille de sa demi-sœur Janet, morte d'un cancer. En revanche, pas de pitié pour les traîtres : son demi-frère Jamie, qui a parlé aux journalistes, ne fait pas partie de ses héritiers. Plus étonnant, son rapport aux Onassis : elle ne leur lègue pas un sou, pas même à la fondation caritative créée par son mari. Jacqueline peut être généreuse et attentive aux autres, mais elle ne pardonne pas.

Autre personne lésée : sa sœur. Comme tout ce que Jacqueline fait, son testament a été mûrement réfléchi. Elle y précise ses intentions et commente pourquoi elle fait bénéficier certaines associations et certains parents de son héritage. « Dans mon présent testament, je n'ai rien légué à ma sœur, Lee Radziwill B., pour qui j'ai beaucoup d'affection, mais pour laquelle j'ai déjà tant fait au cours de ma vie. » Une formulation sans détour qui a certainement dû faire grincer les dents de sa chère sœur. En retour, Jackie lègue 500 000 dollars à chacun des enfants de Lee, qui en hériteront après la mort de leur mère.

Son testament, cet acte si personnel, révèle qu'elle ne s'est jamais détachée de ses années Maison Blanche. Ainsi lègue-t-elle 50 000 dollars à sa gouvernante Providencia Paredes, qui s'est occupée du faux tailleur Chanel après le drame de Dallas et l'a suivie à New York. À Nancy L. Tuckerman, son amie arrivée comme assistante personnelle en juin 1963 à Pennsylvnania Avenue, et qui l'a suivie tout au long de sa vie, sa « confidente » écrit-elle dans son testament, elle lègue 250 000 dollars. Autant qu'à ses enfants – qui héritent également de ses biens. À la richissime Rachel L. Mellon, qui avait redessiné la roseraie de la Maison Blanche pour JFK et qui resta toute sa vie une amie proche, elle offre ses miniatures indiennes du XVIIIe siècle.

Jackie précise également qu'elle lègue tous ses papiers à ses enfants, John F. Kennedy Jr et Caroline Kennedy Schlossberg, et leur demande de respecter ses souhaits pour préserver sa vie privée et « prendre toutes les mesures nécessaires pour empêcher leur affichage, leur publication ou leur distribution ». Jusqu'au bout, elle protège son intimité.

En tout, la First Lady n'aura accordé que trois entretiens après la mort de son mari pour évoquer sa vie à la Maison Blanche. Celle qui a marqué les plus grands hommes d'État, de Charles de Gaulle à Khrouchtchev en passant par Macmillan, n'a pas voulu partager son expérience. Elle a toujours refusé d'écrire ses Mémoires. Dans son testament, elle précise à ses enfants de ne publier ni ses notes ni ses lettres[1]. Camelot restera encore pour longtemps son jardin secret.

1. Dernières volontés et testament de Jacqueline K. Onassis daté du 22 mars 1994.

Table

Remerciements

Un immense merci à mon éditeur, qui a accepté le projet au pied levé.

Merci également à la studieuse Marie Saumet pour ses commentaires et sa réactivité, malgré les délais serrés.

Merci également à ma chère Maman, toujours là pour m'encourager avec ses petits gestes attentionnés.

Je n'oublie pas ma thermos de thé à l'efficacité prouvée pour les pauses bien méritées.

Cet ouvrage a été composé
par Atlant'Communication
au Bernard (Vendée)

Achevé d'imprimer sur Roto-Page
par l'Imprimerie Floch à Mayenne
en janvier 2017
pour le compte des Éditions de l'Archipel
département éditorial
de la S.A.S. Écriture-Communication

Imprimé en France
N° d'impression : 90576
Dépôt légal : janvier 2017